MARLENE JOHN

Sag mir, wer ich bin

MARLENE JOHN
MIT LEO G. LINDER

Sag mir, wer ich bin

Bei der Geburt vertauscht –
die Geschichte einer tragischen Verwechslung

HEYNE

Bildnachweis:
Sämtliche Bilder und Dokumente befinden sich im Privatbesitz der Autorin.

Umwelthinweis:
Dieses Buch wurde auf chlor- und säurefreiem Papier gedruckt.

Redaktion: Anja Freckmann
Umschlagkonzept und -gestaltung: Hauptmann und Kompanie Werbeagentur, München – Zürich
Umschlagfotos: © Gettyimages, München/Avenue Images, Hamburg, Mick Roessler
Satz: Leingärtner, Nabburg
Druck und Bindung: GGP Media GmbH, Pößneck

Printed in Germany 2005
ISBN 3-453-12020-5
www.heyne.de

Für Sabine, Christiane, Joachim und Thomas

1

Anfang September 1945 wird die Hebamme Marta Pfitzenreuter zweimal kurz hintereinander ins Krankenhaus der thüringischen Kleinstadt Worbis gerufen. Das erste Kind ist ein Mädchen. Es wird in den Morgenstunden des 7. Septembers geboren und erhält den Namen Marlene. Marlene Hoffmann. Das zweite Kind kommt bei Sonnenaufgang des 8. Septembers zur Welt. Wieder ist es ein Mädchen. Es wird Renate genannt. Renate Strecker.

Seit vier Monaten ist der Krieg vorbei, aber von Frieden kann in Worbis keine Rede sein. Die amerikanischen Soldaten, die im Juli abgezogen wurden, sind umgehend durch sowjetische Truppen ersetzt worden, und das Krankenhaus gleicht nach wie vor einem Lazarett; immer noch werden auf den Stationen Verletzte gepflegt, und in den vergangenen Tagen haben sich die Anzeichen dafür verstärkt, daß der Stadt eine Typhusepidemie bevorsteht. Ungeachtet der Hektik auf den Fluren, der Aufregung im ganzen Haus, erhalten die beiden Neugeborenen auf der Säuglingsstation Namensschilder, die in eine Halterung an ihren Bettchen gesteckt werden, und Marta Pfitzenreuter nimmt mit gestochen scharfer, schnörkelreicher Schrift die vorgeschriebenen Eintragungen in ihr Hebammen-Protokoll vor. Regelwidrigkeiten während der Geburt? In beiden Fällen: nein, keine. Nachgeburt auf Vollständigkeit überprüft? In beiden Fällen: ja, vollständig. Wurde ein Arzt hinzugezogen? In beiden Fällen: nein, keiner. Gewicht? Größe? Kopfumfang? Identisch. Fast identisch. Renate ist einen Zentimeter größer als Marlene.

Ob beide Mütter im selben Zimmer liegen? Es gibt niemanden mehr, der sich daran erinnert. Auf jeden Fall begegnen sich die zwei Frauen, wechseln ein paar Worte, stellen fest, daß sie beide nicht aus der Gegend sind. Renates Mutter hat die Liebe, Marlenes Mutter der Krieg nach Worbis verschlagen. Es ist eine flüchtige Bekanntschaft, zehn Tage später endet sie. Ihre Kinder auf dem Arm, nehmen sie Abschied voneinander, kaum daß sie aus dem Portal des Krankenhauses hinausgetreten sind in die frische, noch warme Luft dieses Spätsommertags, und wünschen einander Glück für die Zukunft. Im nächsten Moment wird Renates Mutter von Verwandten zu dem einzigen Auto geführt, das am Straßenrand parkt – eine Vorkriegslimousine, nicht übel. Marlenes Mutter wendet sich entschlossen ab und macht sich zu Fuß auf den Weg, von niemandem begleitet.

Nach menschlichem Ermessen hat Renate es gut getroffen. Ihre Mutter Elisabeth stammt aus Neubeckum in Westfalen. Sie ist 32 Jahre alt, eine hübsche, zierliche, ein wenig zerbrechlich wirkende Person. Renate ist ihr drittes Kind. Marianne, ihre älteste Tochter, ist schon sechs. Irmgard, die mittlere, ist vier. Vor dem Krieg hat sie Karl Strecker geheiratet, einen Tiefbauingenieur mit dem vollen, gewellten Haar und dem feingeschwungenen Mund eines Herzensbrechers aus alten Ufa-Filmen. Damals ist sie ihm in seine Heimatstadt Worbis gefolgt, seither bewohnen sie ein respektables Stadthaus mit weinroten Clubsesseln, feinem Porzellan hinter gläsernen Schranktüren und einem Klavier, dessen schwarzer Lack spiegelt, wenn das Sonnenlicht durch die Bäume vor dem Wohnzimmerfenster fällt. Karl Strecker leitet eine Straßenbauarbeiterkolonne, er verdient gut. Überhaupt – die Streckers sind nicht irgendwer. Keine gewöhnliche Familie. Sie haben ein Familienwappen, sie führen ein Familienarchiv, und sie veranstalten von Zeit zu Zeit Familientreffen, bei denen Menschen dieses Namens aus ganz Deutschland zusammenkommen, in manchen Jahren mehr als hundert. Zwar hat der Krieg solche Treffen zuletzt verhindert, dennoch: Die Streckers halten zusammen. Und sie halten auf sich. Wie es aussieht, hat Renate mit ihrer Familie wirklich Glück.

Marlenes Mutter heißt Paula Hoffmann. Oder Hofmann. Mal schreibt sie sich so, mal so, auch in amtlichen Dokumenten. Niemandem fällt das auf, ihr ganzes Leben lang scheint sich niemand daran gestört zu haben. Vielleicht, weil Paula Hoffmann oder Hofmann ein Niemand ist. Sie ist 30 Jahre alt, ledig, alleinstehend, und Marlene ist ihr erstes Kind. Kein Vater, keine Geschwister. Oder doch – da gibt es den kleinen Kurt, vier Jahre alt. Paula Hoffmann hat ihn zu sich genommen, nachdem seine Mutter nach einem

Bombenangriff tot aus den Trümmern gezogen worden war. Bei den wenigen Menschen, die sie kennen, gilt sie deshalb als kinderlieb. Andererseits – ohne den kleinen Kurt hätten die Behörden ihr 1943 niemals die Genehmigung erteilt, das zerbombte und weiterhin von Bomberangriffen bedrohte Hanau, ihre hessische Heimatstadt, zu verlassen und sich in Worbis in Sicherheit zu bringen. Kurt war ihre Lebensversicherung. Sein Vater kämpfte damals an irgendeiner Front. Später wird er kommen, Kurt mitnehmen und verschwinden. Nein, nach menschlichem Ermessen hat es Marlene nicht so gut getroffen wie Renate. Paula Hoffmann schlägt sich durch. Irgendwie. Als Hausangestellte vielleicht. Niemand kann heute mehr genau sagen, welcher Arbeit sie nachgegangen ist, wovon sie gelebt, wovon sie die Miete für ihre kleine Wohnung bezahlt hat. Nur eins stellt sich lange Zeit später heraus: Paula Hoffmann hat damals mit einer Nachbarin aus demselben Haus gelegentlich musiziert. Hausmusikabende, alte deutsche Volkslieder zur Mandoline oder Gitarre. Frau Hoffmann hatte eine schöne, dunkle Stimme, erinnert sich die ehemalige Nachbarin, und eine gute Hand für Musikinstrumente. Gemocht habe sie sie dennoch nicht. Sie hatte einen Wesenszug, sagt die Nachbarin, der habe ihr gar nicht gefallen. Sie ging wahllos Beziehungen mit Männern ein, ob verheiratet oder nicht. Keine anständige Person – mehr wolle sie dazu nicht sagen.
Eine dürftige Auskunft. Aber um so wertvoller, als Paula Hoffmann selbst zeitlebens das vollkommenste, eisigste Schweigen über sich gewahrt hat. Mit keiner Bemerkung, keinem Sterbenswörtchen ist sie je auf sich, ihre Herkunft, ihre Vergangenheit eingegangen. Jedenfalls nicht mir gegenüber.

2

Ich bin Renate. Ich bin Marlene.

Ich habe zwei Mütter. Ich habe zwei Geburtstage. Ich habe mein Leben zweimal begonnen. So steht es im Taufregister, wo eine handschriftliche Korrektur, fünf Jahre nach meiner Geburt mit blauer Tinte vorgenommen, mein erstes Leben beendet. So steht es in meiner Geburtsurkunde. Und so erinnere ich mich.

Wenn ich zurückdenke ist es, als würde ich mich eines Traums zu entsinnen versuchen. Und dieser Traum beginnt leicht und schön, die Bilder fließen mir zu. Renate rufen sie mich daheim, in dem großen Eckhaus in Neubeckum, wo ich lebe. Wo wir alle leben: meine Mutter, mein Vater, Opa Eckey, Oma Anna mit ihrem weißen Haarknoten, Onkel Heinz mit seinem Lieferwagen (für werktags) und seinem hellgrünen Opel Kapitän (für sonntags) und Irmgard und Marianne, meine beiden großen Schwestern. Nicht zu vergessen Lotte, die rothaarige, wuschelköpfige Lotte, Kindermädchen, Putzfrau und Waschfrau, alles in einem.

Es ist das Elternhaus meiner Mutter. Sie lieben mich dort, ich bin das Nesthäkchen. Und daß sie tagsüber kaum Zeit für mich haben, ist mir nur recht. Wie sehr ein Mensch seine Freiheit braucht, wie sehr ich meine geliebt habe, das wird mir erst später bewußt werden. Hier habe ich meine Freiheit, und ich genieße sie. Unwiderstehlich ist der Garten hinterm Haus. Es ist der schönste Garten der Welt: auf allen Seiten mit einer Mauer umgeben und drinnen die rissigen, graugrünen Stämme von hohen Obstbäumen und Sträucher voller Beeren. Der erste Garten ist immer der schönste; er ist mein Paradies, und niemand kann mich daraus vertreiben. Auch die Straße vorm Haus gehört zu meinem Revier. Selten kommt ein Auto vorbei, sie ist nicht mal geteert – da kann man alles machen. Zum Beispiel Murmellöcher mit dem Absatz in den Schotter drehen und Seilchenspringen. Nur Onkel Heinz stört manchmal, wenn er mit seinem Lieferwagen um die Ecke biegt.

Von Zeit zu Zeit versichert sich Oma Anna mit einem kurzen Blick durch die große Schaufensterscheibe ihres Ladens, daß ich noch da bin. Es ist ein Edeka-Laden, voller Süßigkeiten (der Rest entgeht vorläufig meiner Aufmerksamkeit), und an dunklen Winterabenden leuchtet der gelbe Edeka-Schriftzug über der Tür so schön, als würde er alles Glück dieser Welt verheißen. Der Laden gehört Oma Anna, sie bedient auch die Kunden – fast alles Stammkunden –, aber oft stehen Mama und Onkel Heinz mit ihr hinter der Theke, greifen in die Regale, wiegen ab, kassieren. Manche Kunden zahlen nicht mit Geld, sondern mit Lebensmittelmarken, und abends, wenn der Laden geschlossen wird, ziehen sich Oma und Onkel Heinz erst mal ins Wohnzimmer zurück, beugen sich über den altertümlichen Schreibtisch, sortieren einen Berg von Marken und kleben dann jede einzelne ein. Solange darf keiner das Wohnzimmer betreten, ohne anzuklopfen, weil jeder Luftzug alles durcheinanderwirbeln könnte.

Hinter dem Wohnzimmer liegt das beste Zimmer. Das Allerheiligste, normalerweise fest verschlossen. Allenfalls Lotte hat unter der Woche Zugang dazu, mit Staubtuch und Bohnerbesen. Es muß schon ein hoher Feiertag kommen, bevor die Tür zu diesem Zimmer aufgeschlossen wird, oder Besuch eintreffen, sonntägliche Mittagessensgäste von einem der Bauernhöfe in der Umgebung, wo Oma Anna Verwandtschaft hat. Und jedesmal riecht es dann erst ein bißchen muffig, nach Bohnerwachs und Leder.

Alle Zimmer im Erdgeschoß gehören zu Oma Annas Märchenreich. Wir anderen wohnen oben, im ersten Stock. Und Irmgard und Marianne haben ihr Schlafzimmer unterm Dach, neben Lottes Mansardenkammer. Manchmal schlafe ich bei Lotte. Ich brenne nämlich vor Neugier, wie Lotte da oben wohl wohnt. Sie ist anders, fremder, geheimnisvoller als alle übrigen hier, obwohl sie mitten unter uns lebt. Also versuche ich, ihr Geheimnis zu lüften, indem ich abends zu ihr krieche in ihr schmales Bett unter der Dachschräge und mich unter dem dicken, schweren Plumeau an sie kuschele.

Der Anbau neben unserem Haus ist eher ein Schuppen oder Stall. Da riecht es meist nach Schwein. Die Kaninchen riechen nicht. Jedes Schwein wird früher oder später geschlachtet. Dann kommt ein Metzger, setzt ihm ein Bolzenschußgerät an den Kopf, Blut strömt, und später hängt es kopfüber an einer Leiter und wird ausgenommen und zerlegt. Das ist jedesmal sehr aufregend, wie da mit großen Messern hantiert wird, bis zum Schluß nur noch die schlaffe Haut übrig ist. Ich lasse mir nichts entgehen. Und regelmäßig einmal die Woche mischt sich der Stallgeruch mit dem Geruch von Seifenlauge. Am Waschtag quellen Dampfwolken heraus, und Lotte schuftet einen Morgen lang noch mehr als sonst. Aber die Treppe ist vielleicht das beste an unserem Haus. Nicht die Kellertreppe, sondern diese hölzerne Treppe mit dem Geländer und den gedrechselten Sprossen, die über mehrere Absätze vom Dach bis hinunter zur Haustür führt. Man kann die vielen Stufen immer wieder runterrutschen, runterpoltern, runterspringen und erneut hochtrampeln und dabei quietschen, schreien, singen – und keiner sagt was.

Nein, es ist eine freundliche, eine heitere, eine rastlos emsige Traumgesellschaft, die da aus dem Dunst meiner frühsten Erinnerungen heraustritt und schnell an Konturen und Farbe gewinnt. Nur mein Vater verblaßt gleich wieder – meine erste Erinnerung an ihn ist gleichzeitig meine einzige. Wir Mädchen stehen vor der Tür zu seinem Zimmer und werden eine nach der anderen hereingerufen, als letzte ich. Mit meinen drei Jahren verstehe ich nicht, daß ich von ihm Abschied nehmen soll. Ich trete an sein Bett, mein Vater wendet den Kopf und schaut mich an, krault mir den Nacken und sagt: »Renate, lach doch mal«, aber alle anderen im Zimmer weinen, und ich bringe nicht mal ein Lächeln zustande. Später erfahre ich, daß er an Tuberkulose gestorben ist. Er muß lange abgeschirmt in seinem Bett da oben gelegen haben, der schmucke, stolze Tiefbauingenieur Karl Strecker. Jedenfalls erinnere ich mich nicht, ihn jemals im Haus herumgehen oder mit uns zusammen am Mittagstisch gesehen zu haben.

Kurz darauf stirbt auch Opa Eckey, der seinen Platz in der Küche am geöffneten Fenster hatte, auf dessen Schoß ich oft gesessen, mit dem ich oft hinausgeschaut habe auf die Straße und die Menschen, die vorbeigingen und manchmal stehenblieben, um ein Schwätzchen mit ihm zu halten. Von nun an gibt es in dem großen Eckhaus in

Neubeckum nur noch einen Mann, und das ist Onkel Heinz, Mamas Zwillingsbruder. Doch der bewohnt seine eigene, kleine Welt, ein Zimmer am anderen Ende des Flurs im ersten Stock, fein säuberlich von der Welt der Frauen geschieden. Dieses Zimmer betrete ich nie, und was sich dort tut, bleibt mir verborgen. Ich halte mich in der Gesellschaft der Frauen auf; mit Oma Anna, mit Irmgard und Marianne, mit Mama und Lotte ist sie groß genug. Nein, mir fehlt nichts. Ich bin glücklich. Sie lieben mich hier.

3

Ich bin Marlene John, geborene Hoffmann, mit zwei F. Das Spiel meiner Mutter habe ich nie mitgespielt. Ich wollte nicht ihre Tochter sein. Und sie wollte nicht meine Mutter sein.

Ich habe keine Mutter.

Alle aus dieser Generation sind tot. Alle, die als Mütter – oder Väter – in Frage gekommen wären. Als letzte ist Paula Hoffmann gestorben, mit 86. »Hofmann« steht auf dem kleinen Findling, den man ihr als Grabstein ans Kopfende gesetzt hat. Mit einem F. So hat man es mir jedenfalls erzählt. Selbst hingegangen, auf diesen Friedhof, zu diesem Grab, bin ich nie. Ich bringe es nicht über mich. Mag sein, daß ich mich immer noch vor ihr fürchte, nach bald zwanzig Jahren, in denen wir uns aus den Augen gegangen sind (»Geh mir aus den Augen!« pflegte sie zu sagen, wenn sie meinen Anblick gar nicht mehr ertrug.) Daß ich fürchte, sie könnte mein Glück zerstören, sobald ich ihr zu nahe komme. Ich weiß, das klingt nicht vernünftig. Aber ich habe gelernt, mich bei ihr auf nichts zu verlassen, was unter Menschen gilt.

Sie wollen ein Beispiel hören? Ich nehme das letzte, aus den Tagen nach ihrem Ableben.

Wenn meine Tochter nicht auf das winzige Inserat in der Tageszeitung gestoßen wäre, ich wüßte heute noch nicht, daß sie tot ist. Es war ein kurzer Nachruf der Nachbarschaft von der Größe einer halben Zigarettenschachtel. Purer Zufall, daß der Blick meiner Tochter daran hängenblieb. Sie griff zum Hörer und rief mich unter der Nummer des italienischen Hotels an, in dem ich zu erreichen war. Da die Beerdigung schon stattgefunden hatte, brach ich meinen Urlaub nicht ab und telefonierte erst nach meiner Rückkehr mit der Stadtverwaltung von Ennigerloh in Westfalen, wo Paula Hoffmann gelebt hatte – es hätte ja Verbindlichkeiten geben können, Dinge zu erledigen, die Wohnung oder das Konto aufzulösen.

Gut, jemand von der Stadtverwaltung geht dran, ich erkläre den Fall. Schweigen am anderen Ende. Dann:

»*Wer* sind Sie?«

»Marlene John, geborene Hoffmann. Die Tochter von Paula Hoffmann, wie gesagt.«

Pause. Sie muß nachsehen. Befragt ihren Computer, stöbert in Akten, blättert in Unterlagen, wird fündig.

»Die Tochter, sagten Sie?« Es klingt beinahe wie ein Vorwurf. »Uns ist hier keine Tochter bekannt. Unseren Unterlagen zufolge war Frau Hoffmann kinderlos.«

Ich versuche, mich zu sammeln. Ich stammele etwas von Irrtum, von Mißverständnis, von Eingabefehler. Und merke an der Reaktion, daß meine Enttarnung als Erbschleicherin in der Luft liegt. Ich kapituliere, lasse mir aber den Namen der Nachbarin geben, die die Wohnung aufgelöst hat. Ich erhalte deren Telefonnummer über die Auskunft und rufe sie an. Das meiste sei auf dem Sperrmüll gelandet, erfahre ich. Manches habe sie noch zu Lebzeiten verschenkt. »Nun ja, ich habe hier ein paar Sachen, eine Tasche voll. Aber ob es sich lohnt, dafür vorbeizukommen ...«

Ich setze mich zu meiner Tochter ins Auto. Ich bin zu aufgeregt, um selbst zu fahren, aber ich muß nach Ennigerloh. Diese Tasche ist meine letzte Hoffnung. Wenn kein Stammbuch drin ist, so enthält sie vielleicht wenigstens Geburtsurkunden, Dokumente, Briefe, irgendeine Spur, die sich weiterverfolgen läßt auf der Suche nach meiner Vergangenheit. Ich weiß ja nichts, gar nichts. Immer, wenn ich mir früher ein Herz faßte und sie ganz zaghaft fragte: »Wo kommen wir eigentlich her? Haben wir gar keine Verwandtschaft? Ich muß doch einen Vater haben ... Alle haben Väter ...«, hieß es unweigerlich: »Dafür bist zu zu jung. Wenn du alt genug bist, erfährst du alles. Irgendwann kannst du das alles mal nachlesen.« Oder einfach: »Ich habe jetzt keine Lust, dir zu antworten.«

Nie habe ich etwas erfahren. Nie ist sie mit dem kleinsten Hinweis herausgerückt. Als wäre ich allein auf dieser Welt. Als Kind habe ich in meiner Not meinem Vater einen Heiligenschein verpaßt und behauptet: Der ist im Krieg geblieben. Gefallen bei Königsberg. So, damit war er ein Held, und ich durfte des Mitleids meiner Klassenkameraden sicher sein. Und jetzt ... Etwas muß es in dieser

Tasche geben, irgend etwas, das nach über fünfzig Jahren Licht ins Dunkel bringt. Wenigstens dieses Versprechen wird sie doch halten.

Und nun liegt da ihr Haus. Unser Haus. (Ich hatte sie mit aller Kraft zurückstoßen müssen, als ich damals diese Wohnung im ersten Stock mit meiner hastig gepackten Tasche verließ, ein für allemal.) Die Nachbarin wohnt gleich gegenüber, sie öffnet mir, sie geht ins angrenzende Zimmer und kommt mit einer alten, fleckigen Einkaufstasche aus beigem Kunststoff wieder heraus. Ich bleibe keine Minute länger als nötig. In der Wohnung meiner Tochter reiße ich die Tasche auf. Zum Vorschein kommen Zeitungsausschnitte mit Gesundheitstips, ein Wust irgendwo herausgerissener Kochrezepte, alte Illustriertenartikel, Fernsehprogramme. Der blanke Hohn. Nur um mir ein letztes Mal zu beweisen, daß sie nichts für mich übrig hatte. Zuunterst dann aber ein Ledermäppchen mit Reißverschluß; da ist was drin, das kann ich fühlen. Mir stockt der Atem, als ich es öffne. Auf den Küchentisch fallen: ihr Reisepaß (ihr Name dieses Mal wieder mit einem F), zwei belanglose amtliche Mitteilungen ihrer Heimatstadt Hanau aus dem Jahr 1952 – und ein Dutzend alter Schwarzweißfotos. Ich breite sie vor mir aus, ich erkenne sie augenblicklich.

Paula Hoffmann im Fotostudio in Worbis, der Aufschrift auf der Rückseite zufolge aufgenommen am 10. Mai 1947. Leicht braunstichig wie Fotografien in modernen Filmen über die Nazizeit. Schwarzes, knielanges Kleid, darüber ein vermutlich buntgeblümtes Überkleid aus feinem Stoff, vierfach aufgefächerte Halskette, grobe Strümpfe, festes Schuhwerk. Auf dem Arm ihre geliebte Marlene (nicht ich, ich bin da noch Renate), ein goldblonder Engel, das Haar am Scheitel zu einer steifen Tolle aufgesteckt und an den Seiten wellig herabfließend. Marlenes Gesicht auf gleicher Höhe mit dem ihren, diesem kohlschwarzgerahmten Gesicht, aus dem sich ein Hauch von Zorn oder Groll nie ganz zu verziehen scheint, nicht einmal in diesem Augenblick, in dem noch alles gut ist. Ein Schatten von Krieg liegt in ihrem Blick.

Auf einem weiteren Bild ich, Renate Strecker, als Führengelchen, blumenbekränzt und ganz in Weiß, aufgenommen 1947 oder '48 anläßlich Mariannes Erstkommunion. Im Hintergrund Kerzen, im Vordergrund wir drei: in der Mitte Marianne, sehr ernst, das Gebetbuch in der Hand, rechts Irmgard, unsicher lächelnd, einen Rosenstrauß vor der Brust, links ich, übers ganze, fast kreisrunde Gesicht strahlend, meine Hand in Mariannes freie Hand gelegt.
Ja, an die Fotos mit Paula Hoffmann und Marlene erinnere ich mich sofort. Ich sehe sie ganz deutlich vor mir, sorgfältig gerahmt, auf dem Loewe-Opta-Radio in unserem Wohnzimmer stehen, wo ich sie regelmäßig abstauben mußte. Damals, als ich schon längst Marlene war, und sie, der goldblonde Engel auf ihrem Arm, Renate. Damals, als nicht mehr alles gut war.
Nun also, das war's. Kein Stammbuch, keine Dokumente, keine Spur. Mit Ausnahme der Fotos muß sie alles vernichtet haben. Warum nicht auch die Fotos? Eine allerletzte Hoffnung flackert auf: das Beerdigungsinstitut. Vielleicht liegt da was. Ich rufe an. Nein, heißt es. Alles, was wir haben, ist der Totenschein aus der Klinik, in der sie gestorben ist. »Warum bin ich nicht informiert worden?« frage ich. »Ist es nicht üblich, Angehörige über den Tod eines nahen Verwandten in Kenntnis zu setzen?« Ein leichtes Ächzen oder Räuspern am anderen Ende, das ich als Achselzucken deute. Mir dämmert, daß ich für die Behörden überhaupt nicht existiere. Jedenfalls nicht als Tochter von Paula Hoffmann.
Ich kam zu dem Schluß, daß es ihre erklärte und wahrscheinlich lang gehegte Absicht gewesen war, mich auszuschließen. Auch den Grabstein hatte die Nachbarin besorgt, die mir die Tasche ausgehändigt hatte. Das war sie also, die letzte Ohrfeige für mich. Der gezielte Schlag aus dem Grab. Der endgültige Widerruf. Renate Strecker? Nichts da, vorbei. Marlene Hoffmann? Nichts da, vorbei. Exekution vollstreckt. Es gibt mich nicht.
Seither wache ich nachts auf, von Alpträumen aus dem Schlaf gerissen. Mir träumt, ich liege in einer großen Blutlache und muß sterben, wenn ich mein Bett nicht augenblicklich verlasse. Ein andermal

fahre ich aus dem Schlaf hoch, weil ich vergessen habe, ein lebenswichtiges Medikament einzunehmen, torkele in die Küche, es geht um Sekunden, und erst vor dem Küchenschrank, ein Wasserglas in der Hand, fällt mir auf, daß ich kein solches Medikament nehme. Ich habe mit meinem Arzt darüber gesprochen. Er sagte, es sei eine Angstkrankheit.

Nein, ich werde ihr Grab vorläufig nicht besuchen. Ich habe meine Gründe.

4

Ich heiße Renate Strecker. Wie die andere bin ich in Worbis geboren. Auf welche Weise ich nach Neubeckum gelangt bin? Ich weiß es nicht, ich frage mich nicht, ich erinnere mich nicht.

Aber meine Schwester Irmgard erinnert sich. Sie ist damals fünf Jahre alt, als die ersten Gerüchte auftauchen. Gerüchte nur, gewiß, aber was man da munkelt und spekuliert, das reicht, um Oma Anna im fernen Neubeckum nicht weniger in Aufruhr zu versetzen als meine Eltern in Worbis: daß Thüringen der russischen Besatzungszone zugeschlagen werden soll. Später, viel später hat Irmgard mir erzählt, wie wir den Russen entwischt sind.

Das Ganze ist Oma Annas Werk. Jedenfalls setzt sie die Hebel in Bewegung und stellt die Weichen. Unser Glück ist, daß sie seinerzeit als Köchin bei Alfred Moll arbeitet. Dieser Alfred Moll ist nämlich nicht irgendwer. Er ist ein Industrieller. Mehr noch – er ist der Sohn jenes Gustav Moll, der Neubeckum praktisch erfunden hat, damals, gegen Ende des 19. Jahrhunderts.

Bis dahin war Neubeckum ein Bahnhof auf freiem Feld gewesen. Dann kam Gustav Moll, setzte erst ein Sägewerk daneben, dann ein paar Kalköfen und schließlich eine Maschinenfabrik – fertig war Neubeckum. Zeitweilig wurde ernsthaft erwogen, die entstandene Gemeinde nach ihm zu benennen – »Mollstadt« war im Gespräch. Auf Gustav folgte Alfred Moll, dem Oma Anna also 1946 in seiner Villa die Mahlzeiten bereitet. Jahre später werde ich täglich da vorbeikommen, auf dem Weg zur Schule oder zur Kirche, und geradezu ehrfürchtige Blicke hinüberwerfen zu dieser grauen Jugendstilvilla mit Türmchen und efeuüberwuchertem Balkon inmitten eines Parks mit beeindruckendem Baumbestand.

Jedenfalls, im Winter 1946 beschwört Oma Anna ihren Chef, uns herauszuholen. Besser als die Russen sind die Engländer allemal. Und Alfred Moll schickt tatsächlich seinen Chauffeur los, in seinem Privatmercedes, nach Worbis – noch gibt es keine Mauer, keinen Stacheldraht, keine Minen. Vier Tage später hieven wir unsere Koffer aus einem voluminösen Kofferraum und schleppen sie in Oma

Annas Haus. Noch allerdings fehlt Vater Strecker. Der bleibt vorerst, weil er seine Arbeit nicht von heute auf morgen im Stich lassen will und die Überführung der Möbel mit der Bahn in die Wege leiten muß, den Transport der weinroten Clubsessel, des kostbaren Bücherschranks samt Inhalt, des Klaviers. Die Spuren dieser Zugreise werden den edlen Stücken auf immer anhaften, die düstere Pracht unseres besten Zimmers allerdings kaum beeinträchtigen. 1947 kommt Vater Strecker nach, wohl schon todkrank. Für kurze Zeit sind wir alle vereint.

Neubeckum ist nun meine Heimat. Nicht gleich die ganze Stadt mit der unvorstellbaren Menge ihrer 8000 Einwohner, sondern zunächst einmal nur das Eckhaus mit dem Edeka-Laden, etwas ab vom Schuß gelegen, der Garten dahinter, die friedlich dahindämmernde Kampstraße und die etwas belebtere Gustav-Moll-Straße davor und die Kneipe von Klärchen Friese schräg gegenüber, jenseits der Kreuzung. Die Kneipe nur wegen der Gummibärchen. Es ist nämlich so: Oma Anna führt zu meinem Leidwesen keine Gummibärchen, aber bei Klärchen Friese steht ein eimergroßes Glasgefäß voller Gummibärchen auf dem Tresen, die werden lose verkauft. Jedesmal, wenn ich von Oma einen Groschen geschenkt bekomme, erscheine ich eine Minute später strahlend bei Klärchen Friese – und stehe fünf Minuten später schon wieder ohne Gummibärchen da.

Der einzige Mensch aus meiner Famlie, der außer mir bei Klärchen Friese verkehrt, ist Onkel Heinz. Sicher nicht wegen der Gummibärchen. Oma Anna behauptet, die Männer würden ihr Geld und ihre Sorgen zu Klärchen Friese tragen. Aber das scheint mir auf seinen Fall nicht zuzutreffen. Onkel Heinz hat keine Sorgen. Mir ist sonnenklar, daß er hier Bier trinkt und manchmal auch Schnaps, weil sich das so gehört.

Onkel Heinz zählt nämlich zu den gestandenen Männern von Neubeckum. Und wie alle gestandenen Männer von Neubeckum ist er Schützenbruder. Leider war er niemals Schützenkönig. Und alle Schützenbrüder treffen sich nach Feierabend von Zeit zu Zeit dort drüben, jenseits der Kreuzung, und lassen sich von dem kleinen, pummeligen Klärchen mit der rötlich getönten Dauerwelle das Bier zapfen. Da kann Onkel Heinz wohl kaum fehlen. Im übrigen übertreibt er niemals. Wenn er nachts heimkommt, brauchen hinterher nicht die Möbel geradegerückt zu werden. Schließlich muß er wenige Stunden später, zwischen zwei und drei Uhr morgens, schon wieder aus den Federn. An Werktagen zumindest.

Meines Wissens ist Klärchen Friese (trotz des hellgrünen Opel Kapitäns, den er sein eigen nennt) die einzige Frau im Leben von Onkel Heinz, weshalb er sich mit ganzer Kraft dem Erwerbsleben widmen kann. Und er ist unglaublich fleißig. Jeden Morgen zu nachtschlafender Zeit, sommers wie winters, setzt er sich hinters Steuer seines Lieferwagens mit dem roten Fuchs und dem Schriftzug »Reineke-Brot« links und rechts, fährt über die alte Landstraße zur Reineke-Brotfabrik in der Nähe von Paderborn, ist spätestens um acht Uhr wieder zurück in Neubeckum, liefert die Brote in der Stadt aus und bezieht gegen halb zehn, frischgemacht, umgezogen und aufgeräumt, neben Mama und Oma Anna im Laden Posten. Oder aber, was gelegentlich auch vorkommt: Er entledigt sich, kaum zurückgekehrt, seiner Straßenschuhe, fährt in seine Schlappen, wirft sich in seine Konditorkluft – karierte Hose, weiße Jacke –, stellt sich in die Küche und backt ein großes Blech Streuselkuchen mit Aprikosenfüllung, der dann noch warm im Laden verkauft wird und weggeht wie nichts.

Wie auch immer, spätestens um halb zwölf muß Onkel Heinz für die Kundschaft da sein, weil Oma Anna sich dann vorübergehend aus dem Laden zurückzieht. Sie ist die Köchin, sie läßt es sich keinen Tag nehmen, das Mittagessen zu machen. Und sie kann kochen, was sie will, es schmeckt mir immer: Himmel und Erde (aber nicht vermengt), Eintopf, Stielmus, Möhren durcheinander. Oder Gulasch, das typische Sonntagsessen. Wenn Oma Anna zu kochen anfängt, komme ich von draußen rein, egal, wo ich gerade bin, auf der Straße oder im Garten, und helfe ihr. Sie sitzt in der Küche auf einem Stuhl, ich auf einem Fußbänkchen ihr gegenüber, sie greift sich eine Kartoffel aus dem Korb zu ihrer Linken, schält sie, reicht sie mir, und ich darf sie in den Wassereimer zwischen uns fallen lassen.

Oma Anna habe ich von allen am liebsten. Meine erste Puppe taufe ich Anna, lange Jahre sind wir unzertrennlich (bis sie eines Tages auf einem Möbelwagen zwischen zwei Schränke fällt und zerquetscht wird). Natürlich liebe ich auch Onkel Heinz. Ich freue mich, wenn er mit seinem weißen Lieferwagen vorfährt, aus dem Autofenster herausruft: »Wenn du nix anderes zu tun hast, steig ein!« und mit mir ein paar hundert Meter weit fährt, bis zum nächsten Laden, von wo ich dann wieder nach Hause laufe. Onkel Heinz spielt sich nie als mein Vater auf, er bildet sich nichts ein, das ist großartig. Aber mit Oma Anna kann ich's am besten; ich könnte sie stundenlang anschauen. Sie trägt immer schwarz und dazu eine dunkel gemusterte Schürze, wie die Frauen vom Land, auf den Bauernhöfen, die ich gelegentlich zu sehen bekomme. Sie ist nicht groß, aber stattlich, sie trägt das gewellte, weiße Haar zum Knoten gebunden, und sie hat diese lange, kräftige Nase, das Markenzeichen unserer Familie. Die längste und kräftigste hat Onkel Heinz. Nur meine ist ziemlich kurz. Aber das Schönste an Oma Anna ist, daß sie jederzeit verständnisvoll und gütig ist. Richtig geschimpft hat sie nur ein einziges Mal – bei einem schwerwiegenden Fall von Unkeuschheit, der Jahre später für große Aufregung sorgen wird.

Überdies ist sie unermüdlich. Kaum, daß sie Zeit findet, sich mal die Nachrichten im Rundfunk anzuhören; meist steht das hohe, schwarze Radio mit der beigen Bespannung vor dem Lautsprecher unbeachtet herum. Nicht einmal zum Märchenerzählen oder Vorlesen kommt sie, weil der Laden sie so in Anspruch nimmt. Die eingelegten Heringe sind ausgegangen? Onkel Heinz bringt neue Heringe aus der Stadt, Lotte putzt sie, Oma Anna kommt und legt sie ein. Die Abrechnungen müssen gemacht werden? Oma Anna sitzt die halbe Nacht im Wohnzimmer am Schreibtisch und addiert Zahlenkolonnen.

Überhaupt muß sie alles im Auge behalten. Zigaretten gehen am schnellsten weg, Zigaretten und Flachmänner mit Branntwein oder Korn. Wer sich keine ganze Packung Overstolz oder Eckstein leisten kann, für den gibt's Zigaretten auch lose, aus den aufgerissenen Päckchen, die immer neben der Kasse liegen. Die Dujardin-Flaschen in ihren gelblichen Zellophanhüllen muß man sich schon leisten können, die sind nur was für die besseren Kreise. Die meisten kommen natürlich wegen Mehl oder Zucker oder Bohnenkaffee (wird alles aus Schütten in Tüten abgefüllt und ausgewogen), wegen Speck oder Schinken oder Mettwürsten (die hängen an der Wand) und wegen Dalli-Schmierseife. Auch vom Käse und vom Aufschnitt in der Kühltheke ist abends nicht mehr viel da. Nur um den Nachschub an Reineke-Brot braucht sich Oma Anna nicht zu kümmern, da kann sie sich hundertprozentig auf Onkel Heinz verlassen.

Mittags um halb eins wird die Ladentür abgeschlossen. Mittagspause. Alle versammeln sich um den Tisch in Omas Küche gleich hinterm Geschäft. Aber wir setzen uns nicht einfach so hin. Die Kleider zu schonen ist eins der höchsten Gebote. Man kann nicht alle naslang waschen, also legen wir Mädchen zum Essen Schürzen an – die hinterher gleich wieder abgenommen, zusammengewickelt und im Schrank verstaut werden. Als nächstes senken alle die Köpfe, und einer von uns betet: »Alle guten Gaben, alles was wir haben, kommt, o Gott, von Dir. Wir danken Dir dafür. Amen.« Das geht reihum, jeder kommt mal dran. Wir Kinder sind jedesmal ganz stolz, wenn wir irgendwo ein neues Gebet aufgeschnappt haben, das wir zur Überraschung der anderen bei dieser Gelegenheit zum Besten geben können. Und dann, wenn alle fertig sind, erwartet mich einer der Höhepunkte des Tages.

Nach dem Mittagessen legt sich Oma Anna ein bißchen hin. Oft sagt sie dann zu mir: »Renate, komm in mein Bett, leg dich zu mir.« (Das sagt sie weder zu Irmgard noch zu Marianne, nur zu mir. Wahrscheinlich hat sie schlechte Erfahrungen mit Kindern in meinem Alter gemacht, die frei im Haus herumlaufen, wenn sie ihre Ruhe haben will.) In ihrem großen Ehebett ist seit Opa Eckeys Tod die zweite Hälfte frei, aber die brauche ich gar nicht, weil ich mich sogleich unter ihre Decke verkrieche und an ihren warmen Leib kuschele. Ich weiß: Wenn ich genauso lange durchhalte wie sie und richtig schlafe, gibt's anschließend einen Groschen. (Gummibärchen! Klärchen Friese!)

Aber mit dem Schlafen ist das so eine Sache. Wie soll ich schlafen, wenn die Sonne ins Zimmer scheint? Wenn meine Puppe im Garten auf mich wartet? Wenn ich vor wenigen Stunden entdeckt habe, daß die Stachelbeeren fast reif sind? Andererseits – Klärchen Friese … Also horche ich auf Oma Annas Atemzüge, und wenn sie lang und gleichmäßig werden, krabbele ich vorsichtig aus ihrem Bett und schleiche mich auf Zehenspitzen zu ihrem Waschtisch, wo zwischen Wasserkanne und Waschschüssel immer diverse Groschen für sonntags, für den Opferstock liegen. Im nächsten Augenblick wird einer davon mir gehören – da kommt eine Stimme aus dem Bett: »Der Groschen bleibt liegen!« Und wieder Stille. Nur Atemzüge, tief und gleichmäßig.
Mist. Aber macht nichts. Die Gummibärchen dann eben morgen. Und die Stachelbeeren heute.
Bei all ihrer Güte – niemals würde es mir einfallen, Oma Anna den Gehorsam zu verweigern. Ihre Güte ist mit einer natürlichen Hoheit oder Macht gepaart, die sie kaum jemals auszuspielen braucht und die sie doch immer wieder auf eine ganz selbstverständliche Art unter Beweis stellt. Zum Beispiel bei Gewittern.
Einmal, vor meiner Zeit, muß ein Kugelblitz in unsere Küche eingeschlagen sein und eine Gardine in Brand gesetzt haben. Er scheint weiter keinen Schaden angerichtet zu haben, dieser Kugelblitz, aber seither wird bei uns bei jedem Gewitter so lange gebetet, bis das Unheil über Neubeckum hinweggezogen ist. Im ganzen Haus werden die Lichter gelöscht, überall werden die Fenster geschlossen, alle versammeln wir uns vollzählig um den Küchentisch – ohnehin der Mittelpunkt unseres Lebens –, Mama zündet Kerzen an, und während draußen die Blitze zucken und der Donner tobt und poltert, betet Oma Anna mit leiser, klarer Stimme, das aufgeschlagene Gebetbuch vor sich. Jetzt, wo es darum geht, Schaden von uns abzuwenden, käme niemand auf die Idee, an ihrer Stelle die himmlischen Mächte anzurufen. Oma Anna ist die Familienchefin, auf ihr ruht die Verantwortung dafür, daß uns die Blitze verschonen. Und sie verschonen uns.

Allerdings kann ich mir auch nicht vorstellen, daß Gott einem Haus übel mitspielen würde, wo man ihn so liebt. Wo er so allgegenwärtig ist wie bei uns. Bei Oma Anna hängt das Bild eines großen Schutzengels über dem Bett, der zwei Kinder in stürmischer Nacht über eine Brücke geleitet, und daneben ein Kruzifix. Niemals vergißt sie, dieses Kruzifix am Karfreitag mit einem schwarzen Tuch zu verhüllen. Omas Schutzengel gefällt mir sogar noch besser als die Madonna mit dem Jesuskind auf dem Arm, die in Mamas Schlafzimmer überm Bett hängt. Und dann die Weihwasserschälchen in allen Schlafzimmern neben der Tür! Das gehört bei uns zusammen: Weihwasserschälchen, Kruzifix, Lichtschalter. Bekreuzigen, bespritzen, Licht ausmachen, frühstücken – so beginnt bei uns der Tag. Zugegeben, Marianne, Irmgard und ich, wir nehmen das nicht so genau. Aber Oma Anna legt ziemlich großen Wert darauf.

Habe ich schon erwähnt, daß wir katholisch sind? Deshalb werden unsere Geburtstage auch praktisch übergangen. Am Geburtstag gibt's einen warmen Händedruck und ein Küßchen, und damit hat sich die Sache auch schon. Gefeiert wird bei uns der Namenstag, und wenn Oma Anna dran ist oder Mama Elisabeth, dann wird richtig gefeiert. Das ist ein großer Tag, da kommen die Verwandten aus den Dörfern und Bauernschaften ringsum (Tante Christine, Onkel Bernhard, wie man im Münsterland eben heißt), und dann gibt's Kuchen oder Rosinenbrot oder Bauernbrot mit Butter und Käse oder Schinken drauf. Da wird richtig aufgefahren. Und wenn unsere Besucher dann staunend im besten Zimmer herumstehen und sich vor Begeisterung über den reichgedeckten Tisch nicht wieder einkriegen – »Um Himmels willen, Lisbeth, Anna! Was habt ihr denn da für Köstlichkeiten aufgetischt?« – dann wiegeln Mama und Oma bescheiden lächelnd ab und sagen wie aus einem Mund: »Na ja, wir sitzen ja auch an der Quelle.«

Schließlich nehmen dann doch alle rund um den schweren, ovalen Ausziehtisch in der Mitte Platz, und wenn es Abend wird, sitzen sie immer noch da. Oft verstehe ich nicht, was gesprochen wird; bei uns wird nämlich eigentlich Hochdeutsch geredet, aber jetzt wird die Unterhaltung auf Platt geführt – womit zumindest Oma Anna nicht die geringste Schwierigkeit hat. Manchmal kommt es vor – und das kriege ich sehr wohl mit –, daß jemand aus der Runde seine Blicke zwischen Marianne und Irmgard und mir hin und her wandern läßt und auf einmal, so nebenher, über den Tisch zu Mama sagt: »Mein Chott, Lisbeth, die Kleine sieht ja nu gar nich aus wie die andern. Die sieht ja nu ganz anders aus.« Das ist auf mich gemünzt. Aber was das soll, verstehe ich nicht. Wo haben die Erwachsenen ihre Augen? Schließlich sehen wir alle drei anders aus. Ähnelt Irmgard mit ihren aschblonden Haaren etwa Marianne mit den goldblonden? Kein bißchen. Also mache ich mir nichts weiter draus. Mama und Oma Anna offenbar auch nicht. Jedenfalls geht niemand auf solche Bemerkungen ein.

Nicht nur bei diesen Gelegenheiten frönt Oma Anna übrigens der einzigen Schwäche, die sie meines Wissens hat: dem Bohnenkaffee. Ohne Bohnenkaffee würde sie wahrscheinlich bald dahinwelken. Für ihre Tasse Bohnenkaffee verläßt sie nachmittags sogar ihre Stellung hinter der Ladentheke, zieht sich in die Küche zurück und genießt still für sich ihr Täßchen. Später, als sie einmal im Krankenhaus liegt, läßt sie sich den Bohnenkaffee eigens von uns bringen, weil es ihr vor dem dünnen Stationskaffee graut. Wochenlang duftet die ganze Station nach Oma Annas Bohnenkaffee.

Um die Wahrheit zu sagen: Sie hat noch eine weitere Schwäche. Das sind wir, ihre Enkelkinder. Wenn der Tag zur Neige geht, wenn Mama die letzten Kundinnen aus den besseren Kreisen von Neubeckum abgefertigt hat, all jene Nachzügler, die Anspruch auf eine Vorzugsbehandlung haben und deswegen erst nach Ladenschluß aufkreuzen, wenn also die Deckenlampen im Laden aus sind und nur noch die Schaufensterbeleuchtung matt schimmert, so daß uns niemand von außen sehen kann und womöglich gegen die Tür hämmert und ruft: »Kann ich noch ein Pfund Zucker haben?«, dann, ja dann führt Oma Anna unseren nächtlichen Zug aus unserer Wohnung im ersten Stock hinunter in den Laden an. Dann tappen wir alle drei hinter ihr her, zwischen Theke und Regalen entlang, dann lüftet sie die Deckel von den großen Glasbehältern mit den Bonbons

und den anderen Süßigkeiten, und dann darf sich jede von uns eine Kleinigkeit aussuchen. Für 5 Pfennig. Lakritzschnecken, Brausewürfel, Salmiakpastillen oder auch mal den krümeligen Rest auf dem Grund eines Glases. Dafür brauchen wir kein Licht. Uns ist es hell genug, wir greifen nicht daneben, wir schnappen uns schon nicht aus Versehen einen Apfel oder eine Mohrrübe. Wir kennen uns aus.
Dies ist der zweite Höhepunkt des Tages. Nichts geht für mich über Bonbons und Artverwandtes. Lutschend und kauend machen wir uns auf den Rückweg, hoch in unsere Wohnung, wo mich der dritte und letzte Höhepunkt erwartet.
Nach dem Waschen – Zähneputzen, einmal mit dem Waschlappen durchs Gesicht – bringt Mama mich zu Bett. Es ist spät geworden, die feinen Herrschaften haben sich mit ihren Einkäufen Zeit gelassen, auch wir haben auf unserem Zug durch den Laden nichts überstürzt, nun endlich kommt Mama und sagt: »So, jetzt geht's ins Bett.« Das ist der Augenblick, in dem sie für mich da ist, für mich ganz allein. Sie nimmt mich auf den Arm, manchmal auch Huckepack, trägt mich in ihr Schlafzimmer, legt mich in der zweiten Hälfte ihres Ehebetts ab und breitet die Bettdecke über mich. Seit Vater tot ist, schlafe ich hier, bei ihr. Und wenn ich nur noch mit dem Gesicht herausschaue, wenn es eigentlich nichts mehr zu sagen gibt außer »gute Nacht, schlaf gut und träum süß«, dann beugt sie sich über mich, blickt mir in die Augen, lächelt und sagt: »Und was bist du?« »Mamas gutes Herzeblättchen bin ich«, antworte ich selig. Oder: »Mamas gutes Herzeschätzchen.« Und das ist der schönste Augenblick des ganzen Tages. Keine fragt sie das, Irmgard nicht und Marianne auch nicht, nur mich. Ihr gutes Herzeblättchen, das bin ich. Niemand sonst.
Hinterher beten wir zusammen, zählen alle auf, die der liebe Gott beschützen möge, das dauert, das sind nicht wenige, aber schließlich haben wir alle durch, dann drückt mich Mama ein letztes Mal, ich spüre ihr warmes Gesicht, ich schließe die Augen, das Licht geht aus, und wenn ich da im Dunkeln liege, alles so still um mich her, dann weiß ich: Mama liebe ich von allen doch am meisten.

5 Ich bin Marlene John, geborene Strecker, geborene Hoffmann. Ich will nicht mehr abwarten, ob der Zufall mir vielleicht zu Hilfe kommt. Es ist für mich an der Zeit. Ich muß eigene Untersuchungen anstellen, selbst herausfinden, was damals geschah; und die Zeit drängt. Nach einem halben Jahrhundert werden nicht mehr viele übrig sein, die damals etwas mitbekommen haben – oder wenigstens von den Gerüchten noch wissen. Denn geredet haben die Leute, soviel steht fest. Man guckt eben doch genauer hin, wenn eine durch den Ort läuft, die keinen Mann hat, aber zwei Kinder. Man macht sich schon so seine Gedanken – und ist damit keineswegs die einzige.

Was ich nie verstanden habe: Warum hat meine Mutter ihre geliebte, ihre abgöttisch geliebte Tochter aufs Spiel gesetzt, die falsche, den Goldengel? Wie konnte sie sich auf diesen Handel einlassen – Kind gegen Geld? Geschrien soll sie haben, versteckt soll sie sich haben seinerzeit, als es schließlich soweit war. In Tränen aufgelöst sei allerdings auch die andere, die Elisabeth Strecker gewesen. Keine der beiden Frauen wird hingehört haben, als der Amtsleiter noch einmal die Anordnung verlas, mit der die bürgerliche und die natürliche Ordnung wiederhergestellt werden sollte. Zwei Volkspolizisten werden sich derweil in einer Ecke der Gaststätte »Zum Bahnhof« herumgedrückt haben, wo der Tausch auf behördlichen Geheiß arrangiert worden war – schließlich hatte man sie holen müssen, die Paula Hoffmann, und Widerstand war von ihrer Seite bis zum Schluß zu erwarten. Ein Heulen und Jammern sei das gewesen, so heißt es, ein Weinen und Zetern, erst recht, als dann die Kinder hereingerufen wurden und übergeben werden sollten.

War sie verzweifelt? War sie am Ende, finanziell? Glaubte sie, sich und ihr Kind nicht mehr durchbringen zu können? Wohl kaum. In jenen Jahren gab es Arbeit genug. Und Paula Hoffmann war stark, sie schuftete, wenn's sein mußte, sie hatte sich noch immer durchgeschlagen. Sie war eine Kämpferin, mitleidlos gegen sich selbst und gnadenlos gegen andere, wenn nötig. Sie wäre auch ohne den Zuschuß über die Runden gekommen, den sie von Marlenes Vater verlangt hatte.

Nein, man braucht weder Geldgier noch Verzweiflung anzunehmen. Sie wird vor allem an ihre Marlene gedacht haben. Die sollte es ein bißchen schöner, die sollte es ein bißchen leichter haben. In ihrem Wohnort Wintzingerode, nur vier Kilometer von Worbis entfernt, erinnert man sich doch noch, wie sich das harte Gesicht der Paula Hoffmann nach der Geburt verwandelte und aufhellte, wie albern sie vor Zärtlichkeit werden konnte mit ihrem Kind, wie närrisch sie sich aufführte, wenn beide zusammen waren. Das Mädchen war ihr ein und alles, das wußte jeder. Der kleine Kurt war seither abgeschrieben, der lief nur noch so nebenher, auch das blieb in Wintzingerode nicht unbemerkt, und sein Abschied bekümmerte sie nicht im geringsten. Undenkbar aber, daß sie ihre Marlene hergegeben hätte.
Hinzu kommt: Sie war in Wintzingerode eine Fremde geblieben. Denkbar, daß sie in ihre alte Heimat zurückkehren wollte, nach Hanau, wo noch Verwandte leben mußten. Aus Wintzingerode, ihrem sicheren Hafen während des Kriegs, war jedenfalls längst eine Falle geworden. Die im Westen hatten Glück gehabt. Aber wohin das mit der DDR noch führen würde, das wußte keiner. Vielleicht spürte sie, wie sich die nächste Ungerechtigkeit anbahnte, nach all den anderen Ungerechtigkeiten, die sie schon hatte erleben und verkraften müssen. Bei den Männern kam sie nicht an – zur Frau wollte sie jedenfalls keiner –, und der, den sie gehabt hatte, war auf und davon. Und nun sollte sie also erneut auf der Verliererseite stehen, durch einen eisernen Vorhang von einem besseren Leben im Westen getrennt? Es rumorte in ihr. Sie kannte dieses Gefühl nur zu gut, diesen Groll, der so leicht in ihr aufstieg, der sie zu zerfressen drohte, der sie vergiften würde, wenn sie nichts unternahm. Nein, noch wollte sie sich nicht geschlagen geben. Noch glaubte sie, daß auch ihr ein Anteil am Glück beschieden sein müßte. Und nahm Verbindung mit dem Mann auf, der ihrer festen Überzeugung nach Marlenes Vater war.
Warum erst jetzt, nach fast fünf Jahren? Hat sie ihn suchen, ausfindig machen müssen? Hat es so lange gedauert, bis sie ihn endlich

aufgetrieben hatte in der einen oder der anderen Republik? Oder war er aus freien Stücken gekommen, plötzlich wieder aufgetaucht, weil er sein Kind sehen wollte? Wie dem auch sei, jetzt war er da, der Mann, der sie nicht hatte heiraten wollen, der vielleicht selbst verheiratet und ein Familienvater war, und jetzt verlangte sie von ihm Geld. Unterhalt. Alimente. Und dieser Mann stand nun da in ihrer kleinen Wohnung – Marlene schlief vielleicht schon –, stand also da und schüttelte den Kopf. »Sieh sie dir doch an«, sagte er bloß. »Dieses Kind ist weder von dir noch von mir. Für einen Wechselbalg zahle ich nicht.«

Hatte sie richtig gehört? Wechselbalg? Sollte sie da nicht die Beherrschung verlieren? Sie verlor schnell die Beherrschung, und dann ging der Zorn mit ihr durch. Leicht vorstellbar, daß sie fuchsteufelswild geworden ist und ihn beschimpft hat. Sie konnte unflätig schimpfen, gleichgültig, mit wem sie es gerade zu tun hatte. Und mit funkelnden Augen wird sie geschworen haben, bei allem, was ihr heilig ist (also bei Marlene), den Beweis dafür zu erbringen, daß er sich irrt und diese schamlose Lüge nur deshalb in die Welt gesetzt hat, weil er sich drücken will. Was der Wahrheit wohl nicht entsprach – wäre er sonst gekommen? Wäre er sonst mit ihr und Marlene Tage später ins Krankenhaus nach Worbis gefahren, um sich, genau wie die beiden anderen, Blut für einen Bluttest abnehmen zu lassen? Nein, ein Schuft war er offenbar nicht. Sie durfte hoffen, daß er sich überzeugen lassen – und zahlen würde.

Und dann, wenige Tage später, der Augenblick der Wahrheit. Der Moment, in dem der Arzt hinter seinem Schreibtisch von dem Blatt mit den Untersuchungsergebnissen aufschaute und verkündete: »Tut mir leid, Frau Hoffmann, aber Ihre Tochter Marlene ist biologisch weder Ihnen noch Ihrem Mann zuzuordnen.«

Sie erbleichte. Sie verstummte. Diese Wahrheit war furchtbarer als alles, was sie in Stunden des Zweifels für denkbar gehalten hätte. Möglich, daß sie in diesem Augenblick schon ahnte, daß es zu spät war. Daß alles verloren war. Daß sie einen Stein ins Rollen gebracht hatte, der sie zerschmettern würde. Oder war sie es selbst, die sich

nun an die Behörden wandte, um an das richtige Kind zu kommen und an ihr Geld? Unvorstellbar, nach allem, was wir wissen. Unvorstellbar, daß sie bereit gewesen sein könnte, ihre Marlene buchstäblich zu verkaufen – das hätte sie wohl nicht einmal dann über sich gebracht, wenn ihr das Wasser bis zum Hals gestanden hätte.
Ist also der Mann, der Vater, der nicht der Vater war, losgezogen, um auf dem Jugendamt von Worbis oder dem Standesamt schlafende Hunde zu wecken, Aufklärung zu verlangen und den Tausch der Kinder zu fordern? Ebenfalls unwahrscheinlich. Er wird sich kaum darum gerissen haben, Unterhalt zu zahlen; womöglich war er über den Ausgang der Sache gar nicht so unglücklich. Wahrscheinlicher ist, daß sie im Krankenhaus ihre alten Unterlagen hervorgeholt haben, das so gewissenhaft geführte Hebammen-Protokoll der Marta Pfitzenreuter etwa, und ihre Erkenntnisse dann ungebeten an die Behörden weitergeleitet haben. Ordnung muß sein.
Und ebenso wahrscheinlich ist, daß Paula Hoffmann von nun an in panischer Angst gelebt hat, ihr Schicksal verfluchend und sich selbst. Nichtsahnend war sie selbst zum Auslöser geworden für das, was sich nun über ihr zusammenbraute. Warum hatte sie nicht einfach auf ihren Anspruch verzichtet und alles auf sich beruhen lassen, wo der Verdacht schon einmal in der Welt – und nicht völlig von der Hand zu weisen war? Unschuldig war sie schuldig geworden. Zu ihrer Angst müssen die bittersten Selbstvorwürfe gekommen sein.
Oder war sie das gar nicht: unschuldig? Was ist von jenen Stimmen zu halten, die damals von einem kühl kalkulierten Verbrechen sprachen? Und die selbst heute noch wissen wollen, daß die Verwechslung im Krankenhaus seinerzeit gar kein unglücklicher Zufall gewesen sei, sondern geplant! Daß die Hoffmann das Kind der anderen in Wirklichkeit entführt habe, weil sie dem eigenen schon im Mutterleib die gleiche maßlose Abneigung entgegengebracht hätte wie seinem Vater! Hirngespinste? Vermutlich. Mag sein, daß dergleichen vorkommt, daß es tatsächlich Frauen gibt, die ihren Haß auf den Vater auf ihr Kind übertragen und sich zeitlebens ein anderes wünschen. Doch – träfe dieser Verdacht zu, dann hätte Paula Hoffmann

ihr geliebtes Kind, das falsche, den Goldengel, an dem sie mit jeder Faser ihres Herzens hing, im vollen Bewußtsein des Risikos aufs Spiel gesetzt, als sie den Bluttest verlangte. Sie hätte das Ergebnis ja im voraus kennen müssen, hätte mit anderen Worten ihr Kind bedenkenlos ihrer Geldgier geopfert. Nein, das klingt nicht überzeugend. Ihr ganzes Verhalten im weiteren Verlauf der Geschichte spricht dagegen.

Das Wahrscheinlichste ist doch, daß niemanden eine Schuld trifft. Daß die Dinge einfach ihren Lauf nahmen und Zufall zu Zufall kam, bis ein letzter Zufall alles über den Haufen warf, was sich lange Zeit genauso zufällig aufs Beste gefügt hatte. Und plötzlich zählte das, was Elisabeth Strecker und Paula Hoffmann und ihre falschen Kinder Renate und Marlene wollten, gar nichts mehr.

Paula Hoffmann jedenfalls wird ihr Geld bekommen. Und ihre Tochter verlieren. Und den Schmerz darüber in eine uferlose, abgrundtiefe Wut verwandeln, eine Wut, die für die nächsten 50 Jahre reichen wird und länger.

6

Ich heiße Renate Strecker. Ich wohne in dem großen Eckhaus in Neubeckum. Und das einzige, was ich wirklich nicht leiden kann, sind die Badetage.

Wahrscheinlich bin ich wasserscheu. Jedenfalls stört es mich überhaupt nicht, daß wir kein Badezimmer haben und folglich auch keine Badewanne. (Dieser überflüssige Luxus zieht bei uns erst ein, als Onkel Heinz sich doch noch zur Ehe entschließt. Die Dame ist anspruchsvoll, sie besteht auf einem Bad.) Ja, abgesehen vom Spülstein in der Küche gibt es im ganzen Haus kein fließendes Wasser. Jeder begnügt sich mit einer großen, schweren Waschschüssel aus eierschalenfarbenem Porzellan und einer ähnlich großen, ähnlich schweren Wasserkanne, wie sie in allen Schlafzimmern auf den Anrichten stehen. Meiner Ansicht nach reicht das vollkommen. Aber Mama und Oma Anna sind der einhelligen Meinung, daß das nicht reicht.

Also versammelt sich jeden Samstagabend die ganze Gesellschaft der Frauen in der Küche. Onkel Heinz fehlt, weil er Kunden bedienen muß – viele werden es nicht sein, denn in Neubeckum ist die hier beschriebene samstägliche Unsitte des Badetags weit verbreitet. Mama schafft einen Stapel Handtücher herbei, Lotte setzt einen Waschkessel randvoll mit Wasser auf den Kohleherd (wir nennen ihn »die Maschine« – nicht zu verwechseln mit dem Gasherd, in dem Onkel Heinz in glücklicheren Augenblicken seinen Streuselkuchen mit Aprikosenfüllung backt), Lotte schleppt auch die große Zinkbadewanne herein und stellt sie mit einem dumpfen Schlag in der Mitte des Zimmers ab, wo sonst der Küchentisch steht. Von einem gewissen Zeitpunkt an, der mit Mariannes fortgeschrittenem Alter zu tun hat, wird obendrein noch die Spanische Wand aus Oma Annas Zimmer hereingeholt und zwischen Wanne und Publikum in Stellung gebracht.

Wenn dann das Wasser im Waschkessel bedrohlich brodelt und Dampfwolken die Küche wie Nebelschwaden durchziehen, so daß das Unheimliche der Prozedur eigentlich jedem auffallen müßte, beginnt der unangenehmste Teil. Wir Kinder sind natürlich als erste

dran; die Erwachsenen baden später, das kriegen wir gar nicht mit. Bei uns geht es dem Alter nach, also beginnt Marianne, dann kommt Irmgard, und zum Schluß bin ich an der Reihe. Jede entkleidet sich, legt ihre Sachen auf den Stuhl neben dem Zuber, wo auch das Handtuch schon griffbereit hängt, steigt ins Wasser, und los geht's. Mama, Lotte, Oma Anna, alle zugleich stürzen sie sich jetzt auf ihr Opfer, machen sich mit Seife und Schampon an ihm zu schaffen, reiben, schrubben, zerren, kneten, spritzen, schäumen, spülen, reißen ihm an den Haaren, bohren ihm die Finger in die Ohren – und bevor sie ihr Opfer wieder freilassen, zwingen sie es zu guter Letzt sogar, bis auf den Grund der Wanne hinabzutauchen.
Das Wasser wird zwischendurch natürlich nicht gewechselt. Nach jedem Durchgang wird ein bißchen abgeschöpft, etwas heißes Wasser nachgegossen, und man kann sich die Brühe vorstellen, in der ich dann lande. Zu zweit müssen sie mich festhalten, während mir die dritte den Kopf einseift. Mir bleibt nichts anderes übrig als zu zetern und zu schreien, so laut ich kann. Und dann der Gipfel: ruckzuck den Kopf unter Wasser gedrückt und keinen Gedanken daran verschwendet, daß ich ertrinken könnte. Hinterher schwimmt die ganze Küche – wenigstens dieser Triumph bleibt mir.
Aber schließlich ist alles überstanden, und wir sitzen in unseren Schlafanzügen, ein Handtuch um den Kopf gewickelt, beim Abendessen. Lotte wischt das Badewasser auf, das ich verspritzt habe, Lotte wirft auch die dicken Wollstrümpfe und die Kniestrümpfe der ganzen Woche in die Wanne, um sie einzuweichen, und Mama röstet derweil dünn mit Butter bestrichene Brotscheiben in der Pfanne, die anschließend mit Schnittkäse belegt werden. Dazu gibt es Kakao oder Milch, und ich bin schon wieder so weit, alles zu verzeihen.
Denn – eigentlich lassen sie mich wirklich in Ruhe. Offen gesagt, ich bin die einzige hier, die nicht unentwegt arbeiten muß. Eigentlich erstaunlich – immerhin bin ich schon fast fünf Jahre alt. Aber nein, man duldet, daß ich einfach nur herumstehe und den anderen bei der Arbeit zuschaue, wann immer mir danach ist.

Selbst Irmgard und Marianne müssen arbeiten, nämlich Hausaufgaben machen und Klavierspielen. Üben, täglich eine Stunde lang. Marianne übt oft sogar noch länger – vielleicht, weil sie zu Höherem bestimmt ist. Sie ist unverschämt gut in der Schule, und seit einiger Zeit spielt sie immer besser Klavier. Früher hat dieses Klavier nur als Schmuckstück herumgestanden, das beste Zimmer aufgewertet und Kultur und guten Geschmack verströmt, benutzt wurde es nie. Aber jetzt ... Wenn Marianne spielt, scheinen die weinroten Clubsessel, scheint der alte Schrank mit seinen gedrechselten Säulen und die edle Anrichte mit dem guten Porzellan, scheint das ganze Zimmer zum Leben zu erwachen.
Lotte ist offenbar nicht zu Höherem bestimmt. Wann immer ich ihr tagsüber begegne, schuftet sie. Besonders, wenn große Wäsche ist. Bei uns fällt unglaublich viel Wäsche an: die Privatsachen von uns allen, dann die Geschäftskleidung, die weißen Kittel von Onkel Heinz, die er im Laden trägt, und die grauen, die er unterwegs im Auto anhat, dazu die Schürzen von Mama und Oma Anna ... Alles landet am großen Waschtag in dem Schuppenanbau, der gleichzeitig Stall und Waschküche ist. Da steht ein riesiger Waschkessel, der von unten befeuert wird. Für diesen Kessel gibt es zwei verschiedene Einsätze, einen für die Wäsche und einen anderen für die Wurst. Der zweite hängt normalerweise an der Wand und wird nur benutzt, wenn der Metzger kommt, wegen des Schweins.
Wenn Lotte wäscht, nehme ich mir die Zeit, zuzugucken. Sie hat die Ärmel hochgekrempelt, so daß man die Sommersprossen auf ihren Unterarmen sieht, und hantiert mit einem Wäschestampfer, der unten eine kreisrunde, gelochte Platte hat. Damit bearbeitet sie die Wäsche im Kessel, stemmt sich dagegen, drückt sie runter, preßt sie aus und weicht sie ein. Dann holt sie alle Teile raus und stopft sie in den Waschbottich nebenan; der ist von Miele, hat ein Drehkreuz und arbeitet elektrisch. Anschließend kurbelt sie die triefende Wäsche Stück für Stück durch eine Wringe, die aus zwei dicken Holzwalzen besteht, so daß die Lauge herausläuft und sich in glitschigen Schlieren auf dem Boden sammelt. Mittlerweile schwitzt

und keucht Lotte ordentlich, ihr rotes Wuschelhaar klebt ihr in Strähnen an der Stirn, aber ein Ende ist noch nicht abzusehen. Als nächstes muß sie die ganze Wäsche nacheinander durch drei Zinkbadewannen ziehen und mit klarem Wasser ausspülen, dann körbeweise in den Garten hinaustragen und auf die Wäscheleinen hängen. Alles in allem eine ziemliche Plackerei. Und ganz zum Schluß darf sie diese Berge von Wäsche auch noch bügeln. Ich hoffe, daß ich zu Höherem bestimmt bin.

Zugegeben, es kommt vor, daß ich doch arbeiten muß. Aber das ist eigentlich gar keine Arbeit, das ist Spaß. Manchmal müssen wir Kinder nämlich mit dem schweren Bohnerbesen den Fußboden im Korridor wienern. Dann greifen sich Irmgard und Marianne gemeinsam den Stil, ich setze mich als Gewicht vorne drauf, und auf geht's, hin und her, vor und zurück. Und danach – ab in den Garten.

Wirklich, es gibt keinen schöneren Ort. Unser Garten ist groß. Voller Beete, Blumen und Sträucher. Und voller Bäume. Mitten in der Wiese steht der riesige Apfelbaum, der im Frühjahr eine unglaubliche Blütenpracht entfaltet und im Herbst tolle Äpfel trägt. Gleich am Haus ragt der große Birnbaum auf, der mit seiner Krone bis hinauf zu den Schlafzimmern unterm Dach reicht. Und dazwischen steht der Pfirsichbaum, an dem im Sommer kleine, graugrüne Früchte mit einem herben Geschmack wachsen – die kocht Oma Anna ein und belegt im Winter damit den Tortenboden, wenn Besuch kommt. Unter dem Birnbaum gibt es Beete mit Erdbeeren und Gemüse, zur Mauer hin stehen Stachelbeer- und Johannisbeersträucher, und die ganze Mauer entlang ziehen sich Goldregen, Jasmin, Pfingstrosen und Ringelblumen. Und das beste: Man kann hier stundenlang spielen, Zelte aus Wolldecken bauen zum Beispiel, und bleibt doch immer in unmittelbarer Nähe des Süßigkeitendepots.

Den Garten haben wir Kinder praktisch für uns, weil die Erwachsenen gar keine Zeit haben. Höchstens, daß man Onkel Heinz dort mal begegnet, wenn er gerade Kaninchen auf die Wäscheleine hängt. Sonntags gibt es bei uns nämlich gelegentlich eins oder zwei von unseren Kaninchen, und dafür wird natürlich kein Metzger gerufen, die schlachtet Onkel Heinz persönlich. Anschließend schneidet er ihnen dann die Hinterläufe ein und hängt sie auf die Wäscheleine, um sie besser abziehen zu können. Ich kann da zugucken, das macht mir nichts aus, ich schaue ja auch zu, wenn das Schwein geschlachtet wird. Diese Kaninchen sind für uns reine Nutztiere; nie kommen wir auf die Idee, eins herauszuholen aus seinem Käfig und zu streicheln.

Nicht viel mehr Mitgefühl bringe ich für die zutraulichen Katzen aus der Nachbarschaft auf, die unseren Garten regelmäßig besuchen. Eines Tages – ich schiebe gerade meinen Puppenwagen durchs Gras – fällt mir ein, wozu sie gut sein könnten. Erst locke ich eine an und streichele sie. Dann ziehen Irmgard und ich der widerstrebenden Katze mit vereinten Kräften Puppenkleider an, packen sie in den Puppenwagen, decken sie zu, so daß nur noch der Kopf rausguckt, fahren sie herum und plappern auf sie ein wie Erwachsene, die ein Kind vor sich haben. Ein paarmal geht das gut. Dann gerate ich an eine, die reißt schon die Augen so weit auf und legt schon die Ohren so flach an, schießt dann plötzlich aus dem Kinderwagen heraus und faucht im nächsten Moment mit meinen schönen Puppenkleidern am Leib oben im Baum. Die Puppenkleider sehe ich nie wieder. Und die Katzen haben ab jetzt vor mir Ruhe.

Meine große Liebe gilt sowieso den Hunden. Und an denen herrscht kein Mangel. Ich brauche nur vorne zum Laden zu gehen, da stehen, liegen oder sitzen jederzeit Hunde jeder Größe und Rasse vor der Tür und warten auf ihr Frauchen, das drinnen gerade Aufschnitt oder Bauernbrot kauft. Diese Hunde sehen immer so traurig aus, der eine bellt, der andere jault, der dritte winselt, da muß ich mich einfach dazuhocken und sie trösten. Also streicheln. Und manchmal schnappt einer zu. Riesengeschrei; alles kommt aus dem Laden gelaufen, Frauchen schimpft mit dem Hund, Mama schimpft mit mir (»Du weißt genau, daß du die Hunde nicht anfassen sollst!«), und das Ende vom Lied ist immer dasselbe: Zwei Minuten von uns wohnt der Arzt, der kennt das schon, dem brauche ich nichts zu er-

klären, der desinfiziert kommentarlos meine kleine Verletzung, setzt mir auch mal eine Tetanusspritze – und anderntags gibt es zum Trost für mich mein absolutes Lieblingsgericht, ein weichgekochtes Frühstücksei. Also kein Grund, den nächsten Hund, der vor unserer Ladentür winselt, nicht gleich wieder zu trösten.
Allerdings – so glimpflich komme ich nicht immer davon. Bisweilen fallen schon Dinge vor, die nicht auch noch belohnt werden. Es stimmt schon: Bei uns gerät keiner in Rage. Mama und Oma Anna sind normalerweise die Sanftmut in Person, und Onkel Heinz mischt sich sowieso nicht ein. Aber manchmal leiste ich mir Sachen … Ich meine jetzt gar nicht so schwerwiegende Verfehlungen wie Unkeuschheit. Nein, aber ich bin eben wild. Ich bin eine Wilde. Da unterlaufen einem eben schon mal Sachen, die Mama und Oma Anna an ihren Erziehungsauftrag erinnern. Kundenverleumden zum Beispiel. Und Kunden hat man schnell verleumdet.
Da soll ich eines Tages eingelegte Heringe zu Frau Fuß rübertragen. Ich laufe also los – eskortiert von einem ganzen Trupp kleiner Schmarotzer, die auf einen winzigen Bruchteil meines Botenlohns spekulieren –, ich schelle, ich liefere aus und bekomme von Frau Fuß keinen Pfennig. Sie denkt nicht einmal daran, die Heringe zu bezahlen. In meinem gerechten Zorn lasse ich mich dazu hinreißen, meinen Begleitern auf der Straße lauthals zu verkünden, daß Frau Fuß ihre Heringe nicht zu bezahlen beliebt – vom Botenlohn gar nicht zu reden –, wobei es meiner Aufmerksamkeit völlig entgeht, daß sie nach wie vor in der Tür steht. Und schon ist der Tatbestand der Verleumdung erfüllt. Frau Fuß hat ihre Heringe nämlich bereits bezahlt – und nichts Besseres zu tun, als sich bei Oma Anna über meine Verleumdung umgehend zu beschweren.
Die bedauerliche Wahrheit ist – so was wird bei uns bestraft. Zugegeben, bei uns wird selten gestraft, aber Kundenverleumden fällt in einem Geschäftshaushalt nicht unter die Lappalien. Gut, geschlagen werde ich nicht, das kommt bei uns sowieso kaum vor, aber ich werde in den Keller gesperrt. Unser Keller ist ein richtiges Gewölbe, mit Heizungskeller, wo Koks gelagert wird, und Vorratskeller, wo

sich unter anderem die eingemachten Köstlichkeiten vom Schwein stapeln, eigentlich also nicht wirklich unheimlich, aber wenn man unten auf der letzten Stufe der Kellertreppe sitzt und oben die Tür zugezogen wird und Oma Anna noch hinunterruft: »Du kommst hier erst wieder raus, wenn ich die Tür aufmache!«, dann weint man schon ein bißchen.

Die eigentliche Strafe ist die Dunkelheit. Da sitze ich also und leide schluchzend und sende diverse Racheschwüre an die Adresse dieser Frau Fuß, bis ich nach etwa zehn Minuten den Eindruck habe, daß man mich vergessen hat. Also greife ich zur Selbsthilfe. Ich taste mich die staubigen, ein bißchen ekligen Stufen der Kellertreppe hoch, finde die Tür nur angelehnt, schleiche mich raus und verdrücke mich. Und jetzt zeigt sich wieder einmal, wie wunderbar sie hier sind: Kein Wort mehr über die ganze Angelegenheit, oder wie ich mich unterstehen könnte, mich selbst zu befreien ... Beim nächtlichen Zug durch den Laden bin ich schon wieder dabei. (Viele Jahre später, als ich noch einmal in dieses Haus zurückkomme, entdecke ich, daß es unten an der Treppe einen Lichtschalter gibt.)

Daß es fast immer mit Kellertreppe und schlimmstenfalls mit Süßigkeitenentzug abgeht, das ist schon fast ein Wunder. Manchmal strapaziere ich ihre Geduld wirklich bis zum äußersten. Wie an dem Tag, an dem ich mich im Treppengeländer verkeile.

Es ist ein Sonntag morgen. Und Sonntage, muß man wissen, sind uns heilig. Dann herrscht eine Stimmung, die läßt sich nicht leicht beschreiben. Einerseits ist allen feierlich zumute – andererseits befürchtet heimlich jeder eine Störung dieser Feierlichkeit und ist deshalb ein kleines bißchen nervös. An diesem Sonntag wollen wir alle gemeinsam die Erwachsenenmesse besuchen. Das große Sonntagsfrühstück liegt bereits hinter uns, fein gemacht haben wir Kinder uns auch schon, jetzt sitzen wir oben auf der Treppe und warten. Und weil die Erwachsenen ewig brauchen, will ich schnell einen Blick hinunterwerfen, will sehen, was sich da unten im Flur tut und ob sie nun endlich kommen, stecke also den Kopf zwischen zwei

Sprossen des Treppengeländers hindurch – und hänge fest. Alles Ziehen und Zwängen hilft nichts, die Ohren sind und bleiben im Weg, ich bin eine Gefangene der Treppe.
Das ist ein Theater! Erst entlädt sich die ganze Aufregung über mich (»Typisch. Hat den dicksten Kopf und muß ihn auch noch durchs Geländer stecken!«), dann kriegen sich die Erwachsenen untereinander in die Haare (»Nur weil du wieder nicht fertig geworden bist!« »Wer trödelt hier denn immer so lange?«), selbst Oma Anna, sonst ein Fels in der Brandung, läßt sich anstecken. Dann platzt Schreinermeister Hartmeyer mitten in den Trubel, setzt ohne viele Worte zu machen seine Säge an, durchtrennt eine Sprosse, ich komme frei – und schlagartig ist alles gut. Zum ersten Mal seit Menschengedenken fällt der Kirchgang aus – und trotzdem ist alles gut. Erneut zieht ungetrübteste Sonntagsstimmung ein.
So ist das bei uns. Kein Unwetter hinterläßt Spuren. Jeder Sturm legt sich bald, alle Wogen glätten sich rasch, nach kurzer Zeit bricht wieder die Sonne durch. Ich finde, auch das ist Freiheit: nicht nach jedem Fehltritt das Schlimmste befürchten zu müssen, nicht unentwegt Angst haben zu müssen, daß jede Dummheit wer weiß was nach sich zieht. Und auch diese Freiheit genieße ich. Ich mache, was ich will. Die vier Kilometer zum Freibad von Neubeckum laufe ich zu Fuß, wenn ich keinen finde, der mich auf dem Gepäckträger seines Fahrrads mitnimmt. Und bei Wind und Wetter stromere ich draußen herum, bin oft krank, weil ich im Winter ohne Mütze herumlaufe (Mützen kratzen) und weil ich selbst bei klirrender Kälte so lange draußen bleibe, bis mir fast die Finger abfrieren. Niemand regt sich auf, meist wird mir umgehend Trost in Form eines weichgekochten Frühstückseis gespendet. Die größte Freiheit aber erlebe ich draußen, bei den Verwandten auf den Höfen.
Ferien, verreisen, an die Nordsee fahren, das gibt es bei uns nicht. Aber Oma Anna kommt vom Land, eine Schwester von ihr hat in einen Bauernhof eingeheiratet, da fahren wir manchmal hin, mit Onkel Heinz und seinem hellgrünen Opel Kapitän. Und da ist immer was los. Da gibt es andere Kinder und Tiere, da kann man in

den Ställen herumlaufen, da kann man im Stroh toben und johlend vom Dachbochen zur Tenne runterrutschen – irgendeine Luke finden wir immer. Und wenn wir dann mittags alle um den großen Tisch herumsitzen, ist mein Glück vollkommen.

Nein, mir fehlt hier nichts. Ich werde verwöhnt. Ich bin glücklich.

7

Ich heiße Marlene. Die Wahl meiner Mutter ist wohl deshalb auf diesen Namen gefallen, weil sie eine Schwester namens Maria Helene hatte. Sie muß sehr an ihr gehangen haben, an dieser Maria Helene, die vor dem Krieg nach Düsseldorf gezogen war.

1952 scheint sich Paula Hoffmann auf eine ihrer wenigen Reisen gemacht zu haben und von Worbis nach Düsseldorf gefahren zu sein – um ihr Grab zu besuchen? Helene lebte nicht mehr, so viel ist sicher. Das weiß ich von ihrer Tochter, meiner Kusine, der einzigen Verwandten, auf die ich bisher gestoßen bin. Ein Foto aus dem dürftigen Nachlaß meiner Mutter hatte mich auf ihre Spur gebracht, es zeigte einen Soldaten, eine Frau und drei Kinder. Eine Familienszene. Dabei lag ein Feldpostbrief, adressiert an Helene Küpper, Düsseldorf. Von meiner Kusine erfuhr ich dann, daß ihre Mutter in einer Bombennacht des Jahres 1944 ums Leben gekommen war, sie und zwei der Kinder.

Wer von ihren Verwandten blieb Paula Hoffmann danach? Ihre Mutter? Selten, sehr selten, daß sie von ihr sprach. An zwei Erwähnungen erinnere ich mich, mehr nicht. Einen Eisenbahner habe sie geheiratet und sei deshalb viel und immer gratis verreist, sagte sie einmal, als ihr ein Foto ihrer Mutter in die Hände fiel. Auf dem Foto war eine stattliche Dame mit Hut und Schirm zu sehen, das weiß ich noch. Eine Frau von Welt. Und dann: Wann immer ich nicht pfleglich genug mit einem ihrer Möbelstücke umging, flocht sie in ihre Vorwürfe unweigerlich die Bemerkung ein: »Das sind die Möbel meiner Mutter!« Wahrscheinlich waren diese Möbel das einzige, was sie mit ihrer Familie, ihrer Vergangenheit noch verband.

Warum schwieg sie so beharrlich? Hatte sie mit ihrer Familie gebrochen? Hatte sie sich in jungen Jahren schon, in ihren Zwanzigern, mit ihren Eltern überworfen? Und warum hatte sie nicht geheiratet, keine Familie gegründet? Damals war es nicht unbedingt üblich, so lange damit zu warten. Sie sehnte sich doch nach Liebe, nach einem Mann, das war kein Geheimnis, und eine Zeitlang unternahm sie manches, einen zu finden – auch das weiß ich. Seit ich ständig bei

ihr lebte, also spätestens von ihrem achtunddreißigsten Lebensjahr an, wollte sie von Männern ganz offenbar nichts mehr wissen. Nie habe ich einen Mann in unserer Wohnung gesehen. Kein männliches Wesen betrat je unsere Gemächer. Bis zu ihrem Tod hat sie keinen mehr angerührt. Kein Liebesleben, das wüßte ich.
Liebesbedürftig, außerordentlich liebesbedürftig war sie weiterhin, auch anschmiegsam. Noch Jahre später konnte es geschehen, daß man Renate (ihre Marlene) und sie eng aneinandergeschmiegt auf einem Sofa liegend antraf. Bei jeder Gelegenheit – die ergaben sich jedoch mit der Zeit immer seltener – nahm sie ihren geliebten Goldengel in den Arm, streichelte Renate, küßte sie, belegte sie mit Kosenamen wie »Schnuckelchen« oder »Herzchen«. Und selbst meine eigenen Kinder, für die sie sonst nicht das geringste Interesse aufbrachte, mußten sich von ihr fragen lassen: Wen habt ihr lieber, mich oder … und dann nannte sie den Namen irgendeiner Tante aus der Verwandtschaft meines Mannes.
Geliebt zu werden, das war ihre große Sorge. Merkwürdigerweise unternahm sie nichts dafür. Sie schottete sich völlig ab. Zwar ging sie unter Menschen, ließ aber außer Renate (ihrer Marlene) keinen an sich heran. Niemand wurde je von ihr eingeladen, nie erhielten wir Besuch. Keine Einladungen zum sonntäglichen Braten, keine Übernachtungsgäste, niemals. Unser ganzes Gesellschaftsleben bestand aus der einen oder anderen Arbeitskollegin, die in manchen Jahren an ihrem Geburtstag hereinschaute – und nach höchstens zwei Stunden wieder ging. Und die mußte den Geburtstagskuchen auch noch selbst mitbringen. Für den Rest des Jahres waren wir mit uns allein.
Meist herrschte ein Schweigen, das für mich nach etlichen Jahren nicht mehr unerträglich, sondern selbstverständlich war. Warum hat sie nicht wenigstens von Zeit zu Zeit Hausmusikabende veranstaltet, so wie früher, in Wintzingerode? Wenn sie außer ihrer Marlene auf dieser Welt überhaupt noch etwas liebte, dann doch die Musik! Wie viele Instrumente sie besaß … zwei wunderschöne, alte Geigen, eine Blockflöte, eine Gitarre, eine Mandoline. Manchmal, wenn ihr

danach war, ganz selten, griff sie spät abends zur Geige und spielte. In der Küche, für sich allein. Heitschi bumbeitschi bum bum. Der Mond ist aufgegangen. Volkslieder eben. Sie spielte gut, und ich hörte ihr zu, mit geschlossenen Augen, in meinem Bett liegend. Es hätte so schön sein können jetzt, mit ein paar Nachbarn, die gemeinsam mit ihr gespielt und gesungen hätten, und ich hätte still dabeisitzen und zuhören dürfen. Doch so weit ließ sie es nie kommen. Nach zwei, drei Liedern legte sie ihre Geige wieder aus der Hand, und das Schweigen kehrte zurück.
Was wollte sie verbergen? Welches Geheimnis hütete sie in ihren vier Wänden? Weshalb ließ sie es zu, daß das Eis um sie immer dicker wurde? Und warum führte sie alle Welt mit der Schreibweise ihres Namens in die Irre? Bisweilen kam es vor, daß in einem amtlichen Dokument das zweite F in Klammern gesetzt wurde: Hof(f)mann war da tatsächlich zu lesen. Stand sie mit ihrem Familiennamen genauso auf Kriegsfuß wie mit ihrer Familie? Oder konnte sie sich nur nicht entscheiden, welche Ironie sie erträglicher finden sollte: daß bei der einen Schreibweise Hoffnung anklingt – oder bei der anderen der Glanz eines Fürstenhofs mitgedacht werden kann? Auf jeden Fall war auch dies wohl ein Versuch, ihre Identität geheim zu halten und alle anderen Menschen aus ihrem Leben auszuschließen.
Offensichtlich ist, daß bei ihr das Bedürfnis nach Anonymität genauso stark ausgeprägt war, wie bei den meisten anderen Menschen das Bedürfnis, sich mitzuteilen. Sie erzählte nie etwas, wie schon gesagt. Ich weiß bis heute nicht, welche Schulbildung sie hatte, was sie gelernt, was sie erlebt, welche Hoffnungen und Träume sie einmal gehabt hatte oder wie ihre Jugend verlaufen ist. Weiß Renate (ihre Marlene) mehr? Ich habe keine Ahnung. Was mich angeht, schreckte sie sogar vor jeglicher Berührung zurück. Es gibt da ein Foto (eins von denen, die ich regelmäßig abstauben mußte), darauf sind wir drei zu sehen: rechts Renate, in der Mitte sie, ich links. Aufgenommen auf dem Bahnhofsvorplatz von Neubeckum, wahrscheinlich von jemandem, der zufällig vorbeikam und den sie darum gebeten hatte. Alle drei schauen wir lächelnd in die Kamera. Paula

Hoffmann hat Renates Hand ergriffen und an sich gezogen. Ich rücke ihr von der anderen Seite so nahe wie möglich, aber die zweite Hand von Paula Hoffmann zieht sich zurück, bleibt leer, ihr Arm leicht angewinkelt und wie verkrampft.
Nein, fremder hätten wir uns nicht sein können. So wie auf diesem Foto sind wir uns zu allen Zeiten ausgewichen. Es gab keine Berührungspunkte zwischen uns. Wenn irgend möglich habe ich es sogar vermieden, sie anzusprechen. Wie hätte ich sie nennen sollen? Mama? Mutter? Beides ist mir gleich schwer über die Lippen gegangen, beides habe ich nur im äußersten Notfall gesagt. (Ihr dürfte es nicht leichter gefallen sein, mich »Marlene« zu nennen.)
Was hätten wir gemeinsam gehabt? Bin ich ihr vielleicht ähnlich, in irgendeiner Weise?
Nein. Manchmal glaube ich, bei mir einen Gesichtszug von ihr im Spiegel zu erkennen. Im nächsten Moment bin ich sicher, mich getäuscht zu haben. Und was den Charakter angeht, habe ich nichts von ihr. Weder ihre Talente noch ihr Naturell. Ich muß ihr so fremd gewesen sein wie sie mir. Oder war es vielleicht so, daß ich ihr eben doch alles andere als fremd vorkam? Daß ich sie womöglich jedesmal, wenn sie mich ansah, an jemanden erinnerte, an den sie auf keinen Fall erinnert werden wollte? Ist es nicht denkbar, daß ich bei ihr unaufhörlich ein und dasselbe Bild heraufbeschworen habe: das meines Vaters? Des Mannes, der sie betrogen, verlassen und ihr womöglich noch Schlimmeres angetan hatte? Ich weiß es nicht – woher auch? Es scheint kein Foto von ihm zu geben. Und meine Mutter schwieg bis zuletzt.
Wer war dieser Mann? Ob ich es je erfahre?
Und wer war diese Frau?

8

Ich heiße Renate Strecker. Ich bin fünf Jahre alt. Nächstes Jahr werde ich in die Schule kommen, aber vorläufig gehe ich noch in den Kindergarten.

Wenn ich an die Schule denke … Eine so tolle Schülerin wie Marianne werde ich wohl kaum werden. Sie ist letztes Jahr aufs Gymnasium gekommen und immer noch unverschämt gut; außerdem spielt sie mittlerweile phantastisch Klavier. Na ja, mein Vorbild ist sowieso Oma Anna. Und auch, wenn es mir hinterher keiner glauben wird: Selbst an dem Tag, an dem ich fast alle Möhren aus unserem Schrebergarten rausgerissen und an die anderen Kindergartenkinder verteilt habe, habe ich mir ein Beispiel an ihr genommen.

Vor ein paar Tagen noch hat Oma Anna wieder mal einem Landstreicher den Rest vom Mittagessen durchs Küchenfenster gereicht. Sie hat nämlich ein Herz für die Bedürftigen, deshalb gibt es bei uns ein Extrageschirr für Landstreicher, eine weiße Blechtasse mit blauem Rand und einen ebensolchen Teller. Zwar läßt sie nur bei sehr starkem Regen einen ins Haus, aber Essensreste oder ein Butterbrot und einen Becher Milch kriegt jeder, der bei uns anklopft. Außerdem schickt sie einem armen Kerl, der gar nicht weit von uns in einer Art Pförtnerhäuschen haust, alle paar Tage ein Essen und zwei Zigaretten. Und zudem kauft sie immer in demjenigen Geschäft von Neubeckum ein, dem es gerade am schlechtesten geht – als Geschäftsfrau ist ihr ja bekannt, welchem.

Nun gut, mein Kindergarten, der von Ordensschwestern geführt wird, liegt am Ende der Kampstraße, drei Minuten von uns. Dahinter erstrecken sich Schrebergärten, richtige kleine Felder, auch Oma Anna hat dort Beete. Ich brauche nur von unserer Spielwiese über den niedrigen Holzzaun zu klettern, schon stehe ich inmitten ihrer Möhren. Wie man sie rausrupft, weiß ich. Daß man sie vor dem Essen ordentlich abreiben muß, auch. Unter dem Eindruck von Oma Annas Großzügigkeit mache ich mich also ans Werk, ziehe eine Möhre nach der anderen raus, reiße das Grün ab, putze damit die Erde von den Möhren und verteile sie an alle, die eine Hand über den Zaun strecken.

Das sind nicht wenige. Inzwischen ist eine Ordensschwester hinzugekommen, hat die Arme in die Hüften gestemmt und schaut mißtrauisch herüber, was mir keineswegs entgeht. »Ich darf das. Meine Oma macht das auch!« bemerke ich in ihre Richtung und arbeite weiter. So, jetzt ist das Beet fast abgeräumt, das ganze Kraut liegt herum, und nachmittags kommt Lotte, um Möhren zu ziehen – und kriegt einen Schlag. Einen solchen Vandalismus traut man offenbar nur mir zu, jedenfalls knüpft sich Oma Anna mich am selben Abend noch vor. Und siehe da, sie schimpft nicht. Sie erklärt. »Es ist keine Sünde, etwas abzugeben«, sagt sie. »Das darf man. Aber nur, wenn einem die Sachen auch selbst gehören. Diese Möhren gehörten mir, und ich möchte entscheiden, wann und wem sie verschenkt werden.« Zum Schluß ernte ich noch einen von ihren mahnenden, eindringlichen Blick, und das war's.

Ich will damit nur sagen: Bei uns läuft alles normal. Bei richtig schlechtem Wetter holen wir unseren Spielekarton raus und spielen Halma oder Mensch-ärgere-dich-nicht, bei jedem anderen Wetter treibe ich mich im Garten, auf der Straße oder bei Nachbarn rum, und zu Karneval ziehe ich mir die Konditorkluft von Onkel Heinz an, stecke mir ein Sofakissen unters Hemd und gehe Gripschen. Betteln, auf deutsch gesagt. Wirklich, alles ganz normal – bis zu dem Tag, an dem der Brief kommt.

Anfangs kriege ich gar nichts mit. Das heißt, ich merke schon etwas, aber ich begreife überhaupt nichts. Plötzlich herrscht eine Stimmung im Haus, wie ich sie noch nie erlebt habe. Eine nervöse, gespannte, gereizte Stimmung. Wochenlang wird hinter geschlossenen Türen aufgeregt geredet und diskutiert, aber sobald eins von uns Kindern ins Zimmer kommt, verstummen alle. Und keinem ist nach Scherzen zumute. Selbst Onkel Heinz läuft wie ein begossener Pudel durchs Haus, zum ersten Mal scheint er Sorgen zu haben, und Mama muß sogar schluchzen, wenn ich ihr beim Zubettgehen wie üblich antworte: »Mamas gutes Herzeblättchen bin ich.« Jeder von uns dreien ist klar: Irgendetwas stimmt nicht. Aber keine hat eine Ahnung, was.

Obwohl – eigentlich müßte Irmgard etwas wissen. Jedenfalls mehr als ich. Es fängt nämlich alles damit an, daß Mama mit Lungenentzündung im Krankenhaus liegt – sie ist, wie gesagt, alles andere als robust, sogar ziemlich zart – und Irmgard sie täglich besucht und ihr die Post bringt, weil Marianne zu Höherem bestimmt ist. Und wie sich dann herausstellt, weiß Irmgard auch tatsächlich etwas. Eines Tages ist nämlich ein Brief dabei ... Sie kommt also in Mamas Zimmer, legt ihr die Post aufs Nachtschränkchen, und Mama fängt gleich an zu lesen – es könnte ja sein, daß einer dieser Briefe sofortige Maßnahmen erforderlich macht, dann könnte sie Irmgard umgehend ihre Anweisungen erteilen. Und an diesem Tag ist ein Brief mit einem seltsamen Absenderstempel dabei. Mama reißt das blaßgrüne Kuvert auf, vertieft sich in den Brief, stammelt plötzlich: »Das ist nicht möglich«, und dann wieder: »Das darf nicht wahr sein. Nein! Das gibt es nicht! Das glaube ich einfach nicht!«, immer lauter, und dann, mit einem Mal, schwinden ihr die Sinne und sie sackt in ihrem Bett ohnmächtig zusammen. Irmgard, in panischem Schrecken, läuft auf den Gang und ruft die Krankenschwester – erfährt aber nichts über den Grund für Mamas Nervenzusammenbruch.

Gut, so viel spricht sich unter uns Kindern also herum. Und irgendwie muß die ganze Aufregung, die die Erwachsenen erfaßt hat, mit uns zu tun haben. Jedenfalls fährt Mama eines Tages mit uns allen nach Beckum zum Arzt, obwohl keine von uns krank ist. Da werden wir untersucht, oder viel eher gemessen. Der Arzt setzt nämlich an unseren Köpfen ein Maßband an, als wäre er ein Schneider, zieht es über die Stirn einmal ganz herum, dann über die Nase und dann von Ohr zu Ohr, notiert sich etwas, und schon können wir wieder gehen. Das ist sonderbar genug. Aber wirklich beunruhigend ist, daß Mama bald darauf mit uns nach Hamm zu einem zweiten Arzt fährt, wo sich das gleiche Spiel wiederholt. Und völlig irrsinnig kommt es mir vor, daß dieser Arzt zum Schluß die Arme vor der Brust verschränkt und feierlich verkündet: »Also, gute Frau, da brauchen Sie sich überhaupt keine Sorgen zu machen. Die drei sind ohne jeden Zweifel Geschwister.«

Dafür der ganze Aufwand? Was ist hier eigentlich los? Und wenn ich Fragen stelle, werde ich mit Ausflüchten und Lügen abgespeist – ich merke das, ich kann das beurteilen, ich kenne mich da aus. Wenig später, an einem Spätsommertag des Jahres 1950, komme ich zufällig dazu, wie Mama in ihrem Schlafzimmer einen Koffer packt. Ich denke, es geht nach Westkirchen, zu Tante Christine auf den Bauernhof, und freue mich unbändig. Aber Mama weint, während sie meine Sachen zusammengefaltet in den Koffer legt. »Wir müssen wegfahren«, sagt sie mit tränenerstickter Stimme, ohne mich anzusehen. »Wir fahren zu Tante Gertrud in die Ostzone.« Aber ich will nicht in die Ostzone, ich will zu Tante Christine auf den Bauernhof.« »Tante Gertrud ist deine Patentante«, sagt Mama, »sie wird sich freuen, dich wiederzusehen.« Na gut.

Wir brechen auf. Am hellichten Tag wird der Laden geschlossen. Oma Anna, Onkel Heinz, Marianne, Irmgard, sogar Lotte, alle begleiten Mama und mich die Industriestraße runter zum Bahnhof. Aber keiner sagt einen Ton. Als würde jemand zu Grabe getragen. Und auf dem Bahnsteig angekommen, sagt Onkel Heinz die merkwürdigen Worte: »Lisbeth, bring bloß das Kind wieder zurück. Am besten, du bringst beide Kinder mit. Wir schaffen das schon, wir können's uns doch leisten.« Dann läuft zischend und qualmend der Zug ein; wir erklettern die hohen Stufen, verstauen mein Köfferchen im Gepäcknetz und winken ein letztes Mal.

Im Abteil sitze ich Mama am Fenster gegenüber. Eine so lange Zugreise habe ich noch nie unternommen. Nur einmal die 20 Kilometer nach Oelde und zurück, einfach, um mal zu erleben, wie es ist, von einem so imposanten Bahnhof wie dem Neubeckumer abzufahren und dort wieder anzukommen. Trotzdem habe ich keinerlei Erinnerung an unsere Reise nach Worbis. Das einzige Bild, das sich mir in den nächsten Stunden einprägt, ist der Anblick vorbeiziehender Klatschmohnfelder in einer hügeligen Landschaft. Ich muss gespürt haben, daß es jetzt ernst wird. Aber ich weiß nichts. Ich ahne nicht, was mich erwartet, und ich weiß nicht, was sich in den letzten

Monaten hinter den Kulissen abgespielt hat. Und das ist vielleicht besser so.

Später, viel später erst habe ich alles erfahren. Heute weiß ich, daß Mama meine beiden älteren Schwestern eines Tages in jener Zeit des Unheils zur Seite nahm und ihnen reinen Wein einschenkte. Wahrscheinlich waren weitere Briefe in blaßgrünen Kuverts eingetroffen. »Hört mal zu«, eröffnete sie den beiden unter Tränen, »die Renate ist gar nicht unser Kind. Wir bekommen ein anderes Kind für sie.« Dann erklärte sie ihnen mit brüchiger Stimme, woher diese Briefe gekommen waren und was dringestanden hatte. »Ihr bekommt bald eine andere Schwester«, sagte sie. Und dann griff Mama in ihrer Verzweiflung zum letzten Mittel, das einer guten Katholikin noch blieb. Sie machte eine Wallfahrt zur Mutter Gottes von Kevelaer. Sie flehte sie an, ihre Renate behalten zu dürfen – trotz der Bluttests und allem, was in diesen Briefen gestanden hatte. Und als auch die Mutter Gottes von Kevelaer vor den amtlichen Schreiben aus Worbis kapitulierte, da wollte sie immer noch nicht aufgeben und faßte sogar eine Wallfahrt nach Lourdes als allerletztes Mittel ins Auge. Doch dazu ist es nicht mehr gekommen. Inzwischen war der endgültige Übergabetermin festgelegt worden.

Aus ihrer Sicht hatte sie alles versucht. Gut, sie hätte ebenfalls einen Bluttest durchführen lassen können. Aber so genau wollte sie es wohl gar nicht wissen. Ihr reichte die Versicherung der beiden Ärzte mit dem Maßband. Die Ärzte geben mir recht, wird sie gedacht haben – wenn ich jetzt noch die Mutter Gottes hinzuziehe, werden wir verschont. Wie beim Gewitter. Doch die Mutter Gottes hatte sich ihr gegenüber als hilflose – oder grausame – Göttin erwiesen, und diese Erfahrung wird ihr Elend noch vergrößert haben. Von Oma Annas Verzweiflung gar nicht zu reden. Ihr Wahlspruch lautete: »Man muß nicht studiert haben, aber man muß sich im Leben zu helfen wissen.« Danach hat sie immer mit großem Mut gelebt. Aber nun war auch sie mit ihrer Weisheit am Ende.

Noch einmal kehrt meine Erinnerung zurück: Die erste Nacht in Worbis verbringen wir bei Tante Gertrud. Aber dann fällt erneut der schwarze Vorhang, und wieder läßt mich mein Gedächtnis im Stich. Ich erinnere mich nicht an das Hinterzimmer in der Gaststätte »Zum Bahnhof« anderntags in Wintzingerode. Nicht an die Menschen, den Amtsleiter, die Polizisten, den Zeitungsreporter, die Neugierigen, die Frauen vom Sozialamt, die uns Kinder zunächst zurückhalten, während unsere Mütter mit lauter Fremden in dem Hinterzimmer verschwinden. Und nicht an den Augenblick, in dem wir selbst hineingeführt und unseren neuen Müttern vorgestellt werden. Undeutlich meine ich die Worte zu vernehmen: »Dieses Mädchen bekommt jetzt deinen Namen, und du kriegst ihren Namen. Du heißt von nun an Marlene.« Aber was dann geschieht? Das Gesicht von Paula Hoffmann? Das Gesicht von Mama? Vergessen – wenn ich es überhaupt habe sehen wollen. Das Schreien, das Jammern und Schluchzen, die sinnlosen Versuche des einen oder anderen, die beiden Frauen zu beruhigen, die beiden Kinder zu trösten, die sich an ihre falschen Mütter klammern? Nicht der leiseste Nachhall davon in meinem Gedächtnis. Nichts als Dunkelheit und Stille.

Manchmal sagt sie »Marlene« zu mir. Häufiger sagt sie einfach nur »du«. Meist sagt sie gar nichts. Sie hat kohlschwarzes Haar. Sie lacht nicht. Und was sie kocht, das schmeckt nicht. Verglichen mit Oma Anna ist sie eine erbärmliche Köchin. Meine erste Mahlzeit bei ihr ist ein widerliches Porreegemüse, das ich nicht bei mir behalte. Ich muß mich übergeben, und dafür schlägt sie mich. Meine erste Tracht Prügel. Ich bin sprachlos, stumm vor Entsetzen. Ich bin froh, wenn sie nicht da ist. Froh – das ist übertrieben.

Oft bin ich stundenlang allein in diesem Zimmer, in dem es nie richtig hell wird. Es steht voller Regale mit Vorhängen davor. In der Ecke steht mein Bett, ein Kinderbett ohne Gitter. Zum Spielen gibt es hier nichts. Raus darf ich nicht. Ich soll da sitzen bleiben, bis sie wiederkommt. Ich sitze am Fenster und schaue hinaus, auf die Dorfstraße von Wintzingerode und die Menschen, die von Zeit zu Zeit vorbeikommen, und könnte vor Heimweh sterben. Daß dieser Ort

Wintzingerode heißt, das weiß ich nicht von ihr. Das weiß ich von Tante Gertrud, zu der ich fliehe, nachdem ich einen ganzen Morgen lang am Fenster gesessen habe und sie nicht wieder auftaucht. Ich will nicht, daß sie wieder auftaucht, aber ich will auch nicht länger in diesem Gefängnis ausharren. Ich kriege hier keine Luft mehr, und ich bin groß genug zum Fliehen. Die Wohnungstür ist nicht verschlossen, schon bin ich draußen. Ich lasse mir nichts anmerken, ich renne nicht gleich los, ich gehe ganz gemütlich zum Bahnhof – Wintzingerode ist ein Nest, den kann man gar nicht verfehlen. Am Schalterhäuschen ducke ich mich, steige in den nächsten Zug, und in wenigen Minuten bin ich in Worbis. Tante Gertrud wohnt an den Bahngleisen, das weiß ich, vor einigen Tagen habe ich selbst noch auf ihrem Sofa unterm Fenster gestanden und die Züge fahren sehen. Ich habe den Weg noch im Kopf, ich finde ihr Haus. Ich bin gerettet.

Tante Gertrud fällt aus allen Wolken. Und ich breche sofort in Tränen aus. Ich erzähle ihr, daß ich bei einer Frau lebe, die Kinder haßt. Ich finde, das ist Grund genug, mich vor dieser Person zu schützen. Tante Gertrud versucht, mich zu trösten, holt ein Backblech hervor, streut Zucker drauf, karamelisiert ihn, bricht Stücke ab und reicht sie mir. Seit Tagen – mit anderen Worten: seit einer halben Ewigkeit – habe ich keine Süßigkeiten mehr bekommen. Schon ist beinahe wieder alles gut. Da klingelt es an der Haustür.

Sie stürzt herein, schwarz, grollend, mühsam beherrscht, nennt mich ein schwieriges Kind, unerzogen und ungehorsam – und nimmt mich mit. Ich will bei Tante Gertrud bleiben – Tante Gertrud streicht mir durchs Haar, redet begütigend auf mich ein und öffnet uns die Tür. Offenbar will sie sich mit dieser Frau nicht anlegen. Unterwegs spricht sie kein Wort, ich weiche ihren Blicken aus, und in ihrer Wohnung angekommen, verprügelt sie mich. Sie schlägt auf mich ein und schickt mich ins Bett. Ich soll im Hellen schlafen. Das kann ich nicht, das habe ich noch nie gekonnt. Wieder geht sie fort. Diesmal schließt sie die Tür hinter sich ab. Früher wäre ich nun einfach aufgestanden. Jetzt bleibe ich liegen.

Die Tage vergehen, das ist alles. Auch die Monate vergehen. Es gibt keinen Unterschied zwischen ihnen. Und keinen Hoffnungsschimmer. Ich sitze am Fenster, starre hinaus und frage mich, wie lang das so weitergehen soll. In der Anfangszeit, da habe ich vor Wut gebrüllt. Jetzt weine ich nur noch. Ich will weg von dieser Frau. Ich weiß nicht, was sie macht, wer sie ist, was sie von mir will, was ich bei ihr soll. »Warte auf mich!« sagt sie. »Iß das!« sagt sie. »Hol den Kuchen vom Bäcker!« sagt sie. Der Bäcker wohnt am Ende der Dorfstraße. Ich nehme den Kuchen in Empfang. Er ist mit einem Handtuch abgedeckt, aber er duftet so gut. Unterwegs schlage ich das Handtuch an einer Ecke zur Seite, breche ein paar Streusel ab und stecke sie in den Mund. Schon an der vorletzten Straßenecke habe ich den letzten Bissen heruntergeschluckt und mir den Mund abgewischt.

Sie erwartet mich, zieht das Handtuch ab und entdeckt die Spuren meiner Naschsucht. Wieder verprügelt sie mich.

Sie haßt Kinder. Ich will hier weg.

Aber sie hat kein Telefon. Und selbst wenn sie eines hätte, wüßte ich nicht mal die Nummer, die ich wählen müßte. Natürlich erreichen mich auch keine Neuigkeiten aus Neubeckum. Wenn sie mir Briefe schreiben sollten, bekomme ich sie nicht zu sehen. Aber vielleicht schreiben sie überhaupt keine Briefe. Vielleicht fehlt ihnen nichts, vielleicht sind sie glücklich. Sie haben ja eine andere Renate. Ich stelle mir vor, ich bin für den Rest meines Lebens tot. Da passiert etwas Wunderbares. Ich werde von einer Wespe gestochen und ersticke fast.

Das kommt so: Manchmal besucht sie eine Freundin, die dem Bäcker gegenüber am Ende der Dorfstraße wohnt. Das geschieht selten, aber solange sie im Haus der Freundin ist, darf ich mit anderen Kindern spielen. Es gibt da eine große Wiese mit gelben Blumen und Obstbäumen, und an diesem Tag liegt dort Fallobst herum. Ich finde eine Birne, hebe sie auf, beiße hinein und werde von einer Wespe in den Mund gestochen. Der Hals schwillt mir an, die Luft bleibt mir weg, ich schreie mit letzter Kraft, und sie kommt angelaufen und schleppt mich unter Verwünschungen zum nächsten

Arzt, einem Zahnarzt. Ich werde gerettet – und etwa eine Woche später sehe ich, wie sie meine Sachen in einem Rucksack verstaut! Sie packt! Ich kann es nicht glauben! Und ich kenne nur einen Ort auf dieser Welt, wo die bevorstehende Reise hingehen kann.
Wir fahren nach Neubeckum!

9

Neuerdings heiße ich Marlene Hoffmann, seit etwas mehr als einem Dreivierteljahr. Der Name stört mich nicht, wenn ich nur dieses Wintzingerode nie wiedersehen muß. Es ist ein netter Ort, viel hübscher als Neubeckum, mit einer Burg am anderen Ende der Dorfstraße, aber ich weine ihm keine Träne nach und zittere vor Aufregung und Freude, als meine neue Mutter mit mir in aller Frühe, kaum daß die Morgendämmerung eingesetzt hat, aufbricht.

Schweigend laufen wir am Rand einer Straße entlang, die aufgehende Sonne im Rücken. Sie trägt zwei kleine Koffer, ich stapfe mit meinem Rucksack hinter ihr her. Nach einer Weile biegen wir von der Straße ab, kommen in einen Wald und laufen lange im flirrenden Helldunkel der Bäume. Ihre Koffer beunruhigen mich – was will sie damit? Hat sie etwa vor ... Plötzlich schlägt sie sich seitwärts in die Büsche. Ich hinterher. »Still!« sagt sie, als wir eine kleine Lichtung erreicht haben. »Sei still und mach kein Geräusch. Bleib hier stehen und rühr dich nicht von der Stelle!« Ihr üblicher Kommandoton. Sie stellt die beiden Koffer ab und geht weiter, langsam, geduckt, in Richtung eines schmalen, grauen Holzhäuschens, das durch Äste und Laub hindurch deutlich zu erkennen ist. Da vorne laufen Soldaten mit geschulterten Gewehren herum. Meine Mutter ist verschwunden. Bei dem Holzhäuschen tauchen jetzt immer mehr Soldaten auf. Irgend etwas raschelt neben mir, vielleicht ein Eichhörnchen, ich sehe ganz vorsichtig nach, biege Farnkraut zur Seite, gehe noch ein paar Schritte weiter, in meine Eichhörnchensuche vertieft, ich will es nicht verscheuchen. Da höre ich hinter mir Schritte. Es knackt und raschelt. Ich drehe mich um. Es ist meine Mutter.

Ich kenne dieses von Ärger entstellte Gesicht an ihr, diesen unheilvoll-drohenden Blick. Aber diesmal sagt sie nichts. Sie zerrt mich nur in eine andere Richtung davon, zischt mir zu, als der Wald plötzlich aufhört, ich solle mich klein machen, duckt sich im Laufen selber; ich stolpere vorwärts, habe Mühe, ihr auf den Fersen zu bleiben, wir erreichen die ersten Bäume, wir richten uns wieder auf – und irgendwann, nach einem langen Marsch über Waldwege, stoßen wir auf eine asphaltierte Straße. Per Anhalter gelangen wir in eine kleine Stadt. Dort gibt es einen Bahnhof. Zwei Züge halten und fahren weiter, den dritten nehmen wir. Und viele Stunden später erkenne ich an den zementgrauen Mauern und den durchbrochenen, rostroten Eisenpfosten und den geschwungenen Armlehnen der Holzbänke den Bahnhof von Neubeckum.

Welche Erlösung! Welcher Augenblick reinster Freude! Kaum habe ich den Bahnsteig unter den Füßen, gibt es kein Halten mehr. Ich reiße mich los und laufe, laufe durch die Sperre und durch die Bahnhofshalle, laufe die Industriestraße hoch, sehe die Wirtschaft von Klärchen Friese vor mir und dann unser Haus, laufe noch schneller und stürze in den Laden, atemlos vor Rennen und Glück. Es sind Kunden da, die beachte ich gar nicht, Mama und Oma Anna stehen hinter der Theke und schreien: »Renate ist wieder da!«, sie heben mich hoch, sie drücken mich, und ich gleich weiter, durchs ganze Haus, Irmgard, Marianne, Lotte begrüßen, und raus in den Garten. Zwischendurch dringt die Stimme meiner Mutter an mein Ohr, rauh und tief und bebend vor Empörung: »Dieses Kind ist wild! Dieses Kind ist unerziehbar! Dieses Kind ist eine Zumutung!« Ich achte gar nicht darauf. Sie jagt mir keine Angst mehr ein. Ich bin nicht mehr in ihrer Gewalt. Ich bin zu Hause. Ich bin wieder in meinem Revier.

Es ist immer noch der schönste Garten der Welt. Die Mauer ringsum kaum noch zu sehen vor lauter Blumen und Sträuchern, das kleine Pförtchen in der Mauer wie immer verschlossen, der Apfelbaum in der Mitte der Wiese dicht belaubt und voller Äpfel, die Stachelbeeren schon dick und grün, die schwarzen Johannisbeeren bald reif für Aufgesetzten, die roten für Marmelade. Ich erinnere mich, wie es Oma Anna einmal zu bunt geworden ist, als wir wieder mal ihre Stachelbeersträucher geplündert hatten. Da hat sie einen Ohrenkneifer aus einem Strauch hervorgezaubert und uns erzählt, daß diese Tierchen Stachelbeerdieben unbemerkt in die Ohren kriechen. Unter diesen Umständen haben wir dann auf die Stachelbeeren ver-

zichtet. Die Birnen waren vor uns sowieso immer sicher – die wachsen viel zu hoch.
Aber etwas hat sich verändert hier. Es gibt einen Menschen in diesem Haus, der ist mir neu und fremd. Ein Mädchen in meinem Alter mit goldblondem Haar, zierlich, schüchtern und still. Renate heißt sie. Renate, so wie ich früher. So, wie ich ab und zu auch jetzt noch gerufen werde. Nicht, daß Mama oder Oma Anna unsere Namen durcheinanderwerfen würden – die nennen uns sowieso meistens »Kind«, mich genauso wie sie. Aber draußen gibt es genug, für die ich immer noch Renate heiße – Klärchen Friese oder Kundinnen oder Nachbarn –, die verbessere ich dann und sage: »Ich heiße nicht mehr Renate. Ich heiße neuerdings Marlene.« Und offen gesagt – es ist mir gar nicht so unrecht, plötzlich ganz anders zu heißen. Ein neuer Name, so was passiert nicht jedem. Da kenne ich sonst keinen.
Und noch etwas ist anders geworden, wie ich am ersten Abend bemerke. Ich bin nicht mehr die einzige, die neben Mama schlafen darf. Ich teile mir jetzt die andere Hälfte ihres Ehebetts mit der Neuen, mit Renate. Und auch von »Herzeblättchen« und »Herzeschätzchen« ist von nun an keine Rede mehr. Aber wahrscheinlich bin ich dafür mittlerweile einfach zu alt. Und außerdem bin ich nach der langen Reise zu müde, um mir noch Gedanken zu machen.
Renate hat übrigens viel durchgemacht, heißt es. Irmgard erzählt mir, wie Mama damals mit ihr aus Worbis zurückgekommen ist, des Nachts, um zehn Uhr oder noch später. Die Haustür sei schon abgeschlossen gewesen und Mama habe geklingelt. Da sei sie runtergelaufen, habe aufgeschlossen, und Mama habe mit einem tränenüberströmten Kind im Türrahmen gestanden. Renate muß die ganze Fahrt über geweint haben, und die Tage und Wochen danach auch. Verängstigt und verschlossen und traurig sei sie gewesen, und eine ganze Weile lang habe keiner mit ihr etwas anfangen können. Und dann – ihre älteren Schwestern waren vormittags in der Schule, die Erwachsenen den ganzen Tag im Laden, und Freundinnen hatte sie nicht. Mir dämmert, daß es keinen Grund gibt, sie zu beneiden.

Aber daß sie in dem großen Eckhaus in Neubeckum dasselbe durchgemacht haben soll wie ich in meinem Gefängnis in Wintzingerode, das kann ich mir nun wiederum auch nicht vorstellen.
Übrigens – allzu viel anfangen kann man mit ihr tatsächlich nicht. Sagen wir es so: Sie ist liebreizend und brav. Gut, beim Frühstück ergänzen wir uns noch. Sie mag kein Eigelb, ich bin nicht scharf auf das Eiweiß, also teilen wir uns schwesterlich ein Ei. Auch mit Anziehpuppen spielen kann sie. Die Kleider beziehen wir in ganzen Bögen von Schreibwaren- und Schulbedarf Gratzfeld, Irmgard oder Marianne schneidet sie aus, wir knicken die Laschen an den Schultern um und amüsieren uns eine Weile damit, die immer gleichen Pappgestalten mit wechselnden Kleidern zu behängen, aus einem Jäger einen Bäcker und aus einem Bäcker einen Arzt zu machen. Etwas spannender ist es, mit unserer Puppenstube zu spielen. Die hat nämlich eine Küche mit einem richtigen, kleinen Herd. Da legt man einen Zündstein rein, hält ein Streichholz dran, bis er glimmt, und wenn man jetzt schnell genug ist, kann man einen kleinen Wassertopf erhitzen und Rosinen oder Nudeln kochen, die man vorher in der Küche Lotte abgeluchst hat.
Bei Rings Büschchen aber wird es mit ihr schon schwieriger. Gut, Rings Büschchen liegt nicht mehr im direkten Umkreis unseres Hauses. Wir müssen uns regelrecht abmelden, wenn es uns dahinzieht. Dann heißt es: »Sobald die Straßenlaternen angehen – ab nach Hause!«, und wir laufen los.
Rings Büschchen ist ein richtiges Stück Wildnis, schummrig und unheimlich, und das Gewirr der Äste und Zweige ist so dicht, daß kaum Sonnenlicht durchfällt. Da spielen wir Verstecken, werfen uns in die Farne oder sitzen unter einem Baum und schmieden Pläne. Das Beste aber ist der Bach, der sich vom einen Ende bis zum anderen durch Rings Büschchen schlängelt. Wir ziehen uns die Schuhe aus, waten darin herum, bauen Staudämme aus Steinen oder schaukeln. Richtig: Wir schaukeln. An einem starken Ast genau über dem Bach hängt nämlich eine Schaukel, und das ist jetzt wirklich das Größte: über dem Bach durch die Luft zu fliegen, knapp über das

Wasser hin und fast bis hinauf in die Bäume. Ja, das Leben ist herrlich. Jedenfalls für mich. Für Renate offenbar weniger.

Klar, daß es auch mir überlassen bleibt, die Glasperlen zu klauen. In der Nachbarschaft wohnt nämlich eine alte Dame, Tante Demand, eine Freundin von Oma Anna, der bringen wir alles, was es bei uns zu flicken oder umzuändern gibt. Für so was hat bei uns nun wirklich keiner Zeit, und die steinalte Tante Demand wird froh sein, daß sie noch eine Beschäftigung hat. Eines Abends warten Renate und ich bei ihr im Wohnzimmer, weil sie noch nicht fertig ist, und da fällt mein Blick auf die Lampe überm Tisch. Ich sehe genauer hin, und tatsächlich: Vom Lampenschirm hängen lauter Schnüre herunter, die mit bunten Perlen besetzt sind. Wie wunderschön diese Perlen im warmen Licht der Glühbirne aufleuchten! Zufällig liegt eine Schere herum – ich klettere vorsichtig auf den Tisch, schneide ein paar Schnüre ab, klettere wieder runter, Tante Demand kommt und merkt nichts, und am nächsten Tag besitze ich ein neues Armband. Hat geklappt. Aber Tante Demand kommt doch dahinter, beim Abstauben vielleicht. Klar, daß Renate auch nicht mit mir zusammen auf der Kellertreppe sitzt.

Es ist wirklich komisch. Da haben wir so viel gemeinsam ... Wir haben die Namen (und die Namenstage) getauscht. Wir haben die Geburtstage getauscht. Wir haben die Mütter getauscht. Beinahe hätten wir noch die Konfession getauscht, wäre es meiner neuen Mutter (evangelisch) nicht völlig gleichgültig gewesen, welchen Glauben ich habe – sie geht sowieso nie in die Kirche. Streckers hingegen ... Streckers ist eine evangelische Tochter dann doch ein bißchen zu weit gegangen. Jedenfalls ist Renate umgetauft worden und mittlerweile auch katholisch.

Und trotzdem – wir reden nie darüber. Wir schlafen im selben Bett, aber näher kommen wir uns kaum. Nicht, daß wir uns ständig zanken würden, wir mögen uns. Aber Renate fragt mich nie, wie es mir bei ihrer Mutter ergangen ist, und ich will von ihr nicht wissen, was sie mit Mama, Oma Anna und Onkel Heinz erlebt hat. Jede behält ihre Geschichte für sich – und draußen, auf der Straße, spielen wir

die Strecker-Zwillinge. So nennen sie uns jetzt. Und so zieht uns Mama auch an; wir tragen meistens das gleiche. Offen gesagt – ich will auch gar nichts wissen. Für mich zählt nur eins: daß ich wieder dort bin, wo ich hingehöre. Nach einer schauerlichen Unterbrechung geht mein Leben einfach weiter. An die Monate meiner Gefangenschaft denke ich schon gar nicht mehr.
Nebenbei – habe ich schon erzählt, daß Frau Hoffmann, meine neue Mutter, bei uns eingezogen ist? Tatsächlich, das ist sie! Sie wohnt im Gästezimmer im ersten Stock, zwischen unserem Reich und dem Zimmer von Onkel Heinz. Sie darf bleiben, hat Mama gesagt, das sei für alle die beste Lösung. Das habe sie mit ihr schon vorher abgesprochen, am Telefon – nach dem Wespenstich, könnte ich mir denken. Jetzt sitzt sie mit uns morgens am Frühstückstisch, läuft den ganzen Tag durchs Haus, und abends muß man ihr »gute Nacht« wünschen. Ich kann nicht sagen, daß ich darüber begeistert bin. Keine Ahnung, was sie so treibt – gar nichts, offenbar. Aber wenn ich es mir genau überlege, hat Mama recht. Frau Hoffmann ist bei ihrer Renate (die sie manchmal Marlene, aber für gewöhnlich Schnuckelchen nennt und ständig küßt und drückt), und ich bin davor sicher, in die Ostzone zurückzumüssen, in dieses Zimmer mit den Regalen und den Vorhängen. Soll sie bleiben.
Aber sie bleibt nicht lange. Ein paar Wochen, und sie wird rausgeschmissen. Warum? Weil sie sich unmöglich gemacht hat. Sie führt sich als Familienchefin auf. Wo sie auftaucht, hat kein anderer mehr was zu sagen. »Ich komme gegen diese Person nicht an«, stöhnt Mama. Sie räumt einfach die Küche um, so daß weder Mama noch Lotte hinterher etwas wiederfinden. Und von heute auf morgen sind Renate, Irmgard und Marianne nicht mehr Mamas Kinder, sondern ihre. Außerdem fragt sie meine Schwestern über unsere Familie aus. Weshalb will diese Frau das alles wissen? Irmgard und Marianne antworten aus Höflichkeit, erzählen gutgläubig dieses und jenes, kommen sich aber hinterher wie Verräter vor. Und das ist noch nicht das Schlimmste. Das Schlimmste widerfährt Onkel Heinz.

Eines Morgens kommt Onkel Heinz von seiner Reineke-Tour zurück. Er ist seit drei Uhr früh auf den Beinen, er will sich frisch machen und umziehen, er geht die Treppe hoch und schlägt den Weg zu seinem Zimmer ein, da öffnet sich die Tür des Gästezimmers, und heraus tritt Frau Hoffmann – im Négligé! Onkel Heinz ist sich hinterher ganz sicher, daß sie ihm aufgelauert hat. Keine Ahnung, was sich da zwischen Flur und Gästezimmer sonst noch abgespielt hat, jedenfalls – mit diesem Auftritt hat sie sich die letzten Sympathien verscherzt. Oma Anna hat klare Vorstellungen von einer Schwiegertochter, und Frau Hoffmann entspricht ihnen nicht im geringsten. Und Onkel Heinz fühlt sich belästigt und will sie erst recht nicht länger im Hause dulden. Wenn sie sich ordentlich aufgeführt hätte, ja dann, dann hätte man sich ihre Zumutungen sicher noch eine Weile gefallen lassen. Nun aber muß sie ihre beiden kleinen Koffer packen und ausziehen. Ich kriege gar nicht mit, wie sie geht. Auf einmal ist sie nicht mehr da. Und alle atmen auf.
So, jetzt erinnert mich nur noch Renate daran, daß ich nicht mehr Renate bin. Und mein neues Leben als Strecker-Zwilling gefällt mir genauso gut wie mein voriges Leben als Nesthäkchen. Vielleicht sogar noch besser. Eigentlich ist jeder Tag ein Fest. Und auf Weihnachten freue ich mich diesmal besonders, weil sämtliche Feste letztes Jahr für mich ausgefallen sind. (Unglaublich, aber für diese Frau Hoffmann gibt es weder Weihnachten noch Namenstage noch Geburtstage.)
Monate vorher schon fangen wir an, Gedichte auswendig zu lernen, die Mama uns ein ums andere Mal vorlesen muß, oder fromme Geschichten aus dem Lesebuch – da ist es draußen noch warm. Dann kommt endlich der Heilige Abend, und die Erwachsenen machen sich den ganzen Tag im besten Zimmer zu schaffen. Die Spannung ist nicht auszuhalten! Wir drücken uns vor der Tür herum, alle vier, wir spionieren durchs Schlüsselloch, schubsen einander abwechselnd zur Seite, aber viel zu sehen kriegt keine, höchstens ein bißchen Tanne und etwas Lametta. Oma Anna merkt, was vor der Türe los ist, kommt heraus und warnt uns: »Das Christkind fliegt wieder weg, wenn ihr durchs Schlüsselloch guckt!«, aber diese Drohung

wird von uns geflissentlich überhört, obwohl Oma Anna ihr mit dem Hinweis auf ein geöffnetes Fenster im besten Zimmer noch mehr Gewicht zu verleihen versucht. Später, wenn wir normalerweise schon schlafen, geht es dann raus in die nächtliche Kälte, und alle sieben marschieren wir zur Christmette in die Kirche.
Am nächsten Morgen ertönt das vertraute Zeichen, das Glöckchen. Die Erwachsenen erwarten uns schon, die Rolläden sind heruntergelassen, damit die Kerzen zur Geltung kommen, wir sagen unsere Gedichte auf, Weihnachtslieder werden gesungen, Onkel Heinz brummt, Oma Annas Stimme ist auch nicht mehr ganz sicher – egal, vier oder fünf Lieder müssen es werden, und dann kommt endlich die Bescherung. Jede fragt: »Wo ist meins?«, alle laufen durcheinander, niemand interessiert sich dafür, was die andere bekommt, aber üppig fallen unsere Bescherungen ohnehin nicht aus. Für die eine gibt's was zu lesen, für die andere ein Plüschtier, ein Paar Handschuhe, auch Stoff für Kleider ist dabei, wie jedes Jahr liegt meine Puppe Anna unterm Baum, aufpoliert und neu eingekleidet, und für jeden steht ein Pappteller mit Süßigkeiten auf dem Tisch, so einer mit gewelltem Rand – das wär's. Trotzdem. Die Freude ist riesengroß. Und den ganzen ersten Weihnachtstag lang gibt es für uns nichts anderes als unsere Geschenke.
Ostern dagegen ist kein besonderes Fest, für mich jedenfalls nicht. Warum soll ich Eier hinter Sofakissen suchen, wenn ich fast täglich eins zum Frühstück bekomme? Da gefällt mir der Palmsonntag vor Ostern viel besser, wenn wir alle Buchsbaumsträußchen binden und mit buntem Kreppapier umwickeln und in die Kirche mitnehmen, wo sie vom Pfarrer gesegnet werden. Wieder daheim, wird dann jedes Sträußchen hinter ein Kruzifix oder ein frommes Bild gesteckt, und dort bleibt es bis zum nächsten Jahr. Es vertrocknet, es vergilbt, es setzt Staub an, aber auf die Idee, es wegzuwerfen, käme bei uns keiner. Diese Sträußchen sind ja geweiht, und was geweiht ist, das ist unantastbar.
Oh, es gibt noch viele andere schöne Feste. Fronleichnam, Kirmes und Heilige Drei Könige, wenn die Weisen aus dem Morgenland mit

ihren Kamelen bei der restlichen Krippengesellschaft eintreffen, die sie bei uns in der Kirche aufgestellt haben. Aber wie gesagt – eigentlich ist jeder Tag ein Festtag. Denn nie mehr werde ich auf den drohenden Klang ihrer dunklen Stimme gefaßt sein müssen. Nie mehr wird sie mich herumkommandieren dürfen. Nie mehr wird sich ihr Schatten auf unser Haus legen.

10

Ich heiße Marlene John. Elf Jahre lang habe ich mit der Frau zusammengelebt, die laut amtlichem Bescheid meine Mutter ist. Elf trostlose Jahre. Auch Haß verbindet. Auch Angst verbindet.

Und wie wenig hat damals zu einem glücklichen Ausgang gefehlt! Um ein Haar wäre noch alles gut geworden. Sie hatten die Lösung ja schon gefunden, hatten sich nicht weiter darum geschert, was Bürokraten für die natürliche Ordnung hielten, hatten auf ihr Gefühl gehört, nach dem gesunden Menschenverstand gehandelt und die großherzigste Regelung gefunden. Jedes von uns beiden Kindern hätte seine Mutter behalten, und meine Zeit mit Paula Hoffmann wäre ein häßliches Zwischenspiel geblieben.

Nein, Ordnung mußte dann doch nicht sein. Streckers freundeten sich mit einer beträchtlichen Portion Unordnung an. Es wird ihnen nicht leicht gefallen sein, Paula Hoffmann in ihre Familie aufzunehmen. Aber ich war eben nur mit ihr zusammen zu haben. Und mich wollten sie zurück, auf jeden Fall, um beinahe jeden Preis, nachdem Mutter Strecker mehrfach mit Paula Hoffmann in Wintzingerode telefoniert hatte und die sich mit dem gelieferten Kind unzufrieden gezeigt, Reklamationen angemeldet hatte. Für Paula Hoffmann war ich nicht die zweitbeste Lösung, sondern gar keine Lösung – das war auch Streckers nicht verborgen geblieben. In ihrer Not hatte Mutter Strecker ihr schließlich diesen sehr großzügigen Vorschlag unterbreitet – »um dem Elend ein Ende zu machen«, wie sie selbst sagte. Es blieb ja nur, uns beide aufzunehmen. Paula Hoffmann hatte im Westen keinerlei Existenzgrundlage und keine Bleibe. Natürlich willigte sie ein. Mit diesem Angebot erfüllten sich ja auf einen Schlag zwei ihrer größten Wünsche: in den Westen umzusiedeln und ihre geliebte Marlene (jetzt Renate) um sich zu haben. »Wo ist mein Schnuckelchen?« – das waren ihre ersten Worte, als sie nach meiner Flucht vom Bahnsteig schnaufend ihre beiden Koffer in unserem Hausflur abstellte. Sie war am Ziel. Und wie immer verhielt sie sich so, als würde von ihr kein Beitrag zum Gelingen des Unternehmens erwartet.

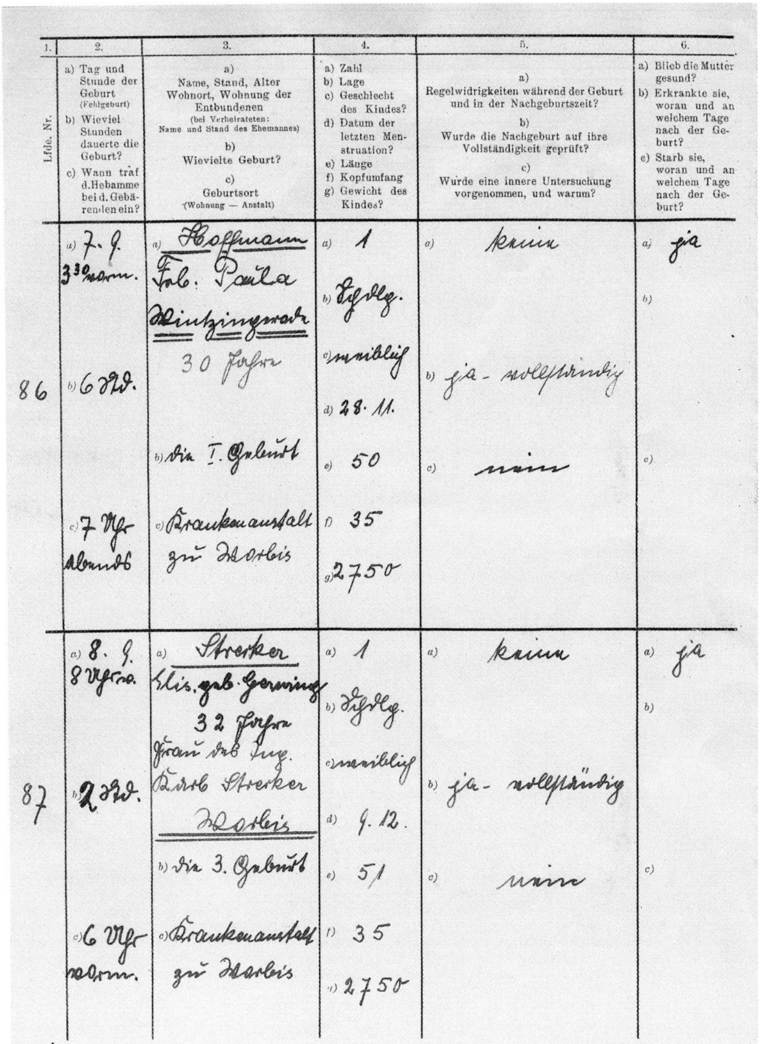

1. Lfde. Nr.	2. a) Tag und Stunde der Geburt (Fehlgeburt) b) Wieviel Stunden dauerte die Geburt? c) Wann traf d. Hebamme bei d. Gebärenden ein?	3. a) Name, Stand, Alter Wohnort, Wohnung der Entbundenen (bei Verheirateten: Name und Stand des Ehemannes) b) Wievielte Geburt? c) Geburtsort (Wohnung — Anstalt)	4. a) Zahl b) Lage c) Geschlecht des Kindes? d) Datum der letzten Menstruation? e) Länge f) Kopfumfang g) Gewicht des Kindes?	5. a) Regelwidrigkeiten während der Geburt und in der Nachgeburtszeit? b) Wurde die Nachgeburt auf ihre Vollständigkeit geprüft? c) Wurde eine innere Untersuchung vorgenommen, und warum?	6. a) Blieb die Mutter gesund? b) Erkrankte sie, woran und an welchem Tage nach der Geburt? c) Starb sie, woran und an welchem Tage nach der Geburt?
86	a) 7. 9. 3³⁰ vorm. b) 6 Std. c) 7 Uhr abends	a) Hoffmann Frl. Paula Wintzingerode 30 Jahre b) die I. Geburt c) Krankenanstalt zu Worbis	a) 1 b) Schdlg. c) weiblich d) 28. 11. e) 50 f) 35 g) 2750	a) keine b) ja - vollständig c) nein	a) ja b) c)
87	a) 8. 9. 8 Uhr vorm. b) 2 Std. c) 6 Uhr vorm.	a) Strecker Elis. geb. Gerning 32 Jahre Frau des Ing. Karl Strecker Worbis b) die 3. Geburt c) Krankenanstalt zu Worbis	a) 1 b) Schdlg. c) weiblich d) 9. 12. e) 51 f) 35 g) 2750	a) keine b) ja - vollständig c) nein	a) ja b) c)

Auszug aus dem Hebammenprotokoll – die Körpermaße von Renate und Marlene waren fast vollkommen identisch.

Oben:
Der Ort, an dem alles begann: das Krankenhaus in Worbis.

Die Hebamme Marta Pfitzenreuter bei einer Tauffeier im Jahre 1944.

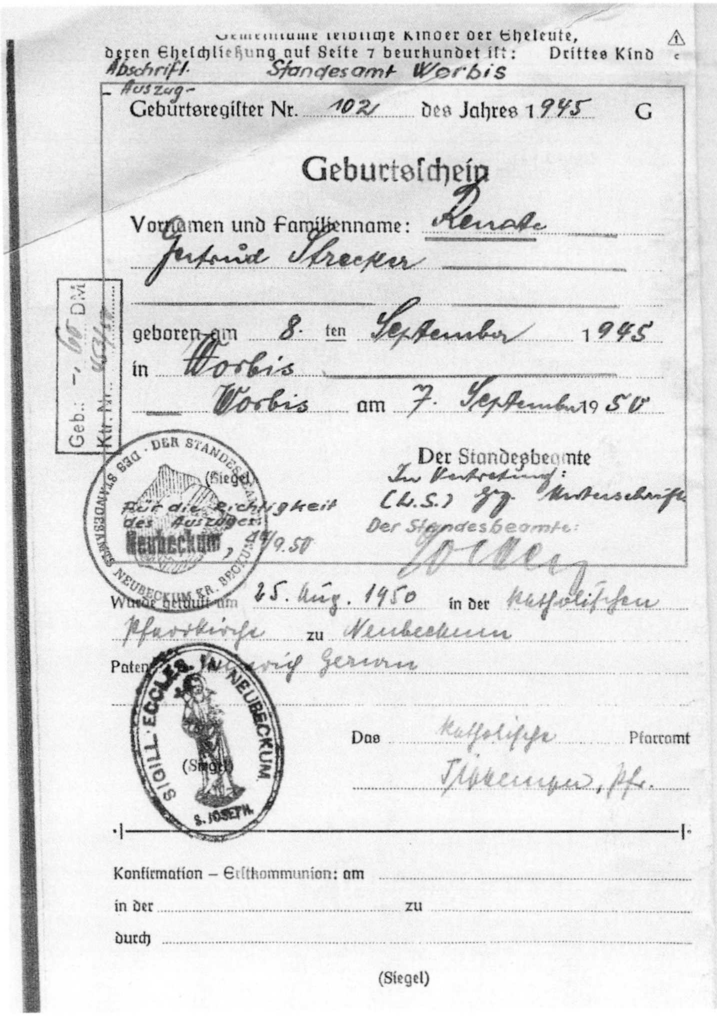

Gemeinsame leibliche Kinder der Eheleute,
deren Eheschließung auf Seite 7 beurkundet ist: Drittes Kind

Abschrift. Standesamt Worbis
Auszug-

Geburtsregister Nr. 1021 des Jahres 1945 G

Geburtsschein

Vornamen und Familienname: Renate
Gertrud Strecker

geboren am 8. ten September 1945
in Worbis
Worbis am 7. September 1950

Der Standesbeamte

(Siegel)

In Vertretung:
(L.S.) gez. Unterschrift
Der Standesbeamte:

Für die Richtigkeit des Auszuges:
Neubeckum, 4/9.50

Wurde getauft am 25. Aug. 1950 in der katholischen
Pfarrkirche zu Neubeckum
Paten: Ludwig Gerson

Das katholische Pfarramt

(Siegel)

Konfirmation – Erstkommunion: am
in der zu
durch

(Siegel)

Der verwirrende Geburtsschein von Renate und Marlene: Das Dokument beginnt mit der Eintragung von Renates Geburt am 08. September1945. Im Jahr der Feststellung der Vertauschung, 1950, soll der Tag fälschlicherweise geändert werden auf den 07. September, tatsächlich Marlenes Geburtstag. Offenbar durch einen weiteren Schreibfehler steht jetzt als Jahr 1950 statt 1945. Der Taufeintrag bezieht sich wieder auf die heutige Renate, die von Paula Hoffmann ursprünglich evangelisch getauft worden war, nach ihrem Rücktausch 1950 jedoch die römisch-katholische Konfession erhielt.

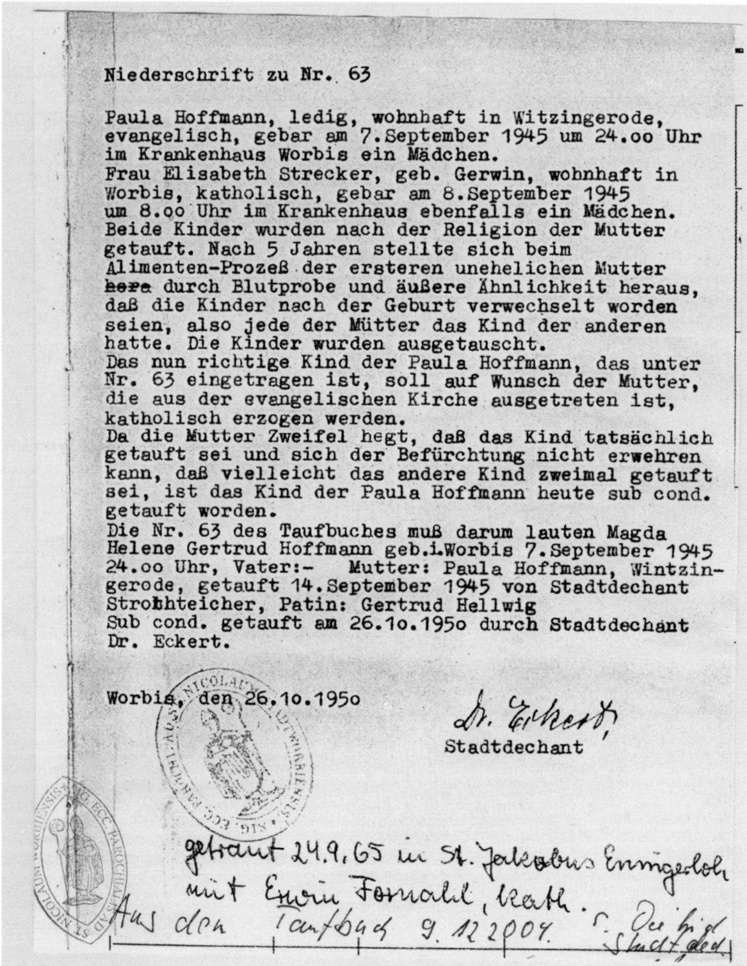

Niederschrift zu Nr. 63

Paula Hoffmann, ledig, wohnhaft in Witzingerode, evangelisch, gebar am 7. September 1945 um 24.oo Uhr im Krankenhaus Worbis ein Mädchen.
Frau Elisabeth Strecker, geb. Gerwin, wohnhaft in Worbis, katholisch, gebar am 8. September 1945 um 8.oo Uhr im Krankenhaus ebenfalls ein Mädchen.
Beide Kinder wurden nach der Religion der Mutter getauft. Nach 5 Jahren stellte sich beim Alimenten-Prozeß der ersteren unehelichen Mutter ~~hera~~ durch Blutprobe und äußere Ähnlichkeit heraus, daß die Kinder nach der Geburt verwechselt worden seien, also jede der Mütter das Kind der anderen hatte. Die Kinder wurden ausgetauscht.
Das nun richtige Kind der Paula Hoffmann, das unter Nr. 63 eingetragen ist, soll auf Wunsch der Mutter, die aus der evangelischen Kirche ausgetreten ist, katholisch erzogen werden.
Da die Mutter Zweifel hegt, daß das Kind tatsächlich getauft sei und sich der Befürchtung nicht erwehren kann, daß vielleicht das andere Kind zweimal getauft sei, ist das Kind der Paula Hoffmann heute sub cond. getauft worden.
Die Nr. 63 des Taufbuches muß darum lauten Magda Helene Gertrud Hoffmann geb.i.Worbis 7. September 1945 24.oo Uhr, Vater:- Mutter: Paula Hoffmann, Wintzingerode, getauft 14. September 1945 von Stadtdechant Strobhteicher, Patin: Gertrud Hellwig
Sub cond. getauft am 26.1o.195o durch Stadtdechant Dr. Eckert.

Worbis, den 26.1o.195o

Dr. Eckert,
Stadtdechant

getraut 24.9.65 in St. Jakobus Enningerloh
mit Erwin Fornahl, kath.
Aus dem Taufbuch 9.12.2004.
Stadtdech.

Auszug aus dem Taufregister von Marlene, früher Renate, in dem der Tausch bzw. Rücktausch der Kinder dokumentiert ist.

Paula Hoffmann mit ihrer »falschen Tochter« Marlene, später Renate, und ihrem Pflegekind Kurt.

Die Strecker-Kinder, v.l.n.r.: Irmgard, Marianne, Renate, später Marlene.

Familie Strecker in Neubeckum. Hinten v.l.n.r.: Elisabeth Strecker, Opa Eckey, Oma Anna, Onkel Heinz; vorne die Mädchen Irmgard (links) und Marianne (rechts).

Renate, später Marlene, im Neubeckumer Garten.

Oma Annas Edeka-Laden: vorne ein Nachbarskind, hinten Opa Eckey mit Marianne.

Marlene Johns »erste« Mutter,
Elisabeth Strecker.

Marlene Johns »erster« Vater,
Karl Strecker.

Mariannes Erstkommunion, v.l.n.r.: Renate, später Marlene, Marianne, Irmgard.

Umgeben von »großen Schwestern«: Renate, später Marlene (Bildmitte), bei Irmgards Erstkommunion im Schicksalsjahr 1950.

Streckers hingegen hatten getan, was in ihrer Macht stand. Gewiß, sie ahnten nicht im entferntesten, was sie sich einhandeln würden ... Gottlob hatten sie noch keine Erfahrung mit ihr gemacht, weder mit ihrer Herrschsucht noch mit ihrem Temperament. Und für mein Glück hätten sie sicherlich manches in Kauf genommen. Paula Hoffmann aber witterte ihre Chance. Auch der Erfüllung ihres letzten großen Wunsches fühlte sie sich nun nahe. Wie lange schon suchte sie einen Mann – ohne Erfolg! Onkel Heinz war vielleicht ihr letzter Versuch. Eine gute Partie, zweifellos. Doch auf einen ungeeigneteren Kandidaten hätte ihre Wahl kaum fallen können. Onkel Heinz war eingefleischter Junggeselle. Wenn überhaupt, ließ er nur Blondinen an sich heran. Für ihn mußten Frauen blond sein, da war er eisern. Ganz abgesehen davon, daß Paula Hoffmann längst ihren Kredit verspielt hatte.

Zum zweiten Mal also hatte sie ihre Marlene verloren. Und zum zweiten Mal mußte sie sich vorwerfen, selbst schuld daran zu sein. Wieder hatte sie sich verschätzt, wieder verdarb sie sich alles. Sie wird zwischen der Wut auf sich selbst und der Wut auf die Welt nicht getrennt haben. Immerhin war sie bereit, sich auf eine neue Vereinbarung einzulassen. Eine Vereinbarung, von der ich nichts erfuhr, obwohl sie mich betraf. Als mir dämmerte, was seinerzeit besprochen worden sein mußte, war es zu spät.

Jedenfalls – nach dem Rauswurf einigten sich Mutter Strecker und Paula Hoffmann darauf, mich vorläufig in Neubeckum zu lassen – so lange, bis Frau Hoffmann eine Wohnung im Westen gefunden haben würde. »Damit Marlene nicht immer wieder die Schule wechseln muß«, argumentierte Mutter Strecker, die wohl voraussah, daß es für die mittellose Paula Hoffmann schwierig werden würde. Die Bundesrepublik des Jahres 1951 wimmelte von Flüchtlingen und Vertriebenen – und die DDR von weiteren Ausreisewilligen. So einfach war es nicht, im Westen unterzukommen, die Wohnungsnot war nach wie vor groß. Mutter Strecker wußte aber auch, was mir verschwiegen wurde: daß irgendwann die Stunde käme, in der diese Person wieder auftauchen würde. In der sie mich abholen und mitnehmen würde. Daß die Tage meines Glücks also gezählt waren. Es sei denn …

Es sei denn, Paula Hoffmann wäre bereit gewesen, auf den Unterhalt, den sie für mich erhielt, zu verzichten und das Geld an Streckers abzutreten. Auf Dauer. In diesem Fall, muß Mutter Strecker ihr in Aussicht gestellt haben, bliebe ihr die seelische Belastung, die ich ja offenbar für sie bedeute, künftig erspart. Mit anderen Worten: Paula Hoffmann sollte dafür bezahlen, *kein* Kind zu haben.

Und da machte sie nicht mit. Sie war gewiß nicht scharf auf mich. Aber selber leer ausgehen? Und den Streckers alles überlassen? Niemals würde sie sich damit abfinden, die einzig Verliererin in diesem Drama zu sein! Von dem Geld sollten die Streckers nichts sehen. Keinen Pfennig. Lieber würde sie mich demnächst, früher oder später, zurückholen. Und das war ihr letztes Wort.

Dann packte sie ihre beiden Koffer, räumte das Gästezimmer, verließ das Haus und ging die Industriestraße hinunter zum Bahnhof. Unbegleitet. Was war ihr nächstes Ziel? Niemand weiß das. Vermutlich fuhr sie zurück in den Osten, um sich von dort aus offiziell um eine Genehmigung zu bemühen. Zur Übersiedlung in den Westen. So zerschlug sich meine letzte Chance, für immer eine von ihnen zu bleiben.

11

Ich heiße Marlene Hoffmann und wohne in dem großen Eckhaus in Neubeckum. Seit dem 17. April 1952 hat für mich der Ernst des Lebens begonnen. Seither gehen Renate und ich in die erste Klasse der Volksschule, gar nicht weit von der Moll-Villa mit dem Türmchen und dem efeubewachsenen Balkon entfernt, wo Oma Anna als Köchin gearbeitet hat. Für den Schulweg brauchen wir 10 oder 20 Minuten, je nachdem, wen wir unterwegs treffen und ob wir Hauswände mit Kreide beschmieren.
Das Gute an der Schule ist mein Tornister. Die Laschen sind aus Leder, der Rest aus festem Leinen, naturfarben, aber die Kanten sind wieder in Leder eingefaßt. Der gefällt mir wirklich. Das Schlechte an der Schule ist unser Lehrer. Es ist nämlich herausgekommen, daß ich Linkshänderin bin, und wenn unser Lehrer Potthoff eins nicht leiden kann, dann sind es Linkshänder.
Alles fängt damit an, daß wir die ersten Buchstaben, die wir kennen, vorn an die große Wandtafel schreiben sollen. Ich werde aufgerufen, nehme die Kreide in die linke Hand, und da weiß er Bescheid. Seither läßt er mich nicht mehr aus dem Auge. (Er hat nämlich nur eins. Das andere haben ihm die Russen weggeschossen.) Wenn er jetzt durch die Klasse geht, wirft er auf die Tafeln der anderen nur flüchtige Blicke, aber mein Gekrakel läßt er sich nie entgehen. Jeden Morgen nimmt er meine Tafel, führt sie nah an sein gesundes Auge heran, stellt mit einem unwilligen Grunzer fest, daß ich wieder mal über zwei Linien geschrieben habe (weil ich die Linke nicht benutzen darf), und greift nach seinem Rohrstock. Damit die ganze Klasse mitbekommt, wie es einer Linkshänderin ergeht, muß ich vorn vor ihn hintreten und die linke, die schlechte Hand ausstrecken. Dann schlägt er zu.
Zu Hause weine ich vor Wut. Dann setzt sich Irmgard schon mal mit mir hin und führt mir die rechte Hand beim Schreiben. Prompt habe ich die schönste Handschrift der ganzen Klasse. Am nächsten Morgen schnappt sich Lehrer Potthoff meine Tafel und sagt bloß: »Na bitte, geht doch.« Sobald ich mich unbeobachtet fühle, schreibe ich mit links, aber er kriegt es doch mit, stürzt auf mich zu, reißt mir

schimpfend den Griffel aus der falschen Hand, drückt ihn mir in die rechte und preßt sie mit seinen Riesenhänden zusammen, bis ich vor Schmerz aufschreie.
Wer mich so quält, der ist bei mir unten durch. Das zeige ich ihm auch. Eigentlich müßten wir jedesmal, wenn wir einem Lehrer nachmittags in der Stadt begegnen, einen Knicks machen. Neubeckum ist nicht groß, man läuft sich pausenlos über den Weg, und sooft man eines Lehrers ansichtig wird, wünscht man ihm einen guten Tag und läßt diesen Knicks folgen. Bei Lehrer Potthoff bringe ich das nicht über mich. Ich brauche diesen unsympathischen Menschen nur auf der Straße zu sehen – diesen kantigen Schädel und dieses feiste Gesicht, das Haar über den Ohren kurz geschoren und oben, wo es sich wellt, wie mit dem Lineal gescheitelt (wie Hermann Göring, sagt Oma Anna) –, schon mache ich auf dem Absatz kehrt oder wechsele die Straßenseite. Einen Knicks vor diesem Mann? Ums Verrecken nicht!
Ich atme auf, wenn ich endlich mit Renate allein bin und meine Hausaufgaben machen kann. Die Großen arbeiten im Wohnzimmer, wir hängen in der Küche auf der Couch, halb liegend, halb kniend, und machen unsere Hausaufgaben auf der Fensterbank. Haben wir das hinter uns gebracht, kenne ich nur noch eins: meine Glanzbilder.
Glanzbilder sind das Größte. Die Kostbarsten sind die, an denen noch Glitzerstaub klebt. Die haben einen Wert, das kann man sich überhaupt nicht vorstellen. Das Motiv ist mir fast egal. Je kitschiger, desto besser. Also ergötze ich mich besonders an frommen Bildern wie dem Schutzengel mit den Kindern, der auch über Oma Annas Bett hängt, oder pummeligen Kinderengelchen auf Wolken – was nicht heißen soll, daß ich Blumenarrangements mit roten Herzen und weißen Tauben widerstehen könnte. Nichts hüte ich jedenfalls sorgfältiger als meine Glanzbildersammlung. Die übrigens fast täglich wächst. Glanzbilder sind bei uns gern gesehen, dafür gibt es Geld, und wenn wir wieder mal Bedarf haben, schauen wir bei Schreibwaren und Schulbedarf Gratzfeld rein (liegt auf dem Weg)

und kaufen einen dieser großen Bögen, aus denen man die vorgestanzten Bilder ganz behutsam herauslösen muß. Und dann schnell nach Hause und die Glanzbildtauschaktion vorbereitet.

Das Tollste an Glanzbildern ist nämlich das Glanzbildtauschen. Das geht so: Man nimmt sich ein vollgeschriebenes Schulheft von den älteren, knickt jede Seite in der Mitte um, so daß lauter Taschen entstehen, und legt in jede Tasche eins von seinen Glanzbildern. Dann kommt meine beste Freundin Margret mit ihren eigenen Glanzbildern, zeigt mir irgendeins und sagt: »Das möchte ich mit dir tauschen.« Wenn es mir gefällt, steckt sie es blind an einer beliebigen Stelle zwischen die Seiten von meinem Glanzbildheft – wir schauen nach, und erst in diesem Augenblick sieht sie, welches von meinen Glanzbildern sie im Tausch für ihres bekommt. Ein Glücksspiel, wahnsinnig aufregend. Ihr kann es passieren, daß sie ein wertloses erwischt, ohne eine Spur von Glitzerstaub. Und mir kann es passieren, daß ich mein absolutes Lieblingsglanzbild dabei verliere.

Wenig später tauchen die ersten Poesiealben auf und verbreiten sich in Windeseile. Renate hat eins, Margret hat eins, ich habe eins, und unser Glanzbilderschatz geht größtenteils für die Ausschmückung von Poesiealben drauf. Diese Poesiealben durchlaufen die ganze Klasse (wobei man aufpassen muß, daß sie keinem Jungen in die Hände fallen) sowie die ganze Nachbarschaft; nicht einmal Eltern und Lehrer werden verschont. Wenn man es dann zurückbekommt, steht da: »In allen vier Ecken soll Liebe drin stecken. Zur Erinnerung an Deine Petra.« Oder: »Rosen, Tulpen, Nelken, alle Blumen welken, nur das eine Blümlein nicht, das da heißt Vergißmeinnicht. Deine Freundin Sabine.« Wir sind begeistert. Keine Ahnung, warum Jungen so was kalt läßt. Aber die haben ja auch keinen Sinn für Glanzbilder.

Nicht, daß ich jetzt den ganzen Nachmittag zu Hause hocken würde. Weil wir an einer ruhigen Ecke wohnen, kommen Kinder aus vielen Straßen, auch ältere, auch Jungen, um vor unserem Haus zu spielen. Und wenn ich merke, daß sie draußen mit »Deutschland erklärt den Krieg« anfangen oder mit »Mutter, wie weit darf ich reisen?«, dann hält mich nichts mehr im Haus.

Kein Spiel geht über »Deutschland erklärt den Krieg«. Das kann sich hinziehen, über Tage, und oft kriegen wir gar nicht mit, daß es längst dunkel geworden ist. Mit unseren Schuhen oder mit einem Stück Kreide ziehen wir auf der Straße einen großen Kreis, teilen ihn wie einen Kuchen in gleich große Stücke auf – jedes ein Staat – und markieren den Mittelpunkt noch mal besonders mit dem Absatz. Dann wählt jeder Mitspieler für sich ein Land, einer schreit »Rußland!«, der andere »Frankreich!«, der dritte »Deutschland!«, alle bauen sich außen am Kreis vor ihrem Abschnitt auf, und los geht's. Der erste stellt sich in die Mitte und erklärt irgendeinem Land lauthals den Krieg: »Ich erkläre den Krieg gegen ... (er blickt in die Runde, die Spannung steigt) ... gegen Amerika!«

Das ist der Startschuß. Der Kriegserklärer rennt los, so weit wie möglich aus dem Kreis hinaus, und wenn ich Amerika bin, spurte ich in den Kreis hinein, rufe »Stopp!«, sobald ich den Mittelpunkt erreicht habe, und der Angreifer muß augenblicklich stehen bleiben. Er dreht sich zum Kreis um, bildet mit angewinkelten Armen einen Korb vor der Brust, und ich nehme ein Steinchen und muß versuchen, mit einem gezielten Wurf in diesen Korb zu treffen. Ich kann nicht besonders gut werfen. Oft treffe ich nicht und verliere gleich einen Teil meines Territoriums. Schaffe ich es aber, darf ich mir ein Stück aus dem Land des Angreifers herausschneiden. Wilde Kämpfe spielen sich da ab (»Du hast zu früh ›Stopp‹ gerufen!« »Du bist einfach weitergelaufen!«), und sollte es bis Einbruch der Nacht keinem gelingen, sämtliche Länder zu erobern, dann geht es am nächsten Nachmittag weiter – vorausgesetzt, unsere Länder sind inzwischen nicht unter die Räder eines Autos gekommen oder vom Regen weggespült worden.

Eines Tages müssen wir unser Spiel unterbrechen. Es tut sich was. Immer mehr Leute bauen sich an der Straße auf, die zum Bahnhof führt. Die Neugier siegt, und wir drängeln uns dazwischen – Sensationen sind in Neubeckum selten, aber jetzt scheint eine bevorzustehen. Ein Spätheimkehrer, heißt es. Einer, den sie jetzt erst aus der Kriegsgefangenschaft entlassen haben. Wir können uns unter einem Spätheimkehrer nichts vorstellen, aber da kommen sie schon, im offenen Auto, vom Bahnhof hoch, der Pfarrer und der Bürgermeister und zwischen den beiden eine Jammergestalt, wie ich sie noch nie im Leben gesehen habe. Das ist ein Fest! Lachende Kinder laufen neben dem Auto her wie beim Schützenumzug, mich hält es auch nicht mehr, ich laufe mit, alles winkt und schreit – und dieser arme, ausgemergelte Mann läßt den ganzen Trubel teilnahmslos über sich ergehen. Er ist in den Lederpolstern auf dem Rücksitz zwischen Pfarrer und Bürgermeister zusammengesunken und starrt vor sich hin.

Wie sich herausstellt, wohnt er nicht weit von uns in einer Seitenstraße. Sein Anblick läßt uns nicht los. In den nächsten Tagen wollen wir unbedingt wissen, was dieser merkwürdige Mensch macht und wie er jetzt lebt. Und weil wir uns nicht trauen, bei ihm zu klingeln – wir kennen die Leute ja nicht –, schleichen wir uns immer wieder unter sein Fenster. Abwechselnd macht einer die Hilfsleiter, und der andere steigt hoch und zieht sich so weit am Fensterbrett nach oben, daß er unauffällig ins Zimmer blicken kann. Und jedesmal sitzt dieser Mann da und ißt. Nach dem ersten Teller leert er einen zweiten Teller und nach dem zweiten einen dritten Teller! Mag sein, daß er nicht den ganzen Tag ißt. Aber immer, wenn wir spionieren, sitzt er am Tisch und schaufelt alles, was seine Frau ihm vorsetzt, in sich hinein! Er scheint niemals satt zu werden. Wir trauen unseren Augen nicht – daß ein Mensch so viel essen kann! Wir sind tief beeindruckt.

Ich habe ja keinen Begriff vom Krieg. Für mich ist er ein Spiel, ein wunderbar aufregendes Erlebnis in jenen Zwischenzeiten, in denen meine Glanzbildleidenschaft kurz nachläßt. Daß der Tod wie ein Beil ins Leben hineinhauen kann, das ahne ich ganz plötzlich, von einer Minute auf die andere, als es vor unserer Haustür kracht. Es gibt einen lauten Knall, und alle stürzen auf die Straße, die Kunden, Mama und Onkel Heinz, natürlich auch wir Kinder. Da liegt am

Bordstein neben seinem Motorrad reglos ein junger Mann, und um seinen Kopf herum bildet sich eine rote Lache, die zusehends größer und größer wird. Mir dämmert, daß das Blut sein muß, was da aus seinem Kopf fließt. »Einer von den Berlin-Jungen!« ruft jemand. Ich kenne ihn also. Jeder kennt ihn. Denn bei Berlins gibt es das beste Eis von ganz Neubeckum, sie haben ihre Bude am Markt, und richtig, da kommt auch Mutter Berlin die Straße hoch, mehr gewankt als gelaufen, mit einer Hand stützt sie sich an den Hauswänden ab, tastet sich blind vor Tränen vorwärts, und schon von weitem hört man sie schreien: »Mein Kind! Mein Sohn! Das ist nicht wahr!« Ich kann nicht mehr hinschauen. Noch nie habe ich solches Mitleid mit einem Menschen empfunden, in meinem ganzen Leben noch nicht. Das Bild dieser armen Frau und ihre Schreie gehen mir erst aus dem Kopf, als gegen Ende des Jahres etwas Unglaubliches passiert.

Onkel Heinz heiratet! Mit vierzig. Eine Verkäuferin, blond, schlank und fast so groß wie er. Nicht im Vereinssaal von Klärchen Friese (mit der wird es für ihn sowieso bald aus sein), sondern in einem schicken Lokal. Bei Klärchen Friese gibt's nicht viel außer Bier und Schnaps, und die Verwandtschaft der Braut macht nicht den Eindruck, als würde sie in solche Gaststätten einkehren und Fußballern oder Taubenzüchtern zuprosten. Nein, das sind Leute mit einem gewissen Niveau, die wünschen sich diesen Tag so stilvoll wie möglich. Und wir tun unser Bestes. In der Kirche gehen wir Kinder in unseren neuen Taftkleidern vor dem Brautpaar her und streuen Blumen, und hinterher gibt's ein regelrechtes Menü in einem vornehmen Hotel. Leider erweist sich Tante Margret, die Braut, als eklatanter Fehlgriff.

Sie hat sich vorher mit Süßigkeiten bei uns eingeschmeichelt, zeigt aber bald ihr wahres Gesicht. Offen gesagt: Da hätte Onkel Heinz genausogut Frau Hoffmann heiraten können! Nicht nur, daß wir das letzte Schwein und die letzten Kaninchen aufessen müssen, damit sie einen Anbau für sich an Stelle des Stalls setzen können, Tante Margret mischt sich auch in alles ein, steht vom ersten Tag an im Laden, schickt erst Mama und dann auch Oma Anna noch aufs

Altenteil, holt ihre Eltern nach – und von nun an regiert die Sippschaft von Tante Margret. Da hat sich Onkel Heinz was eingebrockt! Oma Anna versucht mit letzter Kraft, die Machtergreifung ihrer Schwiegertochter zu verhindern, kapituliert aber schließlich mit den Worten: »Wenn ut'en Schietpott 'en Broadpott wät, de stinket.« Zu deutsch: »Wenn aus einem Nachttopf ein Brattopf wird, das riecht streng.«

Gut, der ganze Ärger mit Tante Margret gehört nicht hierher. Aber es muß doch gesagt werden, daß die alte Heiterkeit sich aus dem großen Eckhaus in Neubeckum nach und nach verzieht. Wir Kinder merken das allerdings nicht gleich. Und wir leiden auch nicht so darunter wie Mama, Oma Anna und womöglich Onkel Heinz. Denn schließlich haben wir unsere eigenen Sorgen.

Zum Beispiel: Wie und woher genug Geld auftreiben für drei ganze Tage Kirmes? Von dem Augenblick an, wenn im Sommer die ersten Kirmeswagen in Neubeckum auftauchen, ist das meine einzige Sorge. Ich bin nämlich verrückt nach Kirmes.

Kirmes ist für mich das Allergrößte, der konkurrenzlose Höhepunkt des gesamten Jahres. Der ganze Rummel spielt sich unter den herrlichen Kastanienbäumen des alten Markts ab, drei Minuten von unserem Haus; alles drängt sich auf diesem relativ kleinen Platz in der Mitte von Neubeckum zusammen. Eng an eng, dich an dicht stehen da das Kettenkarussell, die Raupe, das Pferdekarussell mit den springenden, stampfenden Holzpferden, das Kinderkarussell mit Bötchen, Rennwagen und Feuerwehrauto, die Schiffschaukel, die Buden mit Zuckerwatte – die mich nicht interessieren, weil Oma Anna diesen Teil meiner Bedürfnisse abdeckt –, und die Schießbuden – um die ich herumstrolche, weil die glücklichen Schützen oft ihre Trophäen wegwerfen, kleine Drahtschornsteinfeger oder Stoffrosen, die den Erwachsenen wertlos erscheinen mögen, mir aber nicht. Wie ein Hund stöbere ich zwischen Buden und Karussells herum, Nase, Mund, Augen und Ohren aufgesperrt, trunken vor Glück, meist allein, manchmal auch mit Renate und Freundin Margret. Aber eigentlich brauche ich keinen dabei, der mich womöglich anpumpt, mit dem ich womöglich eine Tüte gebrannte Mandeln teilen müßte. Die Kirmes ist ein schnell vergängliches Paradies, da gilt es, die Zeit zu nutzen.

Ich kassiere also von Mama und Oma Anna und Onkel Heinz Kirmesgeld, und wenn ich meinen Forderungen genug Nachdruck verleihe, kommen am Ende eine Mark fünfzig zusammen. Ein Los an der Bude kostet einen Groschen, eine Fahrt mit dem Karussell 25 Pfennig – nicht die Welt, und trotzdem: Das Geld schmilzt wie Schnee in der Sonne. Da kommt es mir sehr gelegen, daß eines Tages Freikarten auf dem Küchentisch liegen. Ich frage nicht lange, stecke sie alle zehn ein, und auf der Kirmes angekommen, stellt sich die Frage: Wohin damit? Nach kurzem Zaudern fällt meine Wahl auf die Schiffschaukel. Ich verschaukele alle zehn Freikarten hintereinander weg, steige aus dem Kahn – und die Welt dreht sich um mich wie verrückt. Ich schaffe es gerade noch bis zu einem Baugrundstück am Rand des Platzes. Und dann übergebe mich, spucke und würge, bis nur noch Galle fließt. Ich schwanke nach Hause und denke, schlimmer kann es nicht kommen. Na ja, sofort ins Bett, ein Täßchen Tee getrunken, einen Zwieback geknabbert, aber nichts behalte ich bei mir, mein Körper ist im Zustand vollständiger Zerrüttung. »Dir gehört dermaßen der Hintern versohlt«, höre ich Oma Anna schimpfen. »Aber ... Du bist ja gestraft genug.« Wieder einmal setzt sich ihre unvergleichliche Güte durch. Nur – für mich ist die Kirmes des Jahres 1953 vorbei.

Im selben Jahr passiert die Geschichte mit Onkel Bernhard. Es fängt ganz harmlos an: An einem Sonntag nachmittag taucht er plötzlich bei uns auf, und zwar allein, ohne den üblichen Anhang. Onkel Bernhard ist Junggeselle, besitzt einen Bauernhof und hat ein Holzbein – was ihn für Renate und mich interessant macht. Als Onkel Bernhard sich am nächsten Sonntag schon wieder sehen läßt, beginnen Irmgard und Marianne, Vermutungen über die tieferen Absichten von Onkel Bernhard anzustellen. Sie haben auch eine Theorie. Und um diese Theorie zu überprüfen, greifen sie zu einer List. Als Onkel Bernhard schon wieder Mama seinen Besuch ankündigt, tragen sie im Wohnzimmer Bohnerwachs auf, fahren aber nicht mit dem Bohnerbesen drüber – in der Hoffnung, hinterher an den Fußspuren ablesen zu können, wie weit Onkel Bernhard gegangen ist. Womöglich setzt er sich mit Mama – Gipfel der Leidenschaft! – aufs Sofa? Tatsächlich sind ihre Fußspuren anschließend sichtbar. Leider bieten sie der Phantasie keine Nahrung. Onkel Bernhards Fußspuren führen zu dem einen Sessel, Mamas Spuren zu dem anderen. Das ist alles.

Beim nächsten Mal unterbreitet Onkel Bernhard Mama den Vorschlag, irgendwohin zu fahren. Zum Beispiel, einen Ausflug an die Lippe zu machen. Das Wetter spricht dafür, die Sittlichkeit dagegen. Oma Anna schlägt deshalb einen Kompromiß vor: Irmgard und Marianne sollen mitfahren. Die wollen nicht. Also müssen wir beiden Kleinen herhalten, Renate und ich. Onkel Bernhard guckt verdrossen, aber Oma Anna kennt kein Pardon.

Wir also ins Auto und zu viert an die Lippe gefahren. Die Erwachsenen lagern, in schicklicher Distanz zueinander, am Ufer, wir beide ziehen uns die Schuhe aus und hüpfen ins Wasser. Im nächsten Moment steckt mir eine Glasscherbe im dicken Zeh. Blut strömt und hört nicht auf zu strömen, Onkel Bernhard wird genötigt, seinen schottisch gemusterten Seidenschal als Verbandsmaterial zur Verfügung zu stellen, der Schal ist in kürzester Zeit blutdurchtränkt, und ich sitze auf der ganzen Rückfahrt hinten im Auto und jammere. Und das Ende der Geschichte ist, daß alle bei dem Arzt rumsitzen, der mich von manchem Hundebiß her kennt, und warten, bis meine Wunde geklammert ist. Onkel Bernhard läßt sich daraufhin nie wieder allein bei uns blicken. Nur noch im Verein mit der übrigen Verwandtschaft, zum Sonntagskuchen.

Nein, ich bin immer noch wild. Und trotzdem. In letzter Zeit habe ich manchmal das Gefühl, vielleicht doch zu Höherem bestimmt zu sein. Denn neuerdings erhalte ich Klavierunterricht, zusammen mit Renate, in der Industriellenvilla gegenüber, bei einer Russin. Da drüben ist alles sehr edel, da wird leise gesprochen, da wird man gleich auf Kunst eingestimmt. Bei den Fingerübungen stelle ich mich gar nicht ungeschickt an, und Noten zu schreiben habe ich auch schon gelernt. Ich bin begeistert. Ich sehe mich schon wie Marianne im besten Zimmer sitzen und Kultur verströmen. Also, wenn ich's recht bedenke – ich habe allen Grund, glücklich zu sein. Trotz Tante Margret.

12

Auch wenn ich allgemein für einen der Strecker-Zwillinge gehalten werde – eigentlich heiße ich Marlene Hoffmann. Vater unbekannt, Mutter irgendwo. Da man als uneheliches Kind im katholischen Münsterland schief angesehen wird, sage ich, wenn ich nach meinem Vater gefragt werde: »Der ist im Krieg geblieben. Gefallen bei Königsberg.« Das wirkt. Selbst der Religionslehrer gibt einem dann die Hand.

Ansonsten kann ich über den Katholizismus nur Gutes sagen. Ich liebe alles, was mit der Kirche, mit Gott und mit den Heiligen zu tun hat. Wir glauben hier alle an Gott, auch die Mutter Gottes wird gehörig verehrt, sonntags sind die Kirchen voll, und an Wahltagen ermahnt Oma Anna ihre beiden Kinder: »Daß ihr mir nur ja das Zentrum wählt!«

Allerdings – wenn es mir nach ginge, die Fastenzeit würde abgeschafft. Denn Fastenzeit heißt für uns: vier Wochen oder 30 Tage lang auf alle Süßigkeiten verzichten! Sämtliche Bonbons, Gummibärchen usw., die man in dieser Zeit bekommt, werden in einer ausrangierten Bonbonniere gesammelt, die gut sichtbar in der Küche auf der Anrichte steht. Das Fatale ist, daß diese Bonbonniere auch noch aus Glas ist, so daß Mama mit einem Blick kontrollieren kann, ob etwas fehlt. Nichts kann man herausnehmen, ohne daß sie es merkt. Also, man stelle sich vor: Jeden Abend, wie üblich, einen Zug durch den Laden machen dürfen, und dann seine Beute abgeben müssen! Schlimm. Aber natürlich beäugen auch wir Kinder uns in diesen Wochen gegenseitig mit dem größten Mißtrauen, denn schließlich – was einem selbst verboten ist, das gönnt man auch keinem anderen.

Wie gesagt – auf die Fastenzeit könnte ich verzichten. Auf alles andere nicht. Ich liebe Sonntage, ich gehe mit Begeisterung zur Kirche. Mir gefällt alles dort, die Atmosphäre, die Orgelmusik, der Blumenschmuck, die Kanzel mit den Blattgoldornamenten, die Feierlichkeit der lateinischen Litanei und wie auf dem Höhepunkt des Gottesdienstes die Monstranz ausgestellt wird. Nicht zu vergessen der Schlußsegen. Jeden Sonntag verlasse ich als gutes, gesegnetes Mädchen die Kirche, das ist ein wunderbares Gefühl. Der einzige Mißklang, der sich gelegentlich einstellt, ist: Wenn wir in die Erwachsenenmesse gehen und sich ein Bauer neben mich setzt, der vorher im Schweinestall gearbeitet hat. Dann wird mir übel.

Wenn es hier einen Menschen gibt, mit dem ich nicht auf besonders gutem Fuße stehe, dann ist es der Kirchendiener. Dieser Mann hat Befugnisse, und das nutzt er aus. In der Erwachsenenmesse nehmen wir Kinder beispielsweise manchmal den Großen die Plätze weg. Die Neubeckumer sind fleißige Kirchgänger, und wenn dann Tante Änne und Tante Mia auf den letzten Drücker hereingerauscht kommen, dann müssen sie sich neben der Bank aufstellen, weil in der ganzen Kirche kein Platz mehr frei ist. Pech gehabt, denken wir Kinder. Nicht so der Kirchendiener. Der schreitet in diesem Fall mit seinem knöchellangen, ziegelroten Samtornat, seinem schwarzen Barett und seinem Stab in der Hand prüfend die Bankreihen ab, winkt hier und da ein Kind heraus, und dann kann man sich jeden Protest sparen. Gegen den ist Widerstand zwecklos. Der fährt auch dazwischen, wenn eins von uns Kindern mal lacht. Und der schießt vernichtende Blick auf alle ab, die das Gebetbuch fallen lassen.

Es ist nämlich so: Ich kann in der Kirche nicht still sitzen. Renate schon, aber ich nicht. Im Erwachsenengottesdienst bin ich deshalb oft mehr unter der Bank als auf der Bank. Da fällt mir mit lautem Knall das Gebetbuch runter, ich tauche hinterher, und weil ich obendrein alle Heiligenbildchen und Totenbildchen aufsammeln muß, die ich in meinem Gebetbuch aufbewahre, krieche ich eine Weile auf dem Boden herum, angele zwischen Schuhen und Hosenbeinen nach meinen Schätzen, und wenn ich wieder hochkomme, trifft mich dieser strafende, furchterregende, vernichtende Blick. Mit anderen Worten – wenn ich nicht wüßte, daß gleich nach Gott der Papst in Rom kommt, würde ich sagen: An zweiter Stelle rangiert der Kirchendiener von Neubeckum.

Gut, nach Messe und Sonntagsschmaus dann die weltlichen Vergnügen. Bei uns in Neubeckum gibt es einen Filmpalast, »Unser Kino«, wenige Schritte nur von der Kirche entfernt, da läuft »Das doppelte

Lottchen« oder »Pünktchen und Anton« oder »Dick und Doof«, und manchmal dürfen wir gleich nach der Kinderandacht ins Kino, sonst eben später. Wenn im Vereinshaus ein Theaterstück gegeben wird, sehen wir uns auch das schon mal an. Nur eins gehört sich sonntags gar nicht: ins Freibad schwimmen gehen. Es ist nämlich nicht angebracht, sich sonntags nackt zu zeigen. Auf jeden Fall, öde sind unsere Sonntage nie. Vielleicht würde ich anders über die Kirche denken, wenn der Pfarrer uns von der Hölle oder dem Teufel erzählen und uns in Angst und Schrecken versetzen würde. Aber das tut er nicht.
Nur eine einzige Steigerung dieses sonntäglichen Glücks ist noch denkbar: die Erstkommunion. Und auf die bereiten wir uns in den nächsten Wochen vor, sowohl in der Schule als auch in der Kirche, mehrmals pro Woche. Dem Pfarrer liegt sehr am Herzen, uns klarzumachen, was Sünde ist. Ich schreibe also im Kommunionsunterricht fleißig mit: Naschen ist Sünde. Lügen ist Sünde. Auch Notlügen sind Lügen und damit Sünde – in diesem Stil. Schließlich steht unsere erste Beichte bevor, und wir malen uns schon unter heiligen Schauern aus, was einen in diesem dunklen Holzkasten alles erwartet.
Und weil wir so gut präpariert wie möglich in unsere erste Beichte gehen wollen, entwenden Renate und ich einen Block mit Reineke-Brot-Notizzetteln aus dem Laden und legen gemeinsam einen Sündenkatalog an. 1. Ich habe genascht. 2. Ich habe gelogen. 3. Ich habe gezankt. 4. Ich habe Widerworte gegeben, 5. …? Ich habe gepetzt, schlägt Renate vor. Ich war ungehorsam, fällt mir noch ein. Und weiter? Welche Sünden gibt es sonst noch? Es muß auf dieser Welt doch deutlich mehr Sünden geben als Naschen, Lügen, Zanken, Petzen, Ungehorsamsein und Widerworte geben! Wir grübeln, wir zermartern uns die Köpfe – schließlich wollen wir ein ansehnliches Sündenregister zusammenbringen und den Pfarrer nicht mit Verfehlungen langweilen, die er schon tausendmal gehört hat –, aber uns will partout nichts mehr einfallen.
Wer beschreibt also unser Entzücken, als bald darauf »Unkeuschheit« hinzukommt! Und wie glücklich sind wir erst, als wir erfahren, daß Unkeuschheit unter die richtig schweren Sünden fällt!

Eines Tages nämlich sitzen Irmgard, Margret, Renate und ich zu Hause, es regnet, und wir beratschlagen, wie man sich unter diesen Umständen die Zeit vertreiben könnte. Da hat Irmgard eine Idee: Doktor spielen. Sofort sind alle dafür. Wir uns also im Wohnzimmer ausgezogen bis auf die Unterhosen und uns eingecremt, verpflastert und verbunden. Die Erwachsenen sind ja im Laden. Und plötzlich heißt es: Siehst du unten genauso aus wie ich? Vorsichtshalber schließen wir jetzt die Tür ab – irgendwie beschleicht uns in diesem Moment alle die dunkle Ahnung, daß der bevorstehende Teil nicht auf allgemeine und ungeteilte Zustimmung stoßen könnte –, und kaum sind die ersten Unterhosen gefallen, klopft es. Oma Anna steht vor der Tür und will an ihren Schreibtisch. Wir ohne zu zögern aufgeschlossen (so weit ist es mit unserem schlechten Gewissen doch nicht her), Oma Anna tritt ein, hält sich bei dem Anblick, den wir ihr bieten, am Türrahmen fest und ringt nach Luft. »Was macht ihr denn hier?« keucht sie. Und dann: »Schämt ihr euch nicht? Das ist Sünde!«
Aha. Zunächst einmal hält sich unsere Begeisterung in Grenzen, weil Oma Anna so erregt ist wie noch nie. Margret wird sofort nach Hause geschickt. Uns andere scheucht sie in die Waschküche (Onkel Heinz hat mit seinem Anbau noch nicht begonnen), wo sie uns übers Knie legt und jeder ein paar Schläge auf den Po verpaßt. Sie schlägt nicht fest zu, es handelt sich eher um eine symbolische Prügelstrafe, aber anschließend wird es ernst: Wir müssen niederknien und beten, jede ein Vaterunser und jede ein Ave-Maria. Na ja, wird gemacht. Aber Oma Anna ist immer noch nicht besänftigt. An diesem Tag ist sie wirklich sauer. Nicht nur, daß der nächtliche Zug durch den Laden entfällt – noch nicht einmal ein »gute Nacht« gibt es von ihr. Kurzum: Das Doktorspiel ist die schwerwiegendste Verfehlung meines Lebens.
Anderntags aber sind Renate und ich in der beglückenden Lage, unseren Sündenkatalog um einen weiteren Eintrag ergänzen zu dürfen: 7. Ich bin unkeusch gewesen! Wir sind heilfroh und absolut sicher, unserem Pfarrer damit etwas Außergewöhnliches bieten zu können.

Allerdings, seine Reaktion später im Beichtstuhl ist unerwartet und einigermaßen kurios. Als ich sage, ich sei unkeusch gewesen, fragt er mich tatsächlich: »Alleine oder mit anderen?« »Mit anderen natürlich!« antworte ich empört. Wie soll man denn alleine unkeusch sein? Ganz offenbar versteht der Mann von Unkeuschheit nichts.

So, der große Tag rückt näher. Als letztes proben wir den Einmarsch, wie man sich in der Kirche auf die Bankreihen verteilt – die Mädchen links, die Jungen rechts –, und wie man wieder rauskommt, sich in der Kommunionsbank vorne aufreiht und die Hostie empfängt. Das heißt: den Kopf in den Nacken legen, die Zunge herausstrecken und das spitzenbesetzte Tuch, das über der Kommunionsbank hängt, unters Kinn halten, für den Fall, daß die Hostie von der Zunge springt. Zum Üben gibt's allerdings weder eine Hostie, weil sich der Leib Christi nicht zum Üben eignet, noch einen Keks, weil das Gotteslästerung wäre. Wieder daheim, laufen wir Frau Otto in die Arme, der Schneiderin. Sie nimmt Maß und liefert kurz darauf zwei Kommunionskleider von erdenklicher Schlichtheit ab, mit kurzen Boleros, damit wir nicht an den Armen frieren. Zu den Unterröcken hingegen ist ihr mehr eingefallen, die haben Spitzenbesatz und sind prächtiger als die Kleider. Am Vortag treffen dann die ersten Gäste ein, meine Patentante Gertrud aus Worbis – und (ich traue meinen Augen nicht) Frau Hoffmann, beide im selben Zug angereist. Und schließlich, am Tag selbst, kommt die restliche Verwandtschaft.

Die Aufregung erreicht ihren Höhepunkt. Am Morgen staut sich alles vor dem Badezimmer, das Onkel Heinz seiner Frau zuliebe eingebaut hat. Renate und ich putzen uns deshalb in der Küche die Zähne. Jetzt bloß keinen Tropfen Wasser schlucken! Alle müssen heute nüchtern sein, und es ist ausgesprochen fraglich, ob wir, ohne Frühstück und ohne einen Schluck Kaffee im Bauch, nicht zu denen gehören werden, die während der Messe umkippen und herausgetragen werden müssen, kreidebleich und mit verdrehten Augen …

Nun gut, als nächstes kommt Tante Gertrud rein und hilft beim Ankleiden. Und weil sie sich nicht auskennt und den Unterrock wohl

präsentabler als das Kommunionskleid findet, zieht sie uns den Unterrock übers Kleid. Krönchen aufs Haar, Pompomtäschchen ums Handgelenk, fertig. Denkste! Mama rauscht durch die Küche und schreit auf: »Ich werde verrückt! Wie seht ihr denn aus!« Also wieder alles ausgezogen und die Reihenfolge geändert, die Unterröcke zuerst und dann die Kleider. Und noch einmal Krönchen aufs Haar, Pompomtäschchen ums Handgelenk, fertig. Ab in die Kirche.
Die ganze Messe über fiebere ich dem entscheidenden, dem alles entscheidenden Augenblick entgegen. Da kommt sie, die Hostie, sie springt mir auch nicht von der Zunge, ich murmele erleichtert »Amen« – und im nächsten Moment klebt sie mir unterm Gaumen. Ich so andächtig wie möglich zurück in meine Bank und unterdessen die Hostie mit der Zunge mühsam vom Gaumen gelöst, eingespeichelt, aufgeweicht und runtergeschluckt – alles, ohne sie mit den Zähnen zu berühren! Gerade noch mal eine Gotteslästerung vermieden! Dann kurz gebetet, die Hände vors Gesicht gelegt, durch die Finger gelugt, wie viel Zeit sich die anderen zum Beten wohl lassen, schließlich den Segen empfangen und hinausgetreten ans Tageslicht. Alles überstanden! Mir fällt wirklich ein Stein vom Herzen, und gleichzeitig bin ich stolz wie Oskar. Anschließend versammelt sich die ganze Gesellschaft um die große Tafel in Mamas Wohnzimmer, umgeben von einem Meer von Geschenken. Das meiste sind Blumen mit Gratulationskarten von den Neubeckumer Geschäftsleuten, von Puppenklinik Northues und Bäcker Lutterbeck und auch von Schreibwaren und Schulbedarf Gratzfeld, dazwischen ein Gebetbuch, ein Rosenkranz und ein Kreuzchen – die Geschenke von Mama und Oma Anna.
Und weil es mir nach dem Kaffeetrinken zu langweilig wird, schlage ich den anwesenden Kindern einen Abstecher zu Rings Büschchen vor. »Wollt ihr mal unseren Busch sehen?« frage ich. Alle wollen. Wir ziehen also los, Renate und ich in unseren Kommunionskleidern (ein aberwitziges Risiko. Wieso erlaubt Mama das?), und ich zeige allen, wo wir sonst spielen und wo wir unsere Verstecke haben. Schließlich landen wir bei der Schaukel. Einer nach dem anderen

probiert sie aus; als letzte schwinge ich mich in die Lüfte, mein Schutzengel schaut für einen Augenblick weg, ich rutsche ab und klatsche ins Wasser. Da haben wir's! Ich traue mich kaum nach Hause. Denn am nächsten Tag soll in der Kirche das Kreuzchen gesegnet werden, das jede von uns geschenkt bekommen hat, und da brauche ich mein Kommunionskleid wieder. Mama fällt auch fast in Ohnmacht, und Frau Hoffmann bekommt einen Blick wie der Kirchendiener von Neubeckum. Meine Rettung ist Tante Gertrud aus Worbis. »Das kriegen wir schon wieder hin«, sagt sie, nimmt sich das Bügeleisen und bügelt mein Kleid trocken.

Jetzt könnte langsam wieder Ruhe einkehren. Die Osterferien haben begonnen – normalerweise eine Zeit des Aufatmens, weil das alte Schuljahr vorbei ist und das neue in weiter Ferne. Aber diesmal braut sich etwas zusammen. Zunächst einmal: Die Frau, der ich meinen Namen verdanke, bleibt länger, die ganze Woche noch. Eigentlich nicht weiter schlimm, denn für mich existiert sie nicht mehr. Es gelingt mir, sie einfach zu übersehen. Bis zu dem Tag, an dem sie unseren Hund vergiftet.

Wir haben nämlich seit kurzem einen Hund. Einen eigenen. Endlich! Onkel Heinz hat ihn von einer Reise mitgebracht, einen kleinen Jack-Russel-Terrier, schwarz-weiß-braun gefleckt. Wir vergöttern ihn. Beim Mittagessen lassen wir Mettwurststückchen aus der Gemüsesuppe in unsere Schürzentaschen wandern und bringen sie ihm anschließend hinaus in den Stall. Putzi heißt er. Putzi ist immer und überall dabei, selbst auf unserem Kommunionsfoto drängt er sich ins Bild.

Am Tag nach meiner Erstkommunion entdecken wir, daß sich dort hinten im Stall Ratten eingenistet haben, und nun tritt Frau Hoffmann auf und erklärt, ein Hausrezept für Rattengift zu kennen. Sie besorgt die Zutaten, mischt das Gift auch selbst zusammen, bestreicht einen Salzhering aus unserem Heringsfaß damit und legt ihn im Stall aus. Tags darauf kommt Irmgard ins Haus gestürzt und schreit: »Putzi stirbt!« Alles läuft im Garten zusammen. Da torkelt er unter den Johannisbeersträuchern, grünen Schaum vor dem Maul, und windet sich vor Schmerzen. Wir dürfen ihn nicht mal mehr streicheln, und anderntags ist er zum allgemeinen Entsetzen tot. »Sie hat ihn vergiftet«, heißt es hinter vorgehaltener Hand, und jeder denkt sich dazu: mit Absicht.

Wie dem auch sei, sie reist ab. Endlich! Am selben Tag macht sich Oma Anna daran, die Kommunionsblumen, die in dichten Reihen auf allen Fensterbänken stehen, in den Garten zu schaffen. Gerade ist sie dabei, Hortensien einzupflanzen, da stolpert sie über die Einfassung eines Beets, verliert das Gleichgewicht, stürzt und bricht sich ein Bein. Onkel Heinz fährt sie ins Krankenhaus, wo ich sie in den nächsten Tagen nach der Schule besuche, um ihr ihren geliebten Bohnenkaffee zu bringen. Von Tag zu Tag wird sie trauriger, als hätte sie eine Ahnung. Und auch bei uns schleicht sich eine Schwermut ein, die ich noch nie erlebt habe. Seit Tagen haben wir Osterferien, aber niemand verspürt den üblichen Tatendrang. Keinem ist nach Lachen zumute. Der Hund tot, Oma Anna mit einem komplizierten Beinbruch im Krankenhaus, von dem Dauerproblem Tante Margret überhaupt nicht zu reden – als ob ein Fluch das große Eckhaus in Neubeckum getroffen hätte.

Die Stimmung ist also sowieso im Keller, als ich zufällig Mamas Schlafzimmer betrete und sehe, wie sie meine Sachen in eine Reisetasche packt. Und diesmal glaube ich nicht, daß es zu Tante Christine auf den Bauernhof geht. Diesmal weiß ich sofort, was die Stunde geschlagen hat. Da brauche ich überhaupt nicht in Mamas verweintes Gesicht zu sehen. »Ich will nicht!« schreie ich los. »Ich will nicht!« »Es nutzt nichts«, schluchzt Mama bloß und packt unbeirrt weiter. Ich stürze mich auf die Tasche und reiße wie eine Wahnsinnige die Sachen raus, die sie schon eingepackt hat, da kommt Onkel Heinz ins Zimmer und hält mich fest. Jetzt liegt schon das hellblaue Taftkleid obenauf, in dem ich damals vor Onkel Heinz und Tante Margret Blumen gestreut habe. Ich strampele, zerre, winde mich los, schleudere das Taftkleid auf den Boden – und dabei ist mir völlig gleichgültig, daß es so leicht zerknittert –, ich weine, ich schreie: »Das dürft ihr nicht mit mir machen!«, und beiden fällt nichts Besseres ein, als die Tasche vor mir in Sicherheit zu bringen und mir zu erzählen, es habe alles keinen Zweck und ich dürfe auch jederzeit wiederkommen. Zu Besuch. Mein Gebetbuch, mein Rosenkranz, mein Kreuzchen, das kommt als letztes noch oben drauf, dann zieht Mama den Reißverschluß zu, verstaut die Tasche im Schrank, schließt ihn ab, und beide verziehen sich schniefend und schnaufend nach unten, in ihren Laden.

Ich bin mir selbst überlassen. Sie wollen mit mir nichts mehr zu tun haben. Sie haben mich verraten. Und Oma Anna liegt im Krankenhaus und kann mir nicht helfen. Ich stehe im Schlafzimmer, wie erstarrt. Sehe mein Bett. Und die Madonna an der Wand darüber. Und das Foto von Vater Strecker auf meinem Nachttischchen. »Renate, lach doch mal.« Aber ich bringe nicht mal ein Lächeln zustande. Dann nehme ich Anna, meine Puppe, drücke sie fest an mich, gehe zur Treppe und steige leise, Stufe für Stufe, hinauf bis zum Dach. Die Speichertür ist offen. Ich sehe mich um. Der große Speicher ist fast leer, im Halbdunkeln sind nur ein alter Schrank und ein paar ausrangierte Dekorationselemente aus dem Laden zu erkennen. Von einer Giebelwand zur anderen sind filzige, graue Wäscheleinen gespannt. Ich schleiche herum, entdecke irgendwann ein Fußbänkchen und setze mich hin.

Deshalb habe ich keinen Siegelring bekommen. Marianne hat einen, Irmgard hat einen, auch Renate hat einen, zieht ihn aber nicht an. Mama trägt ihn häufig. Wie habe ich diesen Ring bewundert, mit seinem blauen Stein und dem eingravierten Blütenkranz. Das Siegel der Streckers. Wenn Mama ausgeht, macht sie sich fein und legt diesen Ring an. Er wirkt ein bißchen protzig, schon wahr. Aber was hätte ich darum gegeben, auch einen zu haben. Ich habe keinen bekommen. Und jetzt weiß ich, warum.

Später nehme ich das Fußbänkchen, setze es unter der Dachluke ab, stelle mich drauf und strecke den Kopf raus. Die ganze Industriestraße liegt unter mir, bis zum Bahnhof. Von dort wird sie kommen. Heute. Früher oder später. Es ist ein schöner Tag, die Sicht ist gut, und im selben Moment, in dem ich weit hinten den schwarzen

Punkt entdecke, weiß ich, daß sie das ist. Ich lasse den Punkt nicht aus den Augen. Allmählich wird er größer. Allmählich kommt er näher. Aber er bleibt schwarz. Schwarzes Haar, schwarzes Kostüm. Meine letzte Hoffnung ist, daß sie mich hier oben nicht finden. Ich verliere sie aus den Augen. Es hat nicht geklingelt, tagsüber ist unsere Haustür immer offen. Das Rufen geht los, im ganzen Haus. »Marlene!« Offenbar beteiligen sich alle an der Suche, auch meine Schwestern. Ich halte die Luft an, ich rühre mich nicht. Wahrscheinlich werden jetzt alle Zimmer durchsucht, alle Winkel durchstöbert, alle Schranktüren aufgerissen, alle Betten inspiziert – Marianne und Irmgard wissen ja, wo ich mich immer verkrieche, wenn wir Verstecken spielen. Wenn Oma Anna hier wäre, sie würde sich jetzt vor die Speichertür stellen wie der Engel mit dem Flammenschwert, der keinen mehr ins Paradies reinläßt. Dann höre ich Schritte auf der Treppe, jemand schreit hinter mir: »Hier oben ist sie!«, und das ist das Ende.

13

»Marlene«, sagen sie alle zu mir. »Wir vergessen dich nicht, Marlene.« »Viel Glück, und Gott behüte dich, Marlene.« Den Gefallen, jetzt zu weinen, tue ich ihnen nicht. »Komm uns besuchen, Marlene.« Ich halte meine Puppe fest. Das letzte Mal hatte ich gar nichts dabei, kein Spielzeug, keine Puppe, gar nichts. Das wird mir nicht wieder passieren. Egal, wo es jetzt hingeht – ich weiß, was mich erwartet. Nein, diesmal bleiben wir zusammen.

Umarmungen und tröstliche Reden, dann brechen wir auf, von keinem begleitet. Sie nimmt meine Tasche und geht vor mir her, die Industriestraße runter, in Richtung Bahnhof, ich folge ihr mit meinem Tornister auf dem Rücken und meiner Puppe in der Hand. War es bei uns bisher nicht üblich, jeden, wirklich jeden, der heimfuhr oder verreiste, zum Bahnhof zu begleiten? Und mich lassen sie allein weggehen. Diese Tasche mit meinen Habseligkeiten und meine Puppe, das ist alles, was ich besitze. Vor dem Bahnhof schwenkt sie ab. Also fahren wir nicht mit den Zug. Also bleiben wir vielleicht in dieser Gegend. Also werde ich diesmal vielleicht fliehen können. Und tatsächlich, statt den Zug zu nehmen steigen wir in einen gelben Postbus ein, der sich kurz darauf in Bewegung setzt, immer neue Haltestellen in Neubeckum anfährt, schließlich die Landstraße erreicht und nur noch in den Dörfern hält. Nach einer Stunde Fahrt steigen wir aus, in einem unbekannten Ort.

Wie üblich hat sie mich nicht in ihre Pläne eingeweiht. Wie üblich laufe ich stumm hinter ihr her. Wo es eine Lücke zwischen zwei Häusern gibt, biegt sie von der Hauptstraße ab und geht über einen schmalen Fußweg auf ein düsteres Fabrikgebäude zu. Rotbrauner Backstein, vergitterte Fenster. Ein Widerwille steigt in mir auf, eine Verzweiflung, daß ich kaum weitergehen kann. Unbeirrt steuert sie auf den Eingang zu, geht ein paar Stufen hoch, zieht die verrostete Eisentür auf, Lärm von menschlichen Stimmen empfängt uns, es wird dunkel, ich erkenne gerade noch, daß rechts eine nackte Betontreppe nach oben führt. Wir wenden uns nach links und betreten ein Zimmer, kleiner als das von Lotte, in dem sechs Menschen

sitzen oder sich gegen die Sperrholzwände lehnen. Sie reden, aber kein Deutsch. Zwischen Hockern, Etagenbettgestellen und Leibern bleibt kaum ein schmaler Gang frei, da zwängen wir uns jetzt durch, meine Mutter vorweg, ich hinterher, dann öffnet sie die nächste Tür, und wir stehen in einem winzigen Raum. Einem Eckzimmer. Zehn Quadratmeter vielleicht.
Sie stellt meine Tasche auf dem Betonboden ab. »Das ist dein Bett«, sagt sie und zeigt auf ein Sofa rechts neben der Tür. Es ist so eng hier, daß ich kaum Luft kriege. In dieser Abstellkammer soll ich jetzt leben? Das darf doch nicht wahr sein! Am Kopfende des Sofas, das mein Bett sein soll, steht ein Blecheimer. Dahinter, in der Zimmerecke, ein Sessel. An der Stirnwand unter den beiden Fenstern mit den Metallsprossen ihr Bett. Links ein weiterer Sessel sowie ein Holztisch, nicht viel größer als ein Halmabrett, und eine Anrichte. Das ist alles. An Haken in der Tür hängen Kleider. In der Mitte bleibt kaum Platz für zwei Menschen, die aneinander vorbei wollen. Ich bringe kein Wort heraus. Schließlich befreie ich mich doch von meinem Tornister und setze meine Puppe aufs Sofa. Sie hat meine Sachen schon ausgepackt und über ihre Kleider an der Tür gehängt. Stimmen dringen herein. Laute Männerstimmen, wütendes Kreischen, Kindergeschrei. Wie sich herausstellt, befinden wir uns in einer Lagerhalle, die mit Sperrholzwänden in zahllose Kammern unterteilt ist. Alle sind vollgestopft mit Möbeln und Menschen. Die Sperrholzwände reichen nicht ganz bis zur Decke; wer in den Etagenbetten oben liegt, der kann seinen Nachbarn zugucken. Wir haben das beste Zimmer, es hat gemauerte Wände, uns kann keiner dabei zuschauen, wie wir aufstehen, essen und wieder zu Bett gehen. Oder aufs Klo.
Es gibt ein Klo auf dem Gang, ein Klo und ein Waschbecken für zwanzig oder dreißig Leute. Irgendwo da hinten muß es noch weitere Klos geben, denn insgesamt dürften hier über hundert Menschen leben, aber die anderen Klos werden genauso aussehen wie das auf unserem Gang, und unseres ist verdreckt und stinkt. Ganz abgesehen davon, daß der Weg zum Klo jedesmal durch das Zimmer der

sechsköpfigen Familie führt, die unsere nächsten Nachbarn sind, Jugoslawen. Meiner Mutter ist das unangenehm, des Nachts und in den Morgenstunden benutzt sie deshalb den Eimer am Kopfende meines Betts. Auch das seifige Wasser aus unserer Waschschüssel wird da hineingeschüttet. Diese Schüssel steht auf der Anrichte neben der Kochplatte, und das Wasser dafür holt man draußen auf dem Gang in einer Blechkanne.

Wenn meine Mutter sich wäscht, muß ich ihr den Rücken zuwenden. Des Nachts, wenn es dunkel im Zimmer ist und nur das spärliche Licht einer Straßenlaterne vor dem Lagereingang durch unser Gitterfenster hereinfällt, ist sie weniger zimperlich und erleichtert sich so ungeniert, daß ich mich tiefer in meine Bettdecke hineinwühle. An das Ticken des Weckers hingegen habe ich mich schnell gewöhnt. Er klingelt früh, anfangs erst nach Sonnenaufgang, später vor Tagesanbruch. Meine Mutter steht dann auf, wäscht sich und geht; sie arbeitet, aber ich weiß weder wo noch was. Später stehe ich auf, gieße mir Milch aus der Blechkanne in einen Becher, schmiere mir ein Butterbrot, schultere meinen Tornister und gehe auch. Ich habe einen Schlüssel zu unserer Kammer.

Die Ortschaft, in der wir jetzt leben, heißt Lippborg. Sie ist kleiner als Neubeckum, so viel steht fest. Aber ich lerne sie nicht wirklich kennen, weil ich mich nicht frei bewegen darf. Meine Mutter hat mir erklärt, daß sie mich unmöglich unbeaufsichtigt lassen kann, deshalb gehe ich nach der Schule zu einer Familie, Risse heißt sie, und mache meine Hausaufgaben bei ihnen. Die Risses sind ältere Leute, sie haben zwei große Kinder und wohnen wenige Häuser von unserem Lager entfernt; wahrscheinlich bezahlt meine Mutter sie dafür, daß sie mir wochentags eine Mahlzeit geben und mich beaufsichtigen, solange sie arbeitet. Täglich holt sie mich dort ab, geht mit mir die paar Schritte zurück in diese Hölle aus Lärm, Gestank und Enge, kocht manchmal noch was auf der Kochplatte, Pellkartoffeln oder Eintopf, was sie eben beherrscht, dann ziehen wir uns aus und gehen ins Bett. Was sollen wir sonst machen? Ich schlafe mit meiner Puppe im Arm, bis der Wecker am nächsten Morgen klingelt.

So unglaublich es klingt, aber meine Mutter verliert tatsächlich kein Wort darüber, wo wir hier sind, warum wir hier sind oder wie lange sie hier zu bleiben gedenkt. (Sie fragt mich ihrerseits auch nichts.) Mit der Zeit finde ich heraus, daß wir in einem Flüchtlingslager gelandet sind. Wintzingerode war ein Paradies dagegen. In der ganzen Halle herrscht dieselbe qualvolle Enge. Man hört alles, man riecht alles. Ob sie sich irgendwo in diesen Pferchen lieben, streiten oder versöhnen, jeder bekommt alles mit. Viele trinken, geraten sich in die Haare, beschimpfen sich wüst. Ich komme mir vor, als wäre ich in einem Tollhaus gelandet, dessen Insassen ständig wechseln. Immer wieder sehe ich abgerissene Gestalten mit schäbigen Koffern eintreffen, mal ganze Familien, mal einzelne Frauen, mal Gruppen von Männern. Manche bleiben nur zwei oder drei Nächte. Andere bleiben monatelang. Einige sind schon über ein Jahr hier. Wir bleiben vom Sommer 1954 bis Januar 1955.
Eines Abends sagt meine Mutter auf dem Weg von Risses zum Lager: »Deine Großmutter ist gestorben.« »Wer?« frage ich mit heiserer Stimme. »Deine Großmutter. Die Oma Anna.« Ich will auf der Stelle niedersinken und liegenbleiben und nicht mehr aufstehen. Todesangst überkommt mich – so wie damals, als sie meinen eingeseiften Kopf im Badezuber unter Wasser drückten. Mit letzter Kraft schaffe ich es in unsere Kammer und werfe mich aufs Sofa. Als meine Stimme wiederkehrt, erzähle ich meiner Puppe: »Oma Anna ist tot.« Zwei Tage später fahren wir per Anhalter nach Neubeckum. Das Haus ist voller Menschen. Oma Anna ist am Nikolaustag im Krankenhaus gestorben, woran auch immer. An den Folgen ihres Beinbruchs, heißt es. Sie liegt auf dem Rücken in ihrem Schlafzimmer, im selben Bett, in dem ich mich in den Mittagspausen an ihren warmen Leib gekuschelt und auf ihre Atemzüge gelauscht habe. Jetzt liegt sie da in ihrem besten Sonntagsstaat, dem schwarzen Kleid, den schwarzen Schuhen; das dünne, weiße Haar trägt sie wie üblich zum Knoten gebunden und ihre Hände hat sie über der Brust gefaltet. Ein Rosenkranz läuft ihr durch die Finger. Sie atmet nicht mehr, sie hat ihren Frieden gefunden. An der Wand steht aufrecht der Sarg.

Inzwischen weiß ich, was Tod ist. Ich möchte mich auf sie werfen, mich zu ihr legen, mich an ihren kalten Leib kuscheln, aber ich darf ihr nicht mal die Wangen streicheln. Wir werden aufgefordert, gebührenden Abstand zu wahren. Dann kommen die Totenträger herein, legen sie in den Sarg und fahren sie auf einem Wägelchen hinaus. Wie in einer Prozession folgen wir ihr durch die Straßen von Neubeckum zur Kirche, wo der Sarg vor dem Altar abgestellt wird, und von dort zum Friedhof. Er ist gleich um die Ecke.
Es ist ein grauer, kalter Tag. Auf den Gräbern liegt noch der Allerheiligenschmuck, Kreuze und Herzen aus Moos. In roten Lämpchen flackern Kerzen. Wortlos drückt mir meine Mutter ein herzförmiges Tannengesteck in die Hand. Das trage ich vor mir her, bis die Reihe an mich kommt, ans offene Grab zu treten. Ich werfe es hinein. Es poltert, als es auf den Sarg fällt. Ich zucke zusammen. Im selben Augenblick stößt sie mir ihren Ellbogen in die Rippen. »Das war für obendrauf«, zischt sie. Dann greift sie meine Hand und zieht mich hinter sich her, aus dem Friedhof raus durch die Straßen Neubeckums in Richtung Stadtausgang. Per Anhalter fahren wir zurück. Vielleicht hat man sie zum Leichenschmaus erst gar nicht eingeladen.
Oma Annas Tod bedrückt mich mehr als alles andere. Nie, niemals hat es einen besseren Menschen gegeben als sie. Mit ihr habe ich meinen Schutzengel verloren. Jetzt bin ich wirklich allein. Nicht für Stunden allein, oder für Tage oder Wochen, sondern für immer. Wenn ich bei Risses am Wohnzimmertisch sitze und meine Hausaufgaben mache, blicke ich manchmal auf und sehe sie vor mir. »Vergeßt mir das Kind nicht«, hat sie gesagt, damals, als wir das letzte Mal alle gemeinsam an ihrem Krankenhausbett standen. Das Kind, damit war ich gemeint. Aber sie haben das Kind doch vergessen. Niemand von ihnen kommt und besucht das Kind im Flüchtlingslager in Lippborg. Sie wollen nicht mitansehen müssen, wie das Kind neben ihrer Mutter beim Fleischer steht und die der Verkäuferin Wurstreste abbettelt und Endstücke über die Theke gereicht bekommt, auch mal Abfälle aus der Schneidemaschine, und wie die

beiden dann in ihrem Kämmerchen im Lager hocken und schweigend darauf herumkauen.
Der Winter bricht herein, ein schneereicher, naßkalter Winter. Andere haben Kanonenöfen, unsere Nachbarn zum Beispiel, aber den Raum, in dem wir leben, kann man nicht heizen. Wir gehen noch früher zu Bett als sonst. Meine Mutter hat Frost in den Zehen, ihre Knöchel schwellen zur Größe von Murmeln an, und vor dem Schlafengehen legt sie sich blutige Ochsenlebern auf beide Füße. Dann fallen ihr die Haare aus, diese dicken, schwarzen Haare, auf die sie stolz ist. Auch dagegen scheint rohe Leber zu helfen, jedenfalls schneidet sie nun jeden Abend mit klammen Fingern ein Stück Leber in feine Scheiben, legt sie sich aufs Brot und ißt das.
Und einmal die Woche wird gebadet. Nein, wasserscheu bin ich nicht mehr. Das habe ich mir vor langer Zeit schon abgewöhnt, an den herrlichen Sommertagen im Freibad von Neubeckum. Trotzdem graut mir wieder vor den Badetagen.
Am anderen Ende des Lagers gibt es einen Waschkeller, einen vollständig ausgekachelten Raum mit einem Heizofen an der Wand fürs Badewasser und einer Zinkbadewanne auf geschwungenen Füßen. Es geht hier nach Plan, der Reihe nach, im Verlauf einer Woche kommt jeder dran. Wegen der verschachtelten Sperrholzwände ist im Gebäude selbst kein Durchkommen, deshalb muß ich außen herum laufen, durch den Schnee, ein Handtuch, Seife und zwei Briketts unterm Arm. Jeder muß seine Feuerung selbst mitbringen. Der erste heizt morgens das Wasser auf, und die nächsten müssen das Feuer in Gang halten, damit jederzeit warmes Wasser vorrätig ist. Der Baderaum selbst ist unbeheizt, und wenn ich aus der Wanne steige, trockne ich mich in Sekundenschnelle ab, am ganzen Leib zitternd, ziehe mir alles an, was ich besitze, wickele mir zum Schluß noch das Handtuch um den Kopf und laufe wieder raus, durch die klirrende Kälte zurück in eine eiskalte Kammer.
Schrecklicher, viel schrecklicher aber ist die Kälte, die meine Mutter ausstrahlt. Diese Kälte kriecht in die Seele. Sie hat einen Menschen aus mir gemacht, den ich nicht kenne. Einen Menschen, der seine

einstige Zwillingsschwester Renate mit jedem Tag mehr beneidet. Nachts liege ich im Bett, meine Puppe im Arm, und grübele über ein Schicksal, das ihr erlaubt hat, in meine Haut zu schlüpfen. Und mich zwingt, ihre Rolle zu spielen. Renate hat immer nur gewonnen. In den ersten Jahren ihres Lebens hat sie die grenzenlose Liebe ihrer falschen Mutter erfahren, und jetzt darf sie das schöne Leben bei ihrer richtigen Mutter genießen. Und ich habe alles verloren. Als wäre ein grausamer Richter plötzlich auf mich aufmerksam geworden und hätte mich zu einer primitiveren Lebensform verurteilt, einem Dasein ohne Freunde, ohne Liebe, ohne Freiheit und ohne Süßigkeiten. Zur Strafe, zweifellos. Aber wofür? Was habe ich Furchtbares getan? Mir fällt beim besten Willen nicht ein, womit ich das verdient haben soll.

Nicht, daß ich ständig in den Arm genommen und gestreichelt werden möchte. So eine bin ich nicht. Ich kenne dieses ewige Knutschen und Kuscheln gar nicht, das jedesmal zwischen dieser Frau Hoffmann und Renate (ihrer Marlene) ausbricht. In dem großen Eckhaus in Neubeckum war man nicht so herzlich, dafür war gar keine Zeit. Da hatten sie uns Kinder lieb, und ansonsten wurde wenig Aufhebens von uns Blagen gemacht. Nein, mir würde die übliche Aufmerksamkeit schon reichen. Doch selbst die kleinste Freundlichkeit verweigert sie mir. Tagein, tagaus leben wir nebeneinander her, schweigen uns an, gehen einander auf zehn Quadratmetern aus dem Weg, und trotzdem bin ich auf Gedeih und Verderb an sie gekettet. Widerstand zwecklos. Ich bin in ihrer Gewalt, endgültig. Sie befiehlt, sie verfügt, sie verbietet, und ich nehme alles hin, demütig und willenlos. Das war bislang nicht meine Art. Aber wogegen soll ich mich wehren?

Schon wahr, auch Renate hätte vielleicht diese Armut hier erlebt, wenn sie bei ihr geblieben wäre. Auch sie wäre womöglich in einer solchen Kammer unter lauter Fremden gelandet. Aber sie hätte sich mit dieser Frau, die meine, ausgerechnet meine Mutter sein soll, verstanden. Die beiden hätten zusammengehalten, sie wären gemeinsam durch Dick und Dünn gegangen. Renate hätte dasselbe erlebt wie ich, doch an der Seite einer Mutter, die sie mit Liebe überschüttet hätte. Sie wäre nicht so unglücklich gewesen wie ich es bin. Jetzt hat sie zwei Mütter, und ich keine mehr. »Du kannst ja jederzeit zu Besuch kommen«, hat es zum Abschied geheißen. Zu Besuch? Als erbarmungswürdiger Gast aus dem Kerker, in den sie mich verbannt haben? Ich bin ausgestoßen. Ich bin heimatlos, mutterlos, verloren.

14

Manchmal nennt sie mich »Marlene«. Häufiger sagt sie einfach nur »du«. Meist sagt sie gar nichts. Wir haben uns nicht viel zu sagen. Vorgestern aber, beim Abendessen, hat sie zwischen zwei Bissen Leber mit mir gesprochen. »Morgen gehst du nicht zur Schule«, hat sie gesagt. »Morgen hilfst du mir beim Packen.« »Ziehen wir aus?« habe ich vorsichtig gefragt. (Warte mit dem Freuen, Marlene, habe ich mir gedacht, warte erst ihre Antwort ab.) »Ja«, hat sie gesagt und mir einen prüfenden Blick zugeworfen – vielleicht wollte sie sehen, ob mein Gesicht Genugtuung und folglich Unzufriedenheit mit den bisherigen Zuständen verriet. Seither freue ich mich, ohne mir etwas anmerken zu lassen.

Und heute gehören wir tatsächlich zu den Leuten, die endlich ein neues Leben beginnen dürfen, weil irgendwo eine Wohnung frei geworden ist. Vielleicht ziehen wir nach Neubeckum? Aber der Mensch, der draußen auf der Straße bei seinem Trecker auf uns wartet, sieht nicht gerade nach Neubeckum aus. Er hat dreckverkrustete Gummistiefel an, eine ausgeleierte, graugrüne Hose, eine dicke, grüne Jacke und einen abgewetzten, grauen Hut, wie ihn die Leute auf den Feldern tragen. Unsere jugoslawischen Nachbarn, Vater und Sohn, packen mit an und helfen uns, die Möbel rauszuschaffen und auf den flachen Leiterwagen hinter dem Trecker zu wuchten. Zum ersten Mal fällt mir auf, wie unglaublich stark meine Mutter ist. Mama Strecker würde schon vor unserem Tischchen kapitulieren, und sie schleppt unsere Sessel ohne fremde Hilfe den ganzen Weg von der Kammer bis zum Anhänger ohne Abzusetzen. Erst den einen und dann gleich den zweiten.

Nachdem alles verladen ist, ziehen wir uns links und rechts vom Fahrer am Trecker hoch, setzen uns auf die Schutzbleche über den großen Hinterrädern, klammern uns an das Dachgestänge und fahren los. Mit einer Hand drücke ich meine Puppe an mich. Schneidender Wind bläst uns ins Gesicht, als wir hinter Lippborg in eine Chaussée einbiegen und über freies Feld, an vereinzelten Gehöften vorbei, eine Weile stur geradeaus fahren. Gefrorener Schnee liegt in den Furchen. Dann geht die Chaussée in einen Wirtschaftsweg über, der kurze Zeit durch einen Wald führt. Mein Blick bleibt an der Bildsäule eines Heiligen am Straßenrand hängen. Es ist der heilige Sebastian, ziemlich verwittert, fast könnte man meinen, Tiere hätten sein Gesicht angefressen. Als wir dann hinter dem Wald scharf links abbiegen, liegt vor uns ein Schloß.

Ein Schloß, ich träume nicht. Ein Schloß zwischen alten, kahlen Bäumen, wie im Märchen. Ein Schloß aus rötlichen Mauern, mit dicken, runden Türmen an den Ecken und einem Wassergraben mit einer Holzbrücke. Über diese Holzbrücke verläuft der Weg, der auf das große Portal zuführt, und einen Augenblick lang sieht es so aus, als würden wir schnurstracks auf dieses Portal zuhalten. Im letzten Moment jedoch biegt der Trecker links ab und hält auf einem großen Innenhof zwischen Wirtschaftsgebäuden.

Trotzdem – ich empfinde so etwas wie Erleichterung. Seit Monaten zum ersten Mal. Neben einem Schloß zu wohnen, das muß fast genauso schön sein wie in einem Schloß zu wohnen. Ich liebe Märchen, und ich liebe Schlösser. Wenn meine Mutter nicht wäre, ich würde losrennen; hier muß es Kinder geben, hier muß es Hunde geben, hier muß es Grafen und Prinzessinnen geben (an Könige glaube ich nicht mehr), und wenn es Grafen und Prinzessinnen gibt, dann gibt es auch Feste und Jagdgesellschaften, die bei Sonnenaufgang mit ihrer Meute in den Morgennebel hineinreiten und sich bald darauf im Dunst auflösen. Ein wahrhaftiges Schloß!

Was machen wir hier?

Wir laden unsere Möbel und Taschen vom Anhänger ab, der Mann in den Gummistiefeln hilft uns dabei. Alles wird in ein großes, rotes Backsteingebäude an der Stirnseite des Innenhofs geschleppt. Im Erdgeschoß sind Stallungen, es riecht nach Pferd, aber die Boxen sind leer. Sie werden nicht mehr benutzt, erklärt uns der Mann. Früher haben da die Pferde des Grafen gestanden (des Grafen von Galen, des Herrn von Haus Assen, wie sich das Schloß nennt), und oben sind die Kammern der Pferdeknechte gewesen. Auch der Melker habe dort oben gewohnt. Er sagt allerdings »der Schweizer«, so nennen sie hier den Melker. Wir gehen eine knarrende Holzstiege hoch und betreten einen langen Flur. Das erste Zimmer links soll ich bekommen, da schaffen wir jetzt das Bett, einen Stuhl und die Anrichte rein. Der erste Raum rechts wird als Wohnzimmer eingerichtet, mit dem Sofa und den zwei Sesseln. Und den Flur weiter durch liegt eine kleine Küche mit Spülstein, Herd und Küchenschrank. Meine Mutter stellt unsere Kochplatte auf dem kleinen, weißen Küchenschrank ab, und weil sie nach einer Steckdose vergeblich sucht, zapft sie das Lampenkabel an der Decke an. Die Küche ist gleichzeitig Badezimmer. Das Klo ist unten, an einer Seitenwand der ehemaligen Stallungen.

Gut, kein Palast, aber sehr hübsch, alles in allem. Besonders, wenn man bedenkt, wer ringsum noch alles wohnt in diesen großen Backsteinhäusern mit ihren tief heruntergezogenen, schwarzen Dächern, den weißlackierten Fensterrahmen und den dunkelgrünen Fensterläden. Nach und nach lerne ich sie alle kennen, den Förster, den Schreiner, die vielköpfige Familie Zehe, die in der Ökonomie angestellt ist, den Diener des Grafen mit seiner Familie und den Verwalter, der gleich nach dem Grafen kommt, weil er der ganzen Ökonomie vorsteht. Der Verwalter wohnt uns direkt gegenüber, und von meinem Fenster aus kann ich lange, bewundernde Blicke auf sein stattliches, efeubewachsenes Haus am anderen Ende des Innenhofs werfen.

Und eines Tages mache ich sogar die Bekanntschaft der gräflichen Familie! Von weitem kenne ich sie schon. Manchmal sehe ich nämlich die Gräfin in Gummistiefeln im Morgenlicht einen Feldweg daherkommen, in Begleitung ihrer Hunde, herrlicher Labradors. Und hin und wieder beobachte ich, wie die ganze gräfliche Familie ausreitet, auf den schönsten Pferden der Welt. Das ist ein Anblick! Der Graf von Galen ist ein gutaussehender, stattlicher Mann, und seine Töchter sind eine Augenweide. Und dann passiert es. Sie kommen vom Schloß her auf mich zu und bemerken mich, ich mache einen Knicks, und der Graf ist so freundlich, mir den Kopf zu tätscheln und übers Haar zu streicheln. Später wird er bei solchen Gelegenheiten sagen: »Du bist ja schon wieder gewachsen.« So kurz diese Begegnungen ausfallen – ich bin ergriffen.

Doch was heißt: kennenlernen? Offen gesagt: Eigentlich lerne ich hier überhaupt keinen kennen. Der Förster, der Verwalter, der Diener des Grafen, alle sind kaum weniger unnahbar als der Graf selbst. Genauso kurz angebunden, genauso distanziert. Nicht einmal deren Kinder spielen mit mir.

Zu den Gütern des Grafen gehören weitläufige Ländereien und ein großer Viehbestand. Für die Kühe ist der Schweizer zuständig. Ein anderer betreut die Pferde. Und meine Mutter versorgt die Schweine. Hundert oder mehr. Füttert sie zweimal täglich. Mistet den Stall aus. Schuftet von früh bis spät, werktags wie sonntags. Kümmert sich um die Ferkel. Hilft beim Abtransport der Tiere zum Schlachter. Und fährt im Sommer noch mit den anderen aufs Feld. Sie hat den niedrigsten Dienst angenommen. Den allerniedrigsten.

In aller Herrgottsfrühe geht sie in ihren Gummistiefeln rüber zur Garküche. Der Schweinestall ist gleich nebenan, von der Garküche durch eine große Schiebetür getrennt, die oben über Rollen läuft und nur unter größter Kraftanstrengung zu bewegen ist. In der Garküche steht ein Kessel, in dem sie Kartoffeln kocht. Unmengen von Kartoffeln. Eimerweise schleppt sie die Kartoffeln herbei und schüttet sie in den Kessel. Die gekochten Kartoffeln dreht sie durch eine Quetsche. Die zerquetschten Kartoffeln vermengt sie mit Kleie, die dort in Säcken lagert, die man kaum aufrichten kann, so schwer sind sie. Dann füllt sie den angerührten Brei in einen Bottich ab, wuchtet ihn auf eine Karre, drückt die Schiebetür zur Seite, fährt damit in den Stall und schaufelt das Fressen rechts und links in die Tröge. Anschließend mistet sie aus. Mit einer Forke häuft sie den Mist in eine Karre, fährt sie dann zu dem großen Dunghaufen hinter dem Stall und kippt sie aus. Ein ums andere Mal. Ist sie damit fertig, bereitet sie die zweite Fütterung vor.

An Wochenenden, oft auch nach der Schule, muß ich ihr helfen. Ich ziehe meine Gummistiefel an und schleppe in der Garküche Kartoffeleimer. »Halt dich gerade«, faucht sie und schlägt mir die Faust in den Rücken. »Mach keinen Lärm. Klapper nicht mit dem Eimer.« Aber für eine Zehnjährige ist es nicht leicht, die schweren Eimer geräuschlos abzustellen; schon stoße ich irgendwo gegen, und drüben im Stall erhebt sich ein ohrenbetäubendes Kreischen. Die nächste Ohrfeige. Die Schweine lauern nämlich auf jedes Geräusch und brechen bei der vagesten Aussicht auf Fressen in dieses schrille Quieken aus, das einen ganz verrückt macht. Und sie sind ungeheuer gefräßig. Kaum haben wir den Bottich in den Gang zwischen den Boxen gefahren, quietschen sie los und trampeln übereinander, um als erste am Trog zu sein. Dazu dieser Gestank! Bestialisch. Jetzt begreife ich, daß den Bauern in der Kirche von Neubeckum kein Vorwurf zu machen ist. Dieser Gestank zieht ein, setzt sich in den Kleidern fest, dünstet aus jeder Pore, selbst wenn du dich hinterher gründlich wäschst.

Eine furchtbare Arbeit. Warum hat sie die angenommen? Auf den Höfen ringsum gäbe es Arbeit genug, im Haus, auf den Feldern, im Garten. Sie verliert kein Wort darüber. Ihr scheint diese Arbeit nichts auszumachen. Wenn sie abends fertig ist, wäscht sie sich am Spülstein und kleidet sich völlig um. Sie legt größten Wert auf ihr Äußeres. Sie liebt dunkle, strenggeschnittene Kostüme. Wenn sie jemand jetzt sehen würde, er wäre sicherlich angetan von dieser adretten, keineswegs uneleganten Erscheinung. Aber es sieht sie keiner. Sie hat keinerlei Kontakt zu den anderen. Nie trifft sie sich bei einer der vielen Nachbarinnen zum Kaffeeklatsch, nie kommt die Frau des Schweizers oder die des Försters zu uns. Abends sitzt sie einsam und allein im Wohnzimmer und verfolgt ein Hörspiel im Radio. Oder sie steht in der Küche und kocht. Gemüse durcheinander mit Einbrenne. Gelegentlich auch Hirn. Richtiges Hirn, wie man es manchmal beim Metzger in der Auslage sieht.

Vielleicht ist es beim Schlachten hier auf dem Hof für sie abgefallen. Jedenfalls zieht sie von dem weißlichen Klumpen die mit Adern durchzogene Haut ab und stellt ihn mit etwas Margarine und ein paar Zwiebeln in einem gußeisernen Topf auf den Herd. Das Hirn zerfällt und zerkocht zu einer dicken, weißen Soße, die sie mir über die Kartoffeln gießt. Es sieht ekelhaft aus, aber verglichen mit dem, was sonst bei uns so auf den Tisch kommt, schmeckt es gar nicht

schlecht. Das meiste, was sie zusammenkocht, kann man nicht essen.
Ich bin dünn geworden. Ich habe so viel abgenommen, daß mir, als eine der Töchter des Grafen im Schloß heiratet, das hellblaue Taftkleid noch paßt, in dem ich drei Jahre zuvor, in einem anderen Leben, bei einer anderen Hochzeit, Blumen gestreut habe. Ein Wunder, daß es noch da ist. Es sieht ziemlich gewagt aus. Es guckt unschicklich viel Bein raus. Aber ich besitze kein anderes. Und bevor ich auf die Hochzeit der »Comtesse«, wie alle hier sagen, verzichte, ziehe ich es an.
Soll meine Mutter es ruhig merken – ich freue mich unbändig. Die Trauung findet in der Schloßkapelle statt, und alle sind eingeladen, auch wir. Aber meine Mutter weigert sich, sie hat einen Groll auf den lieben Gott, sie betritt niemals eine Kirche, deshalb gehe ich allein. Das macht mir nichts, so schüchtern bin ich nicht, und im übrigen ist die Schloßkapelle mein Revier, sozusagen.
Der Graf selbst hat nämlich gleich in der Anfangszeit den Wunsch geäußert, ich möge die Sonntagsmessen in seiner Kapelle besuchen. Und meine Mutter hat damals eingewilligt, wenn auch zähneknirschend. Bestimmt nicht, um mir eine Freude zu machen. Aber nicht einmal ihr dürfte entgangen sein, daß die gräfliche Familie im Ruf einer außerordentlichen Frömmigkeit steht. Selbst bis zu mir hat es sich ja herumgesprochen, daß ein Onkel des Grafen vor gar nicht allzu langer Zeit Bischof von Münster war und damals als »Löwe von Münster« bekannt geworden ist! Über dem Schloßportal ist sogar das Glaubensbekenntnis eingemeißelt, gleich unter dem gräflichen Wappen, in urtümlichem Deutsch! ICH GLAVB IN GOT VATTER, DEN ALMECHTIGEN, SCHOPFER HIMMELS UND DER ERDEN steht da, soviel habe ich mittlerweile entziffert. Also, bei diesen Leuten will sich meine Mutter nicht in Mißkredit bringen. Da verzichtet sie lieber eine Stunde in der Woche auf meine Mitarbeit im Stall.
Für mich sind diese Messen der einzige Lichtblick. Eine Stunde lang bin ich dann glücklich. Ich verfolge alles von hinten, von der letzten

Bank aus, wie sich die anderen Bänke mit den Angestellten der gräflichen Ökonomie und den Bauern aus der Umgebung füllen, wie die gräflichen Herrschaften selbst mit ihren Gästen als letzte ganz vorn Platz nehmen, und wie der Hausgeistliche dann die Messe zelebriert. Und deswegen verliere ich auch nicht vor Aufregung die Besinnung, als am Hochzeitstag die gräfliche Familie mit ihren Gästen eintrifft und die Braut hereingeführt wird und die Gesänge erschallen und das Brautpaar sich im Augenblick höchster Wonne (was mich betrifft) das Ja-Wort gibt. Alles ist wie ein Traum, und lange, nachdem ich zu meiner Mutter und ihren Schweinen zurückgekehrt bin, übertönen die Marienlieder dieses Vormittags das nervtötende Grunzen und Quieken im Stall.

Und dann erlebe ich eine Überraschung. Ein Jahr und länger sind wir schon hier, der Frühling ist angebrochen, und eines Tages mache ich auf dem Rückweg von der Schule – sie liegt halbenwegs zwischen Lippborg und den gräflichen Gütern – einen Umweg. Es drängt mich ja nichts, es zieht mich nichts nach Hause, ich folge aus bloßer Neugier einem Waldweg und entdecke, wo der Wald wieder in Felder übergeht, ein kleines Bauernhaus inmitten eines Gartens. Da grünt es und blüht es in allen Farben, und als ich näher komme, sehe ich einen Hund, so bemitleidenswert wie nur irgendein Hund vor unserer Ladentür in Neubeckum. Er liegt an einer Kette vor seiner Hütte und wirkt unendlich traurig. Schnurstracks laufe ich nach Hause, erzählte meiner Mutter von diesem armen Hund und daß die Leute jemanden suchen, der dieses unglückselige Tier alle paar Tage mal ausführt, und sie stimmt tatsächlich nach einigem Zögern zu – vielleicht, weil unsere Nachbarn sich schon seit geraumer Zeit ganz ungeniert die Mäuler darüber zerreißen, was für ein freudloses Leben ich zu führen gezwungen bin. So lerne ich Oma Overbeck kennen.

Mit Oma Overbeck kommt wieder Farbe in mein Leben. Sie ist das Ebenbild von Oma Anna, hat silberweißes Haar, zum Dutt gebunden, läuft nur in schwarzen Kleidern und schwarzgemusterten Schürzen herum und ist die Güte in Person. Ich niste mich bei ihr ein. Ich führe ihren Hund aus, ich helfe ihr beim Kuchenbacken, ich mache meine Hausaufgaben bei ihr, ich lese ihr Geschichten aus meinem Lesebuch vor, und sie hört mich ab, wenn ich Gedichte auswendig lernen muß. Alles ist plötzlich wieder gut. Und alles viel zu schön, um mich mit Bruchrechnen abzuplagen. Am Ende des Schuljahrs habe ich im Zeugnis in Rechnen eine fünf.

Auf dem Heimweg von der Schule versuche ich, mir das Donnerwetter auszumalen, das mich jetzt erwartet. Daß es eins geben wird, ist sonnenklar. Vorsichtshalber lasse ich den Kopf hängen und blicke so niedergeschlagen wie möglich – vielleicht besänftigt sie das ein wenig. Das tut es nicht. Meine Mutter wirft einen Blick auf dieses Zeugnis und explodiert. Brüllt, ich sei zu faul, ich wolle gar nicht lernen, im nächsten Augenblick hat sie den Teppichklopfer in der Hand und schlägt zu. Wahllos, überall hin. Sie treibt mich in eine Zimmerecke und schlägt wieder und wieder zu, mit aller Kraft, drischt auf mich ein, bis ich wehrlos am Boden liege. Am ganzen Leib ist mir keine Stelle geblieben, die nicht vor Schmerzen brennt. Aus eigener Kraft komme ich nicht mehr hoch.

Zwei Tage lang bin ich unfähig, mich auf den Beinen zu halten; ich liege im Bett, kann ihr nicht mal im Schweinestall helfen. Am dritten Tag leiht sie sich ein Fahrrad aus, setzt mich hinten drauf und fährt mit mir den Wirtschaftsweg runter zur Schule. Meine Beine hat sie mit Lappen umwickelt; sie sind grün und blau wie mein ganzer Leib, voll blutiger Striemen, und keiner soll das sehen. Ich wäre die Treppe heruntergefallen und hätte mir den Fuß verstaucht, soll ich dem Lehrer sagen. Vor der Schule angekommen, humpele ich in die Klasse – der Unterricht hat schon begonnen –, und murmele brav mein Sprüchlein. Mit einem Wort des Bedauerns schickt mich der Lehrer auf meinen Platz. Mich abholen kommt sie nicht. Nach Schulschluß humpele ich die zwei Kilometer zurück.

Wie eine Tigerin, die Menschenblut geleckt hat, wird sie allmählich grausamer. Oma Overbeck sei schuld an meiner fünf in Rechnen, fällt ihr plötzlich ein, also verbietet sie mir jeden weiteren Besuch bei ihr. Statt dessen schickt sie mich häufiger zum Einkaufen nach Lippborg. Ein Fahrrad besitzen wir nicht. Zu Fuß dauert es drei Stunden. Drei Stunden – hin mit leeren Taschen, zurück mit vollen. Zum Glück kommt der Bäcker zweimal die Woche aus dem Ort zu uns hoch. Und die Milch ist ein Geschenk des Grafen, die verteilt der Schweizer abends mit dem Litermaß.

Aber wenn es darum geht, mich zu beschäftigen, ist sie erfinderisch. Ich soll die Böden schrubben, die Fenster putzen, den Staub wischen. Wenn sie aus dem Stall zurückkommt, kontrolliert sie als erstes die Wohnung, hält die gespülten Messer ins Licht, fährt mit dem Finger über die Möbel. Und sie findet immer ein Haar in der Suppe. Habe ich mit dem Staubtuch um ein gehäkeltes Kratzdeckchen herumgewischt, schlägt sie zu. An der Hand trägt sie einen Ring, einen in Silber eingefaßten Bernsteinring, und wenn sie mit dem Handrücken schlägt, trifft mich der Ring ins Gesicht. Das ist eindrucksvoller, als wenn sie mit der flachen Hand schlagen würde, weil es so Platzwunden gibt und die Lippe aufspringt und blutet. Ein Funke reicht, und sie schlägt zu. Und knurrt: »Geh mir bloß aus den Augen.«

Nie kommt von ihr ein Lob. Sie beobachtet und kontrolliert mich wie eine Aufseherin und findet grundsätzlich etwas auszusetzen. Ich brauche sie nur von weitem zu sehen, schon überkommt mich das Gefühl, daß Unheil aufzieht. Ich erstarre, wenn sie mich bloß anblickt, wie das Kaninchen vor der Schlange. Nein, ich hasse sie nicht. Aber ich will weg. Nichts wie weg. Sie nie mehr sehen zu müssen, das ist mein einziger Wunsch. Doch das Schloß liegt für mich am Ende der Welt. Von hier gibt es kein Entkommen.

Warum wehre ich mich dann nicht? Ich könnte doch auf stur schalten, ich könnte sagen: »Mach deinen Mist alleine«, wenn sie mich wieder mal zur Arbeit im Schweinestall abkommandiert. Statt dessen ziehe ich jedesmal wortlos meine Gummistiefel an und schleppe brav ihre Kartoffeleimer. Ja, es stimmt, ich bin wie gelähmt. Aber da ist noch etwas anderes. Ich habe den Wunsch, ihr zu helfen. Ich fühle mich tatsächlich dafür verantwortlich, meinen Teil zu ihrem Glück beizutragen, und nichts wäre mir lieber, als es ihr rechtzumachen. Ich würde alles tun, um aus diesem Fels einen Funken Lebensfreude zu schlagen – wenn schon keine Liebe drinsteckt. Nicht an mir soll es liegen, wenn sie unglücklich ist.

Und deshalb sammele ich eines Tages auf dem Rückweg von der Schule Früchte auf, die von den Bäumen im Chausséegraben gefallen sind, und trage sie in meinem Kleid vor mir her nach Hause, in der Hoffnung, ich könnte ihr mit Äpfeln Freude machen. Vielleicht läßt sich Apfelmus draus machen. Daheim angekommen, nimmt sie mir einen ab, beißt hinein und schreit: »Was ist denn das für ein Dreck? Was soll ich denn damit?«, läuft zur Frau des Försters rüber und zeigt ihr meinen Apfel. »Das ist eine Quitte«, sagt die. »Gut für Gelee.« Und am selben Tag noch landen meine Äpfel auf dem Dunghaufen mit dem Schweinemist.

Nein, ich hasse sie nicht. Ich habe nur einen Gedanken: Fort. Bloß fort von ihr.

15

»Guten Tag, Marlene«, sagen sie. »Wie geht's dir?«

Ich habe Besuch. Die Strecker-Kinder besuchen mich. Allesamt – Marianne, Irmgard und meine einstige Zwillingsschwester Renate. Wie es mir geht, das kann ich schlecht sagen, solange meine Mutter daneben steht. Und die weicht uns nicht von der Seite. »Gut«, sage ich. Sie glauben es mir, sie lassen sich schnell überzeugen, denn meine Mutter fackelt nicht lange, sie nimmt gleich alle drei auf eine Besichtigungstour mit, zeigt ihnen die ganze Anlage (ohne näher auf den Schweinestall einzugehen) und präsentiert ihnen das Schloß, als wäre sie die Gräfin. Wie sie mit dem Schloß protzt! Wie die Schloßherrin persönlich läuft sie vorweg über die Holzbrücke und unter dem Portal hindurch bis in den zweiten Innenhof, wo die rötlichen Mauern Doppelreihen hoher Fenster auf jeder Seite haben und verzierte Gesimse. Fehlt nur noch, daß sie in die heiligen, gräflichen Gemächer eindringt und deren entsetzte Bewohner als gute Freunde vorstellt. Oder ihnen die Leviten liest.

Der nette Spuk ist nach drei Stunden vorbei. Ich habe über sie wenig erfahren, sie haben über mich ganz und gar nichts erfahren. Wenige Wochen später jedoch ergibt sich die überraschende Möglichkeit, das nachzuholen.

Es ist einer dieser zahllosen, nicht enden wollenden Tage, an denen mein Leben zwischen Schule, Schweinestall und Häkeldeckchenanheben mit der einen Hand, Staubwischen mit der anderen Hand verrinnt. Ausläuft wie ein leckgeschlagener Eimer, der bald leer sein muß, weil kein neues Leben mehr nachfließt. An einem dieser Tage also sagt meine Mutter zu mir: »Morgen fahren wir zu Streckers.« Und als ich sie fassungslos mit aufgerissenen Augen anstarre, läßt sie sich sogar zu einer Erklärung herab. »Die Elisabeth hat sich das Handgelenk gebrochen. Sie hat sich am Telefon geziert, sie ist ja zu vornehm für so was. Aber ich hab gemerkt, daß sie mich bitten wollte, ihr solang den Haushalt zu führen. Also hab ich von mir aus gesagt: Elisabeth, ich führ dir solang den Haushalt.«

Ich schwanke zwischen unbeschreiblicher Freude und düsterer Vorahnungen. Drei Wochen (wie lange braucht ein gebrochenes Handgelenk, um zu heilen?), vielleicht sogar vier Wochen in Neubeckum – wie wunderbar! Andererseits schwant mir, daß es nicht gut gehen wird. Daß dies der letzte Ausbruch aus meiner Verbannung sein wird. Das kann nicht gut gehen. Mit gemischten Gefühlen sitze ich deshalb in dem Lloyd, der uns am Straßenrand aufgelesen hat und nach Neubeckum mitnimmt. Doch mit Glücksgefühlen ziehe ich dann ein – in Mamas Schlafzimmer. Nichts hat sich hier oben im ersten Stock verändert, und die Begrüßung ist herzlich. Ich blühe auf, und des Morgens mache ich mich sogar zusammen mit Renate auf den vertrauten Schulweg. Wir reden nicht viel, aber das haben wir eigentlich nie getan. Viel wichtiger ist, daß mir den ganzen Morgen der Anblick von Lehrer Potthoff erspart bleibt.

So weit, so gut.

Unfaßbar ist für mich, wie meine Mutter sich verwandelt, sobald sie mit Renate (ihrer Marlene) zusammen ist. Nein, denke ich, das ist sie nicht, das ist nicht dieselbe Person! Wie die beiden zusammen auf dem Sofa im Wohnzimmer kuscheln, schmusen und sich abküssen, wie die Koseworte plötzlich aus meiner Mutter heraussprudeln, wie ihr Gesicht weich und ihr Blick warm wird ... Ein anderer Mensch. Renate wird niemals verstehen, was ich bei dieser Frau durchmache. Und warum es mich die größte Überwindung kostet, ihr morgens den verlangten Begrüßungskuß auf die Wange zu geben. Denn darauf besteht sie, unbegreiflicherweise: daß ich ihr einen Kuß zur Begrüßung und einen zum Abschied gebe, wann immer Leute zuschauen. Wir küssen uns sonst nie! Wir berühren uns nie! Nie kämen wir auf die Idee, in einem Bett zu schlafen. Aber vor den Leuten beugt sie sich zu mir herunter und hält mir ihre Wange hin. Mich ekelt vor diesen Küssen. Jedesmal muß ich an den Judaskuß denken, mit dem der falsche Jünger den Heiland in der Nacht vor seinem Tod verriet und seinen Häschern auslieferte. Genauso fühle ich mich, wie Judas – nur daß ich jedesmal, wenn mein Mund ihre Wange streift, niemanden anders verrate als mich selbst.

Gut, im übrigen veranstaltet sie das gewohnte Theater, baut alles um, organisiert die Küche neu, kleidet sämtliche Schränke mit Pa-

pier nach ihrem Geschmack aus. Mama Strecker kapituliert wie üblich und läßt sie gewähren. »Die Frau überollt mich«, jammert sie. Aber dann übertrifft meine Mutter alles, und meine schlimmsten Befürchtungen werden wahr: Sie klärt Irmgard und Marianne auf! Es ist nämlich so: Von uns weiß keine über die praktischen Seiten der Liebe Bescheid, auch Marianne nicht mit ihren sechzehn Jahren. Unser jäh unterbrochenes Doktorspiel und ein Büchlein über Monatsblutungen, das Marianne eines Tages wortlos in die Hand gedrückt bekommt – das sind bisher die einzigen Versuche im Hause Strecker gewesen, sich diesem Thema zu nähern. Marianne geht auf ein Mädchengymnasium, und daheim gibt es außer dem kleinlaut gewordenen Onkel Heinz auch keinen Mann. Und jetzt nimmt meine Mutter die beiden Ältesten zur Seite und legt los. Erzählt munter drauf los, die unanständigsten Sachen. Zu allem Überfluß ist auch noch eine Freundin von gegenüber dabei, aus der Harmann-Villa, wo ich seinerzeit meinen Klavierunterricht hatte, und dieses Mädchen ist besonders zart besaitet.
Kaum hat meine tollkühne Mutter in groben Zügen umrissen, was sich zwischen Männern und Frauen abspielt, wenn keiner zuguckt, stürmen Irmgard und Marianne zu Mama Strecker und erzählen ihr brühwarm, was sie soeben gelernt haben. Die Harmann-Tochter macht es genauso. Und jetzt schlagen meterhohe Wogen der Empörung über meiner Mutter zusammen. Erst fällt Mama Strecker über sie her – »Was erlaubst du dir? Was geht dich das überhaupt an? Wie kannst du dich erdreisten?« –, dann fällt eine wutentbrannte Frau Harmann bei uns ein und verkündet erregt, ihre Lebensmittel unter diesen Umständen künftig anderswo kaufen zu müssen, und daraufhin kriegt sich Mama Strecker nun gar nicht mehr ein. Jetzt ist meine Mutter endgültig unten durch. Jetzt hilft auch kein lädiertes Handgelenk mehr – am nächsten Morgen nach dem Frühstück werden wir fristlos entlassen und zurück auf unser Schloß geschickt. Aber rückgängig zu machen ist es nicht mehr. Jetzt wissen es die drei. Und das tägliche Einerlei geht weiter. Mein Geburtstag verstreicht, unbemerkt werde ich elf. Weil hier alle Tage Fastenzeit ist, muß ich

mir etwas einfallen lassen und schreite selbst zur Herstellung von Bonbonersatz: eine Prise Zucker, kombiniert mit einer Prise Kakao, und das vorsichtig vom Löffel gelutscht. Eine staubige Angelegenheit, aber bevor ich an Süßigkeitenmangel zu Grunde gehe ... Dann wieder sitze ich manchmal am Fenster und schaue lange hinüber zum Haus des Verwalters. So könnte das Glück aussehen, denke ich. In einem so stattlichen, so schönen Haus mit einem so herrlichen Garten könnte es wohnen, bei einer so großen Familie, die ein so süßes Baby hat. Wie gern würde ich dieses Baby verwahren. Oft steht der Kinderwagen mit dem Kleinen im Vorgarten, zwischen Astern und Rosenstöcken, eine Gardine drübergeworfen gegen die Fliegen. (Bei uns gibt es Unmengen von Fliegen.) Sehnsüchtig starre ich hinüber auf dieses Glück, aber mein Traum erfüllt sich nicht. So inbrünstig ich es mir wünsche, nie kommt die Frau des Verwalters auf die Idee, mich zu fragen. Und ich selbst finde nicht den Mut, ihr den Vorschlag zu machen.

Es ist trostlos. Wie einem das Lachen vergehen kann ... Ich würde wohl überhaupt nie mehr lachen, gäbe es nicht doch einen komischen Menschen hier. So einen Dicken. Er bewohnt ein Kämmerchen im Durchgang zum ersten Schloßhof und ist der Kalfaktor. Er repariert, fegt und harkt. Und er ist nicht der hellste. Ab und zu fährt er mit seinem Fahrrad ins Dorf, nach Lippborg, zu seiner Familie. Bisweilen sehe ich ihn dann zurückkommen, mit zwei Eimern voller Küchenabfälle aus der väterlichen Kneipe links und rechts vom Lenkrad hängen, schon ziemlich unsicher auf seinen zwei Rädern. Jetzt brauche ich nur zu warten. Es ist jedesmal das gleiche. Diese wunderschönen Labradors des Grafen hören ihn kommen, spurten ihm entgegen, springen an ihm hoch und reißen ihn um. Jedesmal. Da liegt er dann strampelnd zwischen den Küchenabfällen und Schlachtresten und brüllt aus Leibeskräften: »Ihr verdammten Hünde!«– während sich die verdammten Hunde ungerührt über seine Abfälle hermachen. Nie schafft er es, sein Rad auf dem letzten Stück zu schieben und den Ansturm dieser Hunde abzuwehren. Ziemlich komisch, das muß ich sagen.

Und im November passiert es: Wir werden mit Schimpf und Schande verjagt. Keine Ahnung, was vorgefallen ist. Ich weiß nur, daß meine Mutter seit einiger Zeit gegen den Grafen prozessiert. Sie schäumt vor Wut, sie schwört Rache, sie will ihr Recht. Zweimal macht sie sich fein, zieht ihr schwarzes Kostüm an und fährt per Anhalter zum Arbeitsgericht nach Hamm. Wahrscheinlich hat sie sich mit dem Verwalter in die Haare gekriegt. Ein paar Mal schon bin ich Zeuge heftiger Wortwechsel zwischen ihr und der Frau des Verwalters geworden. In ihrem Zorn macht meine Mutter immerhin eine Andeutung: Er sei handgreiflich geworden, der Herr Verwalter, das lasse sie sich nicht bieten. Und nach der Rückkehr von ihrem zweiten Abstecher nach Hamm triumphiert sie: Gewonnen habe sie gegen den Grafen und seinen … Handlanger! Sie zeigt sich äußerst befriedigt, in ihrem Gesicht spiegelt sich grimmiger Stolz.
Doch der Verwalter sitzt am längeren Hebel. An einem naßkalten Novembermorgen fährt wieder der Trecker mit dem Leiterwagen vor. Wir laden auf und fahren davon – bemerkt von allen, verabschiedet von keinem. Mit einer Hand drücke ich meine Puppe an mich. Und sende im Stillen einen Gruß hinüber zu dem kleinen Haus hinter dem Wäldchen. Danke, Oma Overbeck.

16

Weit und breit kein Schloß. Aber da und dort Gehöfte unter einem bleischweren Novemberhimmel. Ansehnliche Güter, die Hauptgebäude aus Backstein, verstreut über ein weites, flaches Land, rot leuchtend zwischen abgeernteten Äckern und feuchten Weiden. Die meisten liegen weit ab der gepflasterten Straße, auf der wir mit unserem Trecker dahinrumpeln, ans Dachgestänge geklammert. Selten, daß uns ein Auto begegnet. Auf solchen Höfen haben wir uns früher lachend ins Stroh geworfen, sind johlend vom Dachboden zur Tenne gerutscht – eine Luke fand sich immer. Früher, als es noch eine Tante Christine, einen Onkel Bernhard und Sonntage auf dem Land für mich gab.

Ich weiß nicht, was sie vorhat. Der Leiterwagen ist in Lippborg geblieben, wo unsere paar Möbel jetzt in einem Lager abgestellt sind. Irgendwo dort draußen wird eine möblierte Kammer auf uns warten (hoffentlich zwei). Bei irgendwem wird sie Dienste annehmen. Irgendwer wird sie früher oder später davonjagen, weil ihr mal wieder die Galle übergelaufen ist. Und bei irgendwem wird sie danach eine andere Arbeit finden. Mich schleppt sie mit, wie ich meine Puppe. Aber soll ich mir wünschen, daß dieses Zigeunerleben ein Ende findet und sie eine Wohnung für uns beide nimmt? Einen Ort, wo keiner mehr was sehen und kein Mensch was vermuten und niemand Verdacht schöpfen würde? Zu dem kein menschliches Wesen Zutritt hätte – außer ihr?

Wo ein großer Feldstein mit einer unübersehbaren 16 aus eisernen Ziffern drauf am Straßenrand liegt, biegt unser Trecker in eine Zufahrtsstraße ein und nähert sich einem ansehnlichen Gehöft. »Da wären wir«, sagt der Fahrer und stellt erst gar nicht den Motor ab. Denn schon kommt die Bäuerin heraus, heißt uns willkommen, bittet uns, die Schuhe am Rost abzustreifen, und weist uns zwei nebeneinander liegende Kammern zu, im ersten Stock, zwischen den Schlafzimmern der Bauersleute, der beiden Kinder und einer Tante. Northues heißt der Bauer, Ludger Northues, und er scheint nicht arm zu sein. Alles ist hier sauber, alles sehr geräumig – die Diele, die Küche, das Alltagswohnzimmer und erst recht das gute Wohnzimmer. Ein Hof von beeindruckender Größe, mit Ställen voller Kühe und Schweine, einem wilden Garten hinterm Haus und endlosen Feldern ringsum. Hier also hat sie Dienste genommen. Als landwirtschaftliche Angestellte, wie sie sich ausdrückt. Mit anderen Worten, als Magd.

Das heißt: Sie hilft beim Füttern der Tiere, beteiligt sich an der Feldarbeit und faßt in der Küche mit an, beim Spülen und beim Abtrocknen. Es gibt Schlimmeres, wie wir beide inzwischen wissen. Es kommt vor, daß auch ich mit aufs Feld hinaus muß, Rüben verhacken und vereinzeln oder Kartoffeln lesen, aber so was kann bei uns jedes Kind. Nachmittags kümmere ich mich manchmal um die beiden Kinder (sie sind jünger als ich); meist spielen wir im Garten zwischen den Obstbäumen. Wenn's hoch kommt, bitten sie mich, den Handlauf am Geländer der breiten Treppe zu polieren, die hinauf zu den Schlafgemächern führt. Und was soll ich sagen? Hinterher sind sie zufrieden! Sie sind mit mir zufrieden und finden auch noch freundliche Worte für mich! Mir kommen die Tränen vor Glück. Das Kochen besorgen übrigens, gottlob, die Bäuerin und ihre Tante. Und was die zubereiten, das schmeckt! Fast wie bei Oma Anna.

Was ich aber als wirkliche Erlösung empfinde: Weil hier alles so weitläufig ist, die Ställe so verwinkelt, der Garten so unübersichtlich, das Haus so groß, entwische ich meiner Mutter, fast wie es mir beliebt. Hier klebt sie mir jedenfalls nicht auf der Pelle, hier kann ich ihr aus den Augen gehen. Zudem sind diese Bauern kinderlieb, unser ganzes Leben vollzieht sich unter ihren Blicken, und jetzt muß sie sich beherrschen. Jetzt ist sie unter Kontrolle, jetzt kann sie sich nicht mehr so einfach gehen lassen wie vorher, und jetzt reißt sie sich tatsächlich zusammen.

Endlich, endlich spüre ich wieder einen Hauch von Freiheit. Endlich kehrt eine Spur von Selbstbewußtsein zurück. Ich war ja kurz davor, zu verblöden. Wie selbständig bin ich früher in Neubeckum gewesen! Da hatte ich ja oft genug mein eigenes Geld, den Groschen von Oma Anna, der gleich zu Gummibärchen gemacht wurde, oder das Kinogeld für den Sonntagsfilm. Eigenes Geld? Das kenne ich schon lange nicht mehr. Von meiner Mutter habe ich noch nie einen Pfennig bekommen. Und wenn ich in vier Stunden auf dem Kartoffelacker mal zwei Mark verdient habe, dann heißt es: »Her damit. Rück das Geld raus. Das ist nicht dein Geld.« Aber hier atme ich auf. Hier traut man mir wengistens was zu. Hier kann ich von Zeit zu Zeit beweisen, daß Verlaß auf mich ist.

Natürlich habe ich wieder die Schule gewechselt; diesmal bin ich in einer Zwergschule gelandet. Acht Klassen in einem einzigen Klassenzimmer, mit drei Bankreihen, die sich durch den ganzen Raum ziehen. Vorn sitzen die Kleinsten, in der Mitte die Größeren, hinten die Ältesten. Ansonsten wiederholt sich das altbekannte Spiel: »Guten Morgen! Wir haben eine neue Mitschülerin, die Marlene Hoffmann. So, Marlene, jetzt such dir mal einen Platz ...« Dreimal habe ich das jetzt schon erlebt. Kein Wunder, daß ich nicht gerade eine glänzende Schülerin bin. Jedesmal fange ich neu an. Dabei macht mir Schule Spaß. Ich bin wißbegierig. Außerdem ist das Leben an der Seite meiner Mutter dermaßen stupide, daß die Schulstunden für mich das reinste Abenteuer bedeuten. Vor allem Fächer wie Heimatkunde oder Naturkunde. Da wird viel erzählt, und Erzählungen, Geschichten oder Märchen, denen könnte ich stundenlang lauschen.

Und dann rastet meine Mutter doch wieder aus. Und weiß es obendrein so einzurichten, daß keiner etwas mitbekommt. Es geht damit los, daß ich mir in der Schulbücherei ein Buch ausleihe, ein Märchenbuch, eine richtig dicke Schwarte. Weil meine Banknachbarin an diesem Tag fehlt, lege ich es auf ihrem Sitzplatz ab. Während des Unterrichts – wir sollen einen Aufsatz schreiben – überkommt mich eine so unwiderstehliche Neugier, daß ich es unbemerkt aufschlage und heimlich anfange, darin zu lesen, die Kopfhaltung unverändert, aber den Blick schräg nach unten. Und dann lese ich mich fest. Ich kann einfach nicht mehr aufhören. Ich habe mich gut getarnt, habe das aufgeschlagene Heft vor mir liegen und den Federhalter in der Hand, und eigentlich müßte doch jeder glauben, ich denke bloß mal nach. Noch höre ich um mich herum das Gemurmel der anderen, das Kratzen der Federn auf dem Papier, die Stimme des Lehrers ab und zu.

Mit einem Mal fällt mir auf, daß es mucksmäuschen still geworden ist. Ich blicke auf – aber alles, was ich sehe, ist eine Gürtelschnalle und eine Krawattenspitze. Der Bauch des Lehrers! Er muß schon eine ganze Weile da stehen. Ich zucke zurück, in Erwartung einer Ohrfeige, aber es kommt schlimmer. Ich muß nachsitzen. Na, schön. Alle gehen nach Hause, der Lehrer schließt mich ein, und ich sitze da im leeren Klassenraum und nutze die Zeit, um Hausaufgaben zu machen. Und der Lehrer kommt nicht zurück. Er wird gut zu Mittag gegessen haben, er wird sich aufs Ohr gelegt haben, später wird er sich in seine Zeitung vertieft haben, und auf jeden Fall wird er mich vergessen haben. Er ist schon ziemlich alt, zwar gutmütig, aber vielleicht doch etwas zerfahren. Mir bricht der kalte Schweiß aus. Ich rufe, ich klopfe, ich hämmere gegen Türen und Fenster – nichts. Ich laufe im Zimmer umher, ich sitze wie versteinert auf einer Bank, ich springe auf, halb wahnsinnig vor Angst, da dreht sich der Schlüssel im Schloß. Nach mehr als drei Stunden! Er habe mich ganz vergessen, sagt er mit einem bedauernden Lächeln. »Jetzt aber schnell nach Hause.«

Atemlos trudele ich in der Küche ein. »Na, hast wohl nachsitzen müssen?« schmunzelt die Bäuerin. Ich nicke. »Dann setz dich erst mal und iß was.« Sie hat mir eine Portion aufgehoben, Stielmus mit Pfannkuchen. Gerade läßt das Herzklopfen nach, da kommt meine Mutter herein und sieht mich an. Ich kenne diesen Blick. »Komm mal mit«, sagt sie wie nebenbei. Sie schiebt mich vor sich her in die Scheune. Die Scheune ist leer, nur wir beide, sie und ich. Sie bekommt einen Knüppel oder eine Latte zu fassen und haut augenblicklich drauf. Holt aus und prügelt auf mich ein, mit wutverzerrtem Gesicht, ununterbrochen, schlägt, bis ihre Wut kalt wird und ich mich im Stroh wälze. »Dich werd ich zähmen!« geifert sie. »Dir werd ich's zeigen!« Und keiner bekommt etwas mit. Die Bäuerin in der Küche nicht und der Bauer auf dem Feld sowieso nicht. Die wären dazwischen gegangen, beide. Die hätten ihr was erzählt! Ich hinke auf mein Zimmer. Wie durch ein Wunder hat sie mir nichts gebrochen.

Diesmal hat sie es geschafft. Hat sich dafür gerächt, daß ich sonst so sicher vor ihr bin wie ein Elefantenjunges in der Herde. Bei diesem Bauern gelingt ihr das kein zweites Mal. Aber etwas anderes geschieht, und das nimmt mich beinahe genauso mit wie ihr Tobsuchtsanfall.

Eines Sonntags erhalten die Bauersleute Besuch. Ich schlendere ganz zufällig am Wohnzimmer vorbei. Alle sitzen an der Kaffeetafel und plaudern, rufen mich aber gleich herein, ich gehöre ja dazu, und, klar, Gäste wollen begrüßt werden. Vielleicht sind sie sogar ein bißchen stolz auf mich. Ich gehe also reihum und mache meine Knickse – da läßt sich plötzlich einer aus der Runde vernehmen: »Sag mal, bist du denn nicht die kleine Strecker aus Neubeckum?« Ich erstarre. Ich schaffe es gerade noch, meine Tränen zurückzuhalten. Tatsächlich, da sitzt er! Der Friseur Northues aus Neubeckum, der Mann, der immer zur Adventszeit meine Puppe ausgehändigt bekam, um die Spuren eines ganzen, ereignisreichen Jahres an ihr zu tilgen. Willi Northues, der Friseur und Puppendoktor, der Bruder des Bauern, wie sich herausstellt.

Natürlich haben sie jetzt Gesprächsstoff. Und da ich mich nicht losreißen kann, auch nicht fortgeschickt werde, höre ich mir nun meine eigene Geschichte an, die merkwürdige und rührende Geschichte eines vertauschten Mädchens, das viele Jahre bei seiner falschen Mutter gelebt hat und eines Tages spurlos aus Neubeckum verschwand. Dann ist das Thema für sie erledigt, die Gäste aus der Stadt werden noch durch Ställe und Garten geführt – kein Bauer, der seinen Wohlstand nicht mit unverhohlenem Stolz vorführen würde –, und nun steigen sie ins Auto, schlagen die Türen zu und fahren davon, nach Neubeckum zurück. Ich schaue ihnen nach, bis ein Waldstück mir die Sicht auf den fahrenden Wagen nimmt. Jetzt könnte mir das Herz brechen. Aber dieses Herz ist widerstandsfähig, so widerstandsfähig wie meine Knochen.

Wir sind noch nicht lange hier, ein knappes halbes Jahr vielleicht, da eröffnet mir meine Mutter eines Abends, bevor ich mit einem gemurmelten »gute Nacht« in mein Zimmer schlüpfen und die Tür hinter mir zudrücken kann: »Wir gehen zu einem anderen Bauern.« Aus heiterem Himmel. Ohne ein Wort der Erklärung. Von einem Streit habe ich diesmal nichts bemerkt. Aber wahrscheinlich werden wir wieder mal rausgeschmissen.

Kein Grund zur Freude, für mich jedenfalls nicht. Bei Bauer Northues war es auszuhalten. Dieses Haus, diese Familie, das wäre für mich die zweitbeste Lösung gewesen. Da wurde Weihnachten gefeiert, da wurden Plätzchen gebacken, und Kuchen gab es beinahe jeden Sonntag (einschließlich Teig vom Rührlöffel ablutschen). Vor allem aber: Hier hatte ich meinen Frieden. Wie gemütlich war es, nach dem gemeinsamen Abendessen in der großen Küche noch eine Weile zusammenzusitzen, die Ereignisse des schon fast vergangenen Tages Revue passieren zu lassen und die Aufgaben des vor uns liegenden zu besprechen. Und wie selig war ich, wenn ich mich dann auf mein Zimmer zurückziehen und lesen konnte – in dem Buch, das das Drama in der Scheune ausgelöst hatte. Auf meinem Nachttisch stand eine kleine Lampe mit einem bräunlichen, gerüschten Schirm, und wenn ich ins Bett geschlüpft war, dann schien sie mir auf mein Buch, bis mir die Augen zufielen.

Ich bin nämlich süchtig nach Märchen. Ich träume von einem Leben, in dem ich nichts anderes tue als lesen. Märchen von Königen und Prinzessinnen und armen, kleinen Mädchen, die von herzlosen, unerbittlichen Stiefmüttern zu einem jämmerlichen Dasein zwischen Aschekästen und Spinnrocken verurteilt wurden. Und eines Tages, zur maßlosen Wut der Stiefmutter, trotzdem von einem Prinzen gefreit werden.

Gut, meine Mutter packt ihren braunen, abgewetzten Lederkoffer, ich meine Reisetasche und meinen Tornister, wir stellen uns an die Straße, werden mitgenommen und lassen uns bei einem Hof nicht weit von Lippborg absetzen. Ich traue meinen Augen nicht. Den kenne ich! Das ist Bauer Luthmanns Hof! Hier habe ich schon Kartoffeln gelesen, in den Herbstferien, für 50 Pfennig die Stunde und ein Abendessen obendrein, das ich in bester Erinnerung habe. Zwei Familien leben auf diesem Hof (je mehr Leute, desto besser) – und keine von beiden besitzt ein Auto! Sonntags morgens spannen sie tatsächlich ihre beiden Warmblüter vor und fahren mit der Kutsche zur Kirche. Und zum Einkaufen unter der Woche reicht ihnen ein Fahrrad; dann sieht man die Bäuerin mit Kittel und Kopftuch in aller Seelenruhe über die Landstraße gleiten.

Mir gefallen diese Leute. »Du mußt was auf die Rippen bekommen«, sagt die Bäuerin und schöpft mir den Rahm ab, der auf der frischen Milch schwimmt. Wenn sie ein bißchen Kakao unterrührt, schmeckt er fast wie Schokolade. Und dann die Tiere! Wie gierig die neugeborenen Kälbchen Milch schlabbern, wenn ich ihnen den Eimer hinhalte! Und wie vorsichtig die Pferde mir eine Möhre, einen Apfel aus der Hand fressen! Wenn man die Hand ganz flach hinhält, kann gar nichts passieren. Einmal darf ich mich sogar auf den schweren Ackergaul setzen. An diesem Tag zieht er den großen Leiterwagen bei der Heuernte. Zu sechst hatten sie Tage zuvor mit Sensen gemäht, nun werfen sie das Gras mit Forken auf den Wagen; von Zeit zu Zeit muß der Gaul ein Stück vorrücken, und ich gebe das Kommando. Auf einem Pferd habe ich noch nie im Leben gesessen. Aber das Beste ist, daß meine Mutter zu denen da unten gehört, die sich mit der Forke abschinden, während ich ihr aus unerreichbarer Höhe dabei zuschaue.

Nicht alle Tage sind so schön, natürlich nicht. Aber zwei Tage erlebe ich hier, die zu den schönsten gehören. Die Fronleichnamsprozession steht nämlich vor der Tür, und sie wird an unserem Hof vorüberführen! Zufällig haben sie sogar genau vor unserer Zufahrt einen der vielen Segensaltäre errichtet! Und wenn man die Begleitumstände kennt, dann wird man verstehen, wieso ich jetzt in meinem Element bin.

Also – unsere Aufgabe ist es, tags zuvor die Straße auf dem gesamten Prozessionsweg mit frommen Ornamenten zu schmücken. Dafür gibt es auch schulfrei. Morgens schwärmen wir mit großen Körben in alle Himmelsrichtungen aus, um bei den Nachbarn Blüten einzusammeln, Pfingstrosen und Margariten und Gladiolen (für den Strahlenkranz der Monstranz). Davon benötigen wir beträchtliche Mengen, aber das ist kein Problem, da brauchen wir nicht lange zu betteln, für Glaubensfeste geben die Leute gern, und mittags sind unsere Körbe voll. Nach dem Essen ziehen wir dann mit Kreide los und zeichnen die Umrisse der Ornamente auf den Asphalt – hier ein Ave-Maria, dort das Christuszeichen PX –, bevor wir, hockend und auf den Knien rutschend, innen alles mit Blüten auslegen.

So wie ich sind Dutzende von Kindern an diesem Nachmittag damit beschäftigt, Landstraßen und Feldwegen einen Anstrich von Heiligkeit zu geben. Und nie haben wir größere Sorgfalt an den Tag gelegt! Verständlicherweise bangen wir dann die ganze Nacht, daß kein Auto drüber fährt – dieses Zerstörungswerk ist den Füßen des Pfarrers vorbehalten. Leichtere Regefälle hingegen bekümmern uns nicht weiter, dagegen haben wir vorgesorgt: Die Blüten werden nämlich, wenn man es richtig macht, in Sand eingebettet und anschließend begossen, so daß sie gut haften.

Anderntags kommen sie dann singend aus dem Ort gezogen. Das heißt: Wir kommen. Vorneweg, unter dem Baldachin, der Pfarrer und der Kaplan, die abwechselnd die Monstranz mit dem Leib Christi tragen, dann die Gemeinde und ich, als nächstes die Ordensschwestern und die Kommunionskinder und zum Schluß die Kleinsten. An jedem Segensaltar halten wir an, an jedem wird gebetet, und hinterher bin ich so erfüllt von Heiligkeit und Glück, daß mich niemand wegen der verwüsteten, zertrampelten und zermatschten Blütenornamente auf der Straße vor unserem Hof zu trösten braucht.

Schon wahr: Für Stunden, für ganze Tage kann ich hier meine Mutter vergessen. Irgendwann ruft sie sich dann doch wieder in Erinnerung. Immer lauter schimpft sie neuerdings über den Geiz ihres Dienstherren. Ein Hungerlohn sei das und kein Leben für eine Frau, die nun schon deutlich über vierzig sei und eine Tochter durchbringen müsse, deren Ansprüche täglich wüchsen. Ich sehe kommen, daß wir nicht mehr lange bleiben werden.

Und dann weiß ich: Es bahnt sich etwas an. Was, das kann ich nicht sagen. Aber als sie zum dritten Mal für einen Nachmittag Urlaub nimmt, werde ich stutzig.
Natürlich erfahre ich nicht den Grund für ihr Verschwinden. Hinterher ist sie einfach wieder da, so wie sie den ganzen Nachmittag lang einfach weg gewesen ist. Sie geht, sie taucht wieder auf, ich höre sie kommen, ich frage mich, wo sie war, was sie vorhat, was mir als nächstes bevorsteht, aber ich schlucke meine Fragen herunter. Sie wäre die letzte, die mir eine Antwort darauf geben würde. Mich im Ungewissen lassen, das gehört zu ihrem Spiel. Das ist ihre Art, mich unentwegt dafür zu bestrafen, daß sie mich am Hals hat. Als säße ich nicht für zehn Minuten, sondern seit Jahren und auf unabsehbare Zeit noch auf der untersten Stufe der Kellertreppe im Dunkeln. Bei verschlossener Kellertür. Eingesperrt zusammen mit ihr. Aber während ich reglos auf meiner Stufe hocke, treibt sie sich im Dunkeln herum. Ich lausche angstvoll auf jedes Geräusch, aber ich kann nichts sehen. Ich bilde mir die furchtbarsten Dinge ein. Zum Beispiel, daß sie eine Wohnung für uns gefunden hat. Für uns ganz allein.
Offen gesagt, ich bin ein ziemliches Nervenbündel geworden. Wenn ich daran denke, was ich mir letztes Jahr im Roxloher Wäldchen geleistet habe … Roxloher Wäldchen, so heißt das Waldstück, das auf halbem Weg zwischen meiner Schule und dem Schloß lag. Dieser verstümmelte heilige Sebastian stand davor. Aber nicht seinetwegen legte ich jedesmal einen Schritt zu, wenn ich da durch mußte. Es heißt nämlich, eine längst verstorbene Gräfin geistere dort im Tannendickicht herum. Seit Jahrhunderten versuche sie, das Schloß zu erreichen, und sollte ihr das eines Tages gelingen, würde das Schloß in Flammen aufgehen. Mir war das Roxloher Wäldchen deswegen nie geheuer.
Eines Tages, im Hochsommer, komme ich aus der Schule. Wie üblich gehe ich allein. Und wie ich an dem verstümmelten Heiligen vorbeikomme, liegt vor mir auf der Straße eine Schlange. Zusammengerollt wie eine dünne, graue Mettwurstschnecke. Das war

höchstens eine Blindschleiche, aber mir fährt der Schreck in die Glieder. Für mich ist es eine Giftschlange, und ich stelle mir vor, daß sie mich im nächsten Moment anspringt und zubeißt und ich dann sterben muß. Ich traue mich keinen Schritt weiter. Ich weiß, ich werde zu Hause erwartet. Ich weiß, daß meine Mutter mit den anderen aufs Feld muß. Ich weiß auch, daß meine Strafe um so härter ausfällt, je länger ich sie warten lasse. Und ich kann mich trotzdem nicht überwinden, an dieser Schlange vorbeizugehen.

Schließlich, nachdem eine halbe Stunde lang kein Trecker und kein Fahrradfahrer vorbeigekommen ist, fasse ich mir doch ein Herz und laufe los, weiche in den Straßengraben aus und bin, den Blick fest auf dieses Untier geheftet, mit ein paar Sätzen an ihr vorbei. Endlich zu Hause, brüllt meine Mutter mich an: »Wo gibt's denn bei uns Schlangen?«, greift nach dem Teppichklopfer und drischt auf mich ein, bis jemand draußen nach ihr ruft.

Ich bete, daß sie noch keine Wohnung für uns gefunden hat. Alles – nur keine Wohnung!

17

Ich heiße Marlene John.

Marlene ... So wenig ich anfangs an diesem Namen auszusetzen fand, so wenig mochte ich ihn später. Zu viele Enttäuschungen kleben daran. Nicht nur die Enttäuschung darüber, daß er sein eigenes, düsteres Schicksal nach sich gezogen hat und daß er mich aus dem Kreis derer ausgeschlossen hat, die mich als Renate einst liebten. Vor allem die zahllosen Enttäuschungen, die meine leibliche Mutter so unbeirrbar und mit so unersättlicher Wut ins Werk gesetzt hat, als bestände der ganze Sinn und Zweck ihres Lebens darin, mich zu enttäuschen.

Bisher war ja alles noch harmlos gewesen. So traurig und trostlos ich mein Leben mit ihr oft fand, irgendwie war es doch auszuhalten gewesen und harmlos im Vergleich zu dem, was auf mich zukam, nachdem sie die Wohnung für uns gefunden hatte, und ich habe lange gebraucht, um zu begreifen, welchen Plan sie von jetzt an verfolgte. Heute glaube ich, daß sie bei allem nur ein Ziel im Auge hatte: mir jede erdenkliche Enttäuschung zu bereiten, so daß mir mein Leben schließlich als eine einzige, große Enttäuschung erscheinen mußte. Nun gut, vielleicht war es nicht wirklich ein Plan, vielleicht hatte sie gar keine nüchternen Überlegungen angestellt, vielleicht ließ sie sich einfach nur von einem dumpfen, übermächtigen Impuls leiten – jedenfalls war sie jetzt am Ziel. Mit der Wohnung hatte sie endlich jenen Ort gefunden, wo sich ihre Absicht ungestört und unbeobachtet verwirklichen ließ: hier konnte sie mir all die Enttäuschungen bereiten, zu denen sie – wie ich heute glaube – von dem Augenblick an entschlossen gewesen ist, in dem Elisabeth Strecker die Bahnhofsgaststätte von Wintzingerode verließ und sich mit der ersten Marlene, der falschen, der richtigen, davonmachte. Zum Äußersten entschlossen und – wie sie ihrerseits stets geglaubt haben muß – auch berechtigt.

Weshalb aber mußte ich ihr Unglück ausbaden? Enttäuscht waren ja alle, um das wenigste zu sagen, doch nur bei ihr, bei Paula Hoffmann, war die Enttäuschung so maßlos groß, so grenzenlos, daß nicht einmal die Zeit diese Wunde heilen konnte. Gibt es eine Erklärung dafür? Hat das Ausmaß ihrer Enttäuschung womöglich mit einer Merkwürdigkeit zu tun, für die es immer neue Anhaltspunkte gibt, je mehr aus jener allerersten Zeit ans Licht kommt?

Es scheint nämlich fast so, als hätte ein unterschwelliges, ein stilles und gewiß auch uneingestandenes Einverständnis zwischen beiden Müttern geherrscht, dem falschen Kind den Vorzug vor dem eigenen zu geben. Als hätte es beide – nicht nur Paula Hoffmann, auch Elisabeth Strecker – geradezu nach dem Kind der anderen verlangt, von Anfang an. Oder, um noch einen Schritt weiter zu gehen: Als hätte die eine das Kind der anderen und die andere das Kind der einen zur Welt gebracht und der Schwindel, das Versehen, die Vertauschung eine Lösung dargestellt, mit der sich beide Mütter nur allzu gerne abgefunden haben. Als gäbe es eine Macht, die stärker ist als Blut und Blutsverwandtschaft und gar nicht abwartet, bis sich die Liebe zwischen Mutter und Kind durch die tägliche Erfahrung miteinander immer mehr vertieft.

Unfug? Spökenkiekerei? Jedenfalls fällt bei beiden Müttern auf, wie schnell sie bereit waren, Alarmsignale zu übersehen und Hinweise darauf, daß nicht alles mit rechten Dingen zugegangen sein könnte, zu ignorieren. Einmal abgesehen davon, daß Neugeborene bereits ihre eigenen Gesichter haben – ist es nicht sonderbar, wie leicht sich Elisabeth Strecker beruhigen ließ, als der Kratzer am linken Daumenballen ihrer Renate plötzlich, am Tag der Entlassung aus dem Krankenhaus, verschwunden war? Das letzte Mal, als sie ihrer Renate die Brust gegeben hatte, war dieser Kratzer ihr aufgefallen, ein dünner, roter Strich, offenbar eine frische, wenn auch harmlose Verletzung, und anderntags war nichts mehr davon zu sehen gewesen. Ein kleiner Kratzer nur, gewiß, aber über Nacht verschwunden? »So was heilt schnell in diesem Alter«, hatte die Krankenschwester ihr geantwortet – und Elisabeth Strecker hatte sich mit dieser Antwort zufriedengegeben.

Paula Hoffmann wiederum waren in der Anfangszeit gelegentlich Anspielungen zu Ohren gekommen, Bemerkungen über die verblüffende Ähnlichkeit zwischen Marianne, der ältesten Tochter der

Streckers in Worbis drüben, und ihrer Marlene. Sie scheint alle mit demselben unwilligen Kopfschütteln quittiert zu haben. Geschwätz, mag sie gedacht haben. Worbis ist klein, Wintzingerode noch kleiner, man kennt einander, es ist ein Katzensprung von hier nach dort – die Leute reden viel und zerreißen sich besonders gern die Mäuler über Mütter, die keinen Mann vorweisen können – warum sich also beunruhigen? Tatsache ist, daß sie nichts davon wissen wollte.

Und Elisabeth Strecker verhielt sich nicht anders. Was die Identität ihrer Jüngsten anging, scheinen die Eltern Strecker nicht weniger Gleichmut an den Tag gelegt zu haben als Paula Hoffmann. Elisabeths Schwiegermutter war die erste, die keinerlei Familienähnlichkeit an mir entdecken konnte und unverhohlene Zweifel an der Mutterschaft ihrer Schwiegertochter bekundete. Die erste, aber nicht die einzige. Mama Strecker selbst hat mir einmal erzählt, daß ihnen kurz vor ihrem Umzug nach Neubeckum die Frau Hoffmann mit ihrer Marlene im Stadtpark von Worbis über den Weg gelaufen sei. Man kannte sich ja, man grüßte sich also und wechselte ein paar Worte, und hinterher meinte Vater Strecker zu seiner Frau: »Du, die Kleine von der Hoffmann sieht gerade so aus wie unsere Marianne in dem Alter ...« Wofür Mama Strecker nur ein »Unsinn!« übrig hatte.

Dabei war's geblieben. Und weshalb auch sich verrückt machen? Welche Mutter war mit ihrem Kind glücklicher als Elisabeth Strecker mit ihrer Renate? Und welche seliger als Paula Hoffmann mit ihrer Marlene? Nur, ganz koscher scheint die Sache doch nicht gewesen zu sein. Ungereimtheiten bleiben. Von Anfang an ist die Bereitschaft zu spüren, der Sache lieber nicht auf den Grund gehen, es lieber nicht so genau wissen zu wollen. Wer weiß, ob nicht beide doch insgeheim längst wußten, was sich später herausstellte, und beide genauso insgeheim entschlossen waren, die Selbsttäuschung der Wahrheit vorzuziehen? Ob der plötzliche Umzug nach Neubeckum also womöglich nicht nur mit den Russen zu tun gehabt hatte, sondern auch mit mir? Ob Mama Streckers Reaktion auf den Brief aus Worbis seinerzeit vielleicht auch deshalb so heftig ausgefallen war, weil er schlagartig enthüllte, was sie die ganze Zeit als dunkle Ahnung mit sich herumgeschleppt hatte? Und ob Paula Hoffmann in ihrer Wut auch deshalb jedes Maß verlor, weil sie vorher mit solcher Inbrunst gehofft hatte, die Wirklichkeit könnte sich einmal, wenigstens dieses eine Mal, ihren Wünschen fügen?

Alles Spekulation, ich weiß. Immerhin könnte es erklären, wieso diese Paula Hoffmann, meine Mutter, mit der Zeit nicht milder wurde, sondern ganz im Gegenteil ihrem Haß immer unbefangener freien Lauf ließ und jede Möglichkeit ausschöpfte, mir das Leben zu verleiden, kaum daß sie eine Wohnung gefunden hatte. Ich bin ja gezwungen, zu spekulieren, wenn ich verstehen will, was geschah – sie selbst hat mir nie verraten, was sie mit ihren unsinnigen Maßregeln und ihren Gewaltausbrüchen bezweckt oder was sie dazu getrieben hat. Nehmen wir also an, daß sie sich nicht anders mehr zu helfen wußte, als mich zur Schicksalsgenossin zu machen und mich in ihre eigene Enttäuschung hineinzureißen. Das war kein leichtes Unterfangen, denn ihre Enttäuschung war abgrundtief, sie hatte keinen Traum, keine Hoffnung, keine Liebe und keine Lebenslust übriggelassen, nur eine Frau, die sich um alles betrogen fühlte – und die ihre Tochter, die richtige, die falsche, also mich, um alles betrügen mußte, wenn sie es mit ihr aushalten wollte.

18

Sie hat alles heimlich organisiert. Und sie hält ihre Pläne vor mir geheim bis zu dem Tag, an dem sie mich mitnimmt nach Ennigerloh, einer kleinen, ländlichen Gemeinde unweit von Neubeckum. Am Ortsrand von Ennigerloh, zwischen Obstgärten und putzigen, kleinen Siedlungshäusern, ragen drei große Zwölf-Familien-Häuser auf (Beethovenstraße 22 bis 32), Neubauten, fast bezugsfertig, jedes mit drei Etagen sowie Rasen, Teppichstangen und Pfosten für die Wäscheleinen hinterm Haus – ziemliche Ungetüme in dieser dörflichen Umgebung. Meine Mutter führt mich zum letzten dieser drei Häuser, zeigt auf zwei Fenster im ersten Stock und sagt: »Da werden wir einziehen.« Dann spricht sie davon, daß sie nun endlich ihre Möbel holen lassen kann. Die Möbel ihrer Mutter. Ihre Gemütsverfassung an diesem Tag ist weniger düster als sonst; die Aussicht, erstmals nach vierundvierzig Lebensjahren eine halbwegs anständige, eigene Wohnung zu beziehen, macht sie beinahe mitteilsam.

Ja, sie ist es leid, das Leben bei den Bauern und die Arbeit auf den Feldern. Vor allem ist sie es leid, sich immer wieder unterwerfen und kleinmachen zu müssen. Wer Geld verdienen und seine Freiheit haben will, der muß in die Fabrik gehen. Und in Ennigerloh gibt es eine Fabrik, die Profilia-Werke, da werden Matratzen und Polstermöbel hergestellt. Die Profilia ist ein blühendes Unternehmen; kurz nach dem Krieg gegründet, beschäftigt sie mittlerweile 400, 500 Leute – selbst aus Hamm und Ahlen kommen sie jeden Morgen, in Fahrgemeinschaften. Meine Mutter hat sich dort beworben und ist angenommen worden. Es ist der Spätsommer des Jahres 1958. Ich werde demnächst dreizehn.

An den Abschied von unserem Bauern mit den drei Pferden erinnere ich mich nicht. Ich entsinne mich nur, daß ich am zweiten Tag in Ennigerloh von der Schule heimkomme, die Möbel sind eingetroffen, die ganze Wohnung ist bereits fertig eingerichtet, und meine Puppe liegt zerquetscht auf dem Küchentisch. »Die ist im Möbelwagen zwischen die Schränke gefallen«, sagt meine Mutter. Ich kann mir beim besten Willen nicht vorstellen, wie sie auf

den Möbelwagen gekommen ist. Zu retten ist sie jedenfalls nicht mehr.
Vielleicht lügt sie. Vielleicht war es so. Zugegeben, ich habe meine Puppe in letzter Zeit vernachlässigt. Und überhaupt finde ich viel schlimmer, daß sie die ganze Wohnung in meiner Abwesenheit fertig eingerichtet hat. Sie hätte mich fragen sollen. Wenigstens, was mein Zimmer angeht, hätte sie mich fragen können; mit fast dreizehn bin ich verständig genug. Ich betrete diese Wohnung, und im selben Moment weiß ich, daß nichts für sie zählt. Nicht die zusammen verbrachte Zeit der Entbehrung im Flüchtlingslager, nicht die endlosen Stunden gemeinsamer Schufterei im gräflichen Schweinestall und nicht die Monate unseres bescheidenen, aber sorglosen Lebens bei den Bauern. Sie hat alle Brücken zu mir abgebrochen. In dieser Wohnung habe ich nichts zu sagen und eigentlich auch nichts zu suchen. Auf jeden Fall ist dies ihr Herrschaftsbereich. Leben wird hier niemand können außer ihr.
Und Renate (ihre Marlene).
Mit einem Mal hängen sie da, im Wohnzimmer an den Wänden – Fotos von Renate, dem Goldengel, ihrem Schnuckelchen. Und sie vermehren sich noch – am nächsten Tag steht auch auf dem Radio eins, wenig später gruppieren sich drei weitere auf ihrer Vitrine. Renate als Dreijährige auf ihrem Arm, Renate als Vierjährige auf ihrem Schoß, Renate als Siebenjährige an ihrer Hand (aufgenommen vor dem Neubeckumer Bahnhof; das einzige Foto, auf dem auch ich zu sehen bin). Alte, teils braunstichige Schwarzweißfotos in Postkartengröße, sorgfältig gerahmt. Ich habe sie nie zuvor gesehen. Ich wußte wohl, daß sie Renates Bild, winzig klein, in einem Medaillon um den Hals trägt, von diesen Fotos aber hatte ich keine Ahnung. In Zukunft werde ich sie mehrmals die Woche abstauben dürfen.
Mit anderen Worten: Wir leben hier zu dritt. Es wird eng werden. Ohnehin würde niemand diese Wohnung als groß bezeichnen; schon gar nicht, wenn er in dem Eckhaus in Neubeckum aufgewachsen ist. Vom Treppenhaus aus betritt man einen kurzen Flur, links liegen die Küche, das Bad und das Kinderzimmer – das sie sich

reserviert hat –, rechts das Wohnzimmer und das Schlafzimmer – das sie mir als Schlafkammer zuweist. Eine Schlafkammer, mehr ist es nicht; ich finde dort eine Neuerwerbung vor, ein schmales Schrankbett, dann das altbekannte Sofa und einen Sessel, das ist alles. Nach wenigen Wochen ist das Sofa vollgepackt mit alten Zeitschriften, Wäsche und Taschen mit ausrangiertem Krempel, und hinter der Tür stapeln sich Vorräte, Obstkisten und ähnliches. Ich betrete diese Rumpelkammer nur, wenn mich die Müdigkeit hineintreibt; selbst meine Hausaufgaben erledige ich am Küchentisch. Aber nicht einmal schlafen kann ich da, weil jedesmal, wenn im Nachbarhaus die Treppenhausbeleuchtung angeht, genug Licht hereinfällt, um ein Murmeltier aus dem Schlaf zu reißen. Einen Rolladen gibt es nicht – sinnlos, sie darum zu bitten. Und bei Licht kann ich nicht schlafen, das habe ich noch nie gekonnt. Ich traue ihr zu, daß sie mein Zimmer mit Bedacht so gewählt und eingerichtet hat, daß ich mich unwohl fühle.

Nun gut, keine große Wohnung also. Aber von den Ausmaßen einer großen Villa, wenn man sie so in Schuß halten muß, wie es von mir erwartet wird – und obendrein noch den ganzen Haushalt führen soll! Kurz gesagt: Sie hält mich als Putzfrau, als Waschfrau, als Bügelfrau, als Haushälterin, als Mädchen für alles eben. Kompliziertere Aufgaben wie Ofenanmachen hat sie einmal erklärt, seither kann ich zusehen, wie ich klarkomme, und von nun an sieht mein Tagesablauf ungefähr so aus:

Meine Mutter verläßt das Haus um sechs. (Sie hat irgendwo zwei gebrauchte Fahrräder aufgetrieben. Mit dem einen fährt sie selbst zur Arbeit. Das andere ist für mich, weil ich sonst zu viel Zeit auf dem Schulweg vertrödele.) Ich stehe auf, sobald die Tür hinter ihr ins Schloß fällt. Ich wasche mich, ich mache ihr Bett, ich lege mein Bettzeug zusammen und wickele die Gurte drum, ich klappe das Gestell in den Schrank, ich schmiere mir ein Butterbrot und gieße mir einen Becher Milch ein und wende mich dann, sobald die kühlere Jahreszeit beginnt, dem Ofen zu. Ich trage die Asche runter, lege Holz auf, entzünde es, schütte Kohle nach und beobachte die ersten Flämmchen. Entweder er geht an, oder er geht nicht an. Zieht er schlecht, weil vielleicht Nebel auf den Kamin drückt, erstickt das Feuer und ich trage ich alles wieder ab. Zeit, lange herumzuprobieren, habe ich nicht. Mein Schulweg führt über die Bahngleise, und die muß ich hinter mich gebracht haben, bevor die Schranke runtergeht. Bin ich zu spät dran, ist die Schranke geschlossen, und ich komme auf keinen Fall rechtzeitig zur ersten Stunde. Also den Ruß abgewaschen, runter in den Keller, das Fahrrad rausgeholt und los.

Habe ich Glück, finde ich mittags etwas zu essen vor – Frau Gawlytta aus dem zweiten Stock kocht gelegentlich Eintopf für uns mit, und der reicht oft für zwei Tage. Danach Hausaufgaben machen, dann putzen. Mit dem Mopp durch die ganze Wohnung fahren, Staubwischen, Badezimmer säubern. Am späten Nachmittag kommt meine Mutter heim, bis dahin muß ich fertig sein. Habe ich Pech, wartet Bügelwäsche auf mich. Oder schmutzige Wäsche. Also runter in die Waschküche damit. Die besteht aus zwei betonierten Waschbassins und einem Kessel, wie im Baderaum des Flüchtlingslagers, und genau wie im Lager bringt man auch hier sein eigenes Brennmaterial mit, Holz oder Briketts. Im übrigen mache ich es nicht viel anders als Lotte seinerzeit: Wäsche einweichen, Wäsche rausnehmen, über einem Waschbrett mit Seife abrubbeln, dann ausspülen und aufhängen. Habe ich großes Pech, sind wir in derselben Woche mit Kellerputzen (oder Treppeputzen) dran. Sind keine Holzscheite zum Anfeuern mehr da, kann ich gleich im Keller bleiben und Holz hacken, billiges Deputatholz von der Profilia, Abfallholz oder Bretter, die noch zerkleinert werden müssen. Habe ich ganz großes Pech, ist im Lauf des Tages Kohle angeliefert worden. Die wird von der Lieferfirma nicht in den Keller getragen, weil meine Mutter gar nicht einsieht, wieso sie dafür zahlen soll, also türmt sie sich draußen auf der Straße. Da liegt dann dieser Berg loser Kohle oder Briketts, und ich kann sie mit Eimern ums halbe Haus herum die Kellertreppe runter in unseren Kohlekeller schleppen. Und auch damit muß ich fertig sein, bevor meine Mutter kommt.

Der Augenblick, vor dem ich mich wirklich fürchte, kommt aber erst noch. Zwischen vier und fünf geht die Wohnungstür auf, und meine Mutter steht da. Sie hat früh angefangen, sie macht oft Überstunden, sie ist müde und gereizt, aber die Kraft, alles zu kontrollieren, die findet sie noch. Die Kraft, durch alle Zimmer zu gehen und über jedes Möbelstück zu wischen, findet sie noch. Die Kraft, den kleinsten Fehler, die verzeihlichste Nachlässigkeit zu beanstanden, findet sie auch noch. Und die Kraft, mich dafür zu ohrfeigen, mit Fäusten zu schlagen oder mit allem, was sie gerade zu fassen kriegt, zu verprügeln, findet sie auch. Kohleschaufel, Feuerhaken, Teppichklopfer, alles ist ihr recht. Anfangs versuche ich, den Teppichklopfer zu verstecken und ihn so weit wie möglich hinter den Küchenschrank zu schieben. Es nutzt nichts; wenn sie ihn braucht, kommt sie dran. Und sie braucht ihn nur für mich. Wir haben gar keine Teppiche.

Sie verprügelt mich nicht täglich. Aber täglich und in jeder Minute, die wir gemeinsam verbringen, bin ich ihrem mißbilligenden Blick ausgesetzt. Das ist das Allerschlimmste. Denn sie mißbilligt alles. Und weil sie alles mißbilligt, verbietet sie alles.

Zum Beispiel, Freundinnen zu haben. Da gibt es ein paar Klassenkameradinnen, die manchmal, am Wochenende, bei uns klingeln, weil sie mit mir was unternehmen wollen. Meine Mutter läßt sie erst gar nicht herein. »Marlene ist nicht da!« ruft sie aus dem Fenster. Oder: »Marlene kann nicht, die hat zu tun!« Sie wünscht keinen Kontakt. Natürlich wünscht sie auch nicht, daß ich bei einer Klassenkameradin übernachte. Aber am allerwenigsten wünscht sie, daß ich ihr Kosten verursache.

Das Rote Kreuz biete einen Schwimmkurs an, heißt es eines Tages in der Schule. Ich frage sie zaghaft, ob ich teilnehmen darf. »Wir haben kein Geld«, sagt sie – und ich verlege mich schon gar nicht mehr aufs Betteln, weil ich weiß, daß es vergeblich ist. Vergeblich wäre es auch, sie zu bitten, mir Rollschuhe zu kaufen. Viele Kinder in meinem Alter haben Rollschuhe. Es müßten auch gar keine neuen sein. Ich weiß ja: Wenn die Lederhalterung für die Schuhe reißt, wickelt man einfach ein Einmachgummi drum und fährt weiter. Den einen oder anderen Rollschuhfahrer bitte ich, bei uns zu klingeln und nach mir zu fragen, in der Hoffnung, daß sie sich erweichen läßt. Das tut sie nicht. Rollschuhfahren ist mir genauso verboten wie Schlittenfahren. Die Straße gleich neben unserem Haus hat starkes Gefälle – das ist ein Spaß im Winter, wenn alle da mit ihren Schlitten heruntergeschossen kommen! Ich habe keinen Schlitten, und ich darf auch nicht bei anderen mitfahren. Für nichts habe ich »Zeit«. Sie legt mir eine Fessel nach der anderen an. Sie verbietet einfach alles. Die harmlosesten Freuden.

Fairerweise muß ich sagen, daß ihr mißbilligender Blick nicht allein mir gilt. Vor unserem Haus haben sie einen Spielplatz angelegt. Wenn meine Mutter von der Arbeit kommt, will sie ihre Ruhe haben. Unten kreischen die Kinder, das treibt sie zur Weißglut. Also reißt sie das Fenster auf und läßt ihre üblichen Schimpfkanonaden los. Sie macht sich dadurch nicht beliebter im Haus – aber wem sollte sie noch was beweisen wollen? Längst hat sie sich mit allen Nachbarn angelegt. Jeder weiß, was er von ihr zu halten hat. Frau Gawlytta bringt uns dennoch weiterhin ihren Eintopf – aus Mitleid mit mir, vermute ich.

Anfangs habe ich noch gehofft, daß mir wenigstens die Schule eine Zuflucht bieten würde, wie es in den vergangenen Jahren immer der Fall war. Aber ihr Schatten legt sich auf alles.

In den ersten Wochen fühle ich mich noch wohl, da atme ich noch auf, sobald ich in der Klasse sitze. Ich liebe meine Klassenlehrerin, Fräulein Schoppe, sie ist klein und rundlich und hat eine mütterliche Ausstrahlung. Was hast du für ein Glück, denke ich. Die Parallelklasse hat Fräulein Hein als Klassenlehrerin, und die ist alles andere als mütterlich, nämlich hager und verbiestert. Bei Fräulein Schoppe wird jedenfalls nicht geschlagen oder geschrien, und ich bin heilfroh, für vier oder fünf Stunden am Tag unter Menschen zu sein.

Der Religionslehrer ist schon ein Fall für sich. Ein Pfarrer; er benotet, ob man morgens zur Schulmesse kommt oder das Gebetbuch im Tornister hat. Das Komischste erlebe ich mit ihm gleich am zweiten

Tag. Da entdeckt er mich auf dem Schulhof, kommt auf mich zu und fragt mich: »Bist du katholisch oder evangelisch?« Während der Pause vermischen sich nämlich katholische und evangelische Schüler auf dem Schulhof. »Katholisch«, antworte ich. Da reicht er mir zwei Finger und wischt sie anschließend an seiner Soutane ab. Und das ist noch die Vorzugsbehandlung! Wenn jemand nämlich »evangelisch« sagt, dreht er sich angewidert weg.

Mit den Leibesübungen fangen dann die richtigen Probleme an. Ich kann Eimer mit Schweinefraß schleppen, aber ich kann über keinen Schwebebalken balancieren. Ich habe seit Jahren nicht mehr an einer Teppichstange gespielt, bin über keine Mauern mehr geklettert und nie mehr durch Rings Büschchen getobt. Ich bin ungelenkig geworden. Und ich esse zu wenig, an manchen Tagen höchstens ein Butterbrot. Außerdem: Zum Turnen braucht man ein schwarzes, ärmelloses Hemd mit Doppelripp und eine schwarze Turnhose. Ich besitze so etwas nicht, meiner Mutter liegt es fern, dafür Geld auszugeben. Ich schäme mich dermaßen, daß ich mich rausrede und immer wieder neue Krankheiten erfinde, die es mir unmöglich machen, am Turnunterricht teilzunehmen. Notlügen, wie ich sie laufend gebrauche, weil ich keinem die Wahrheit erzählen kann.

Moritz schon gar nicht.

Na ja, eigentlich kenne ich ihn gar nicht. Moritz gehört zu der Familie, die ich von meinem Fenster aus beobachten kann. Sie wohnt am Ende der Straße in einem dieser entzückenden, ein bißchen verwunschenen Siedlungshäuser zwischen Hecken und alten Bäumen. Bislang habe ich sieben Kinder gezählt, eins hübscher als das andere, alle mit blonden Locken. Wann immer ich aus dem Fenster gucke, spielen sie draußen, im Garten oder auf der Straße. Geradezu unerträglich glücklich wirken sie. Wie gern würde ich etwas von ihrem Glück abbekommen, einen winzigen Bruchteil nur, und mich ein wenig sonnen in dem Glanz, der diese Familie unbekümmerter Blondschöpfe umgibt! Aber sie sind für mich unerreichbar. Bis eines Morgens, auf dem Weg zur Schule, plötzlich Moritz auf seinem Fahrrad neben mir auftaucht.

Mir bricht der Schweiß aus. Ich trete in die Pedale, ich muß ihn abschütteln. Ich biege von unserer Route ab, ich muß ihn loswerden. Ich kehre um, damit er endlich aufgibt. »Nun warte doch mal!« ruft er mir hinterher. »Ich will dich doch nur was fragen!« Mir klopft das Herz bis zum Hals. Ich darf mit keinem Jungen sprechen. Wenn mich jemand mit ihm sieht ... Er gibt auf. Für diesmal. Aber er läßt nicht locker. In den nächsten Tagen versucht er es wieder, paßt mich ab, holt mich unterwegs ein – wartet sogar nach Schulschluß auf mich. Ich stelle mir vor, meine Mutter ist früher als sonst aus der Fabrik gekommen und steht zufällig am Fenster, wenn wir beide Seite an Seite in unsere Straße einbiegen ... Ein Alptraum. Sobald ich ihn entdecke, biege ich ab. Folgt er mir, stelle ich mich blind und taub. Nach der Schule halte ich mich solange versteckt, bis ich ihn davonradeln sehe. Nach einer Woche gibt Moritz auf. Mir fällt ein Stein vom Herzen.

Wo bin ich jetzt noch sicher? Wohin kann ich noch ausweichen? Sie ist überall und nirgends. Hat sie gerade einmal nichts zu befehlen oder zu verbieten, interessiere ich sie einen Dreck. Beim gemeinsamen Abendessen schaufeln wir schweigend in uns hinein, und immer häufiger geschieht es, daß sie ihr Essen mit ins Wohnzimmer nimmt, die Beine ausstreckt, mit dem Teller in der Hand da sitzt und mit halbgeschlossenen Augen ein Hörspiel im Rundfunk verfolgt. Dann hocke ich vor meinem Teller am Küchentisch allein. Was mir nachgerade das Liebste ist. Ich sehe ja schon lange keinen Grund, mit ihr zu sprechen, und ich würde mir lieber die Zunge abbeißen, als ihr zu erzählen, was ich erlebt habe. Ein einziges Wort nur braucht sie in den falschen Hals zu bekommen, schon wittert sie Unflat und Verrat und fällt über mich her.

Ich weiß nicht mehr, was das Faß bei mir zum Überlaufen bringt. Hat sie mich an diesem Abend noch erbarmungsloser verprügelt als sonst? Oder hat sie sich, als sie nach Hause kam, in ihr Zimmer zurückgezogen und ihre Geige vom Schrank geholt? (Keine Ahnung, wo diese Geige herkommt – nach unserem Umzug lag sie jedenfalls plötzlich da, auf ihrem Schrank.) Mag sein, daß sie an diesem Abend Geige gespielt hat, das kommt, seit wir in Ennigerloh wohnen, hin und wieder vor, dann spielt sie Heitschi bumbeitschi bum bum oder Der Mond ist aufgegangen, zwei, drei Lieder nur, aber mir zerreißt es jedesmal das Herz, weil sie so schön spielt und weil es mit einem Mal warm in dieser Wohnung wird und weil das Eis zu schmilzen scheint, als stände ein Frühling bevor. Doch wie auch immer, ich ertrag's nicht mehr, ich stürze in den Keller, schultere mein Rad, trage es die Kellertreppe hoch und fahre los, Richtung Neubeckum, werfe mich in die Pedale, als wäre der Teufel hinter mir her.

19

Ortsschild Neubeckum. Gustav-Moll-Straße. Klärchen Friese links. Das Eckhaus mit dem Edeka-Laden rechts. In die Kampstraße einbiegen, das Fahrrad fallenlassen, die Haustür aufdrücken, die Treppe hochrennen, ist eins. Oben laufe ich Mama Strecker in die Arme. Marianne und Irmgard und Renate kommen aus der Küche gelaufen. Ich weine los, sie müssen mich fast in die Küche tragen, ich weine, erzähle und weine. Sie sind fassungslos, sie sind sprachlos, aber, kein Zweifel, ich habe ja die Platzwunden an Stirn und Mund, ich kann die Striemen und blauen Flecken an meinem Körper zeigen. »Das muß man melden«, sagt Mama Strecker entsetzt. »Ich zeige diese Person an.« Sie decken einen fünften Teller auf, wir essen zusammen, ich beruhige mich langsam, und für ein paar selige Stunden fühle ich mich sicher. Und jeder weiß: Morgen früh wird diese Person vor der Tür stehen.

In dieser Nacht schlafe ich in der zweiten Ehebetthälfte, zwischen Mama und Renate, wie in den alten Zeiten. Das Licht geht aus, und da liegen wir, Renate und ich, sind noch wach, hören den Atem der anderen und könnten ein wenig reden. Und schweigen statt dessen. Als wären wir auf der Hut voreinander. Mich ihr jetzt anvertrauen? Unmöglich. Ich weiß ja, daß Renate jederzeit gern mit mir tauschen würde. Daß sie mich von allen am wenigsten verstehen kann. Hat sie nicht den ganzen Abend so getan, als wäre ihr diese Frau Hoffmann allenfalls flüchtig bekannt? Nein, Renate scheidet als Verbündete wohl aus. Sie schweigt ja ebenfalls. Auch sie will nicht von mir wissen, wie alles gekommen und wie so was möglich ist. Als wollte sie dieses Rätsel genauso wenig berühren wie ich, daß ein und derselbe Mensch zwei Menschen sein kann. Nicht lange, und ich schlafe vor Erschöpfung ein.

Am nächsten Morgen sitze ich mit Mama nach dem Frühstück in der Küche. Renate verabschiedet sich, sie muß zur Schule. Wir warten. Ich mache mir nichts vor – das große Eckhaus in Neubeckum ist kein sicherer Hafen mehr. Kaum eine Zuflucht. Und jetzt kommt sie herein, einfach durch den Laden und gleich die Treppe hoch. Sie hat genau gewußt, wo sie mich suchen muß. Die guten, alten Neu-

beckumer Gewitter waren harmlos im Vergleich zu dem, was jetzt über uns hereinbricht. Sie ist außer sich vor Wut. Sie keift atemlos, will nichts hören, wirft mit den gröbsten Beleidigungen um sich, greift ihre Vorwürfe wie üblich aus der Luft und droht, Mama Strecker wegen Kindesentführung anzuzeigen. Die wird derartiges noch nicht erlebt haben. Allein von den Schimpfwörtern, die meine Mutter benutzt, dürfte ihr die Hälfte unbekannt sein.
Und Mama Strecker streckt die Waffen. Sie will kein Aufsehen, keinen Ärger, will mit der Polizei und den Gerichten nichts zu tun haben, das Haus Strecker ist ein anständiges Haus und sie in diesem Fall leider machtlos. Onkel Heinz kommt hinzu – der Lärm wird die Kundschaft erschreckt haben –, schlägt sich aber durchaus nicht auf meine Seite. Gut, daß ich ihrem Liebeswerben damals widerstanden habe, denkt er vielleicht und hält sich im übrigen raus. Kurz: Nach diesem Auftritt meiner Mutter stehen die beiden stumm und verlegen in der Tür, und ich steige aufs Fahrrad.
Aus Furcht, ich könnte hinter ihrem Rücken einfach umkehren, verlangt sie von mir, vor ihr herzufahren. In Ennigerloh angekommen, schickt sie mich ohne weiteren Kommentar ins Bett. Und ohne mich vorher zu schlagen.
Und alles bleibt beim alten. Weiterhin ist alles verboten, weiterhin bin ich ihr Blitzableiter, weiterhin schlägt sie mit allem, was sie zu fassen kriegt – ich brauche nur mit einer Klassenarbeit nach Hause zu kommen, die mittelmäßig ausgefallen ist. Von nun an versuche ich, es so einzurichten, daß ich nicht zur gleichen Zeit mit ihr im selben Raum bin. Ich merke, wie sie ihrerseits auch mir aus dem Weg geht. Bin ich in der Küche, geht sie ins Wohnzimmer. Ist sie in der Küche, verziehe ich mich auf mein Zimmer. Sie erträgt meinen Anblick nicht, und mir schnürt es in ihrer Gegenwart die Kehle zu. Ich habe Angst. Pausenlos Angst.
Manchmal besiege ich diese Angst. Für eine halbe Stunde. Ich habe nämlich etwas entdeckt. Eines Tages, als ich tagsüber die Fotos von Renate auf der Vitrine im Wohnzimmer abstaube, fallen mir hinter den beiden Glastüren sechs dicke Bücher zwischen festen, braunen

Deckeln auf. Alte Bücher offenbar. »Spinnstube« steht auf jedem Einband, in einer eckigen, für mich fast unlesbaren Schrift. Kaum habe ich diese Entdeckung gemacht, lasse ich mich mit dem ersten Band in den Sessel fallen, der in den Abendstunden gewissermaßen ihren Thron darstellt, und gehe augenblicklich daran, diese Schrift zu entziffern. Es ist mühsam, aber es ist nicht unmöglich. Und es lohnt sich. Diese Bände enthalten lauter Geschichten aus alter Zeit, Geschichten über das Familienleben vor hundert Jahren und darüber, wie es im Handwerk damals zuging. Die Menschen müssen früher streng gewesen sein, aber auch gütig und gerecht. Von nun an arbeite ich mich fast täglich durch eine dieser Geschichten. An manchen Tagen lese ich mich fest, dann bleibt Arbeit liegen, was die gewohnte Strafe nach sich zieht. Aber ich kann nicht anders. Ich muß lesen. Nur wenn ich lese, vergesse ich meine Angst.

Meine Flucht liegt ein paar Wochen zurück, da wirft meine Klassenlehrerin, das geliebte Fräulein Schoppe, einen Blick in mein Hausaufgabenheft und stutzt. Mein Heft ist nämlich eigentlich voll, und den letzten Aufsatz habe ich in die Freiräume geschrieben, die zwischen den älteren Hausaufgaben geblieben sind. Kaum zwei Sätze haben in die wenigen Zeilen gepaßt, die da übrig waren, so daß sich mein Aufsatz durch das halbe Heft zieht, immer wieder durch die Texte früherer Hausaufgaben unterbrochen. Fräulein Schoppe ist dermaßen konsterniert, daß sie mich nach dem Unterricht zu sich nach Hause einlädt, und da kann ich mich nicht mehr beherrschen, da bricht es aus mir heraus. Ich erzähle ihr, daß mich meine Mutter dazu gezwungen hat, daß sie mir kein neues Heft kaufen wird, bis nicht jede Zeile des alten beschrieben ist, daß ich tagtäglich solchen Demütigungen ausgesetzt bin und daß sie mich beim geringsten Anlaß grün und blau schlägt. Dann zeige ich ihr die Schwellungen und Striemen an meinem Körper. Fräulein Schoppe ist entsetzt, und im Gegensatz zu Mama Strecker schreitet sie zur Tat. »Ich melde das, was ich hier sehe«, sagt sie zu mir. »Aber sag zu Hause nichts davon.« Und wenige Tage später wird meine Mutter tatsächlich aufs Jugendamt zitiert. Mich soll sie mitbringen.

Wir geraten an Fräulein Mönningmann, die wie eine strenge Matrone aussieht. »Ihnen wird vorgeworfen, Frau Hoffmann, daß Sie Ihr Kind schlagen«, wendet sie sich in amtlichem Ton an meine Mutter. »Was haben Sie dazu zu sagen?« Und meine Mutter legt los. »Fräulein Mönningmann«, sagt sie, und es klingt wie ein Hilfeschrei aus tiefster Not, »was soll ich denn machen? Es ist nun mal nicht ein Kind wie das andere! Das eine Kind braucht weniger Schläge, das andere mehr. Sehen Sie, ich muß den ganzen Tag arbeiten, und dann macht mir dieses Kind noch Kummer und Sorgen. Das ist nun mal schwer erziehbar. Ich bin doch sonst machtlos dagegen. Und eins hinter die Löffel hat noch keinem Kind geschadet.« O, meine Mutter ist glänzend. Sie versteht die Welt nicht mehr, könnte in ihrem Glauben an die Gerechtigkeit manchmal schwankend werden und erwartet jetzt von Fräulein Mönningmann, daß sie ihr diesen Glauben zurückgibt. Was Fräulein Mönningmann auch tut. »Ja«, meint sie und nickt, »da haben Sie recht. Ein Klaps auf den Hinterkopf hat noch keinem geschadet.« Und erhebt sich hinter ihrem Schreibtisch. Für sie ist der Fall erledigt.

Ich sitze währenddessen verschüchtert dabei, ich bringe kein Wort heraus. Wie soll mich Fräulein Mönningmann da nicht für verstockt und uneinsichtig und rebellisch halten? Ich würde mich ja selbst nicht mehr als ganz normal bezeichnen. Und dann das Argument: »Dieses Kind ist mir doch weggelaufen!« Nein, für Fräulein Mönningmann ist die Sache klar. Da braucht man nicht mehr zu fragen: Warum? Warum läuft dieses Kind denn weg?

Ich bin ja wirklich verstockt. Und werde immer verstockter. Ich will einfach nicht mehr. Ich rede einfach nicht mehr mit ihr. Ich rede überhaupt nicht mehr. Wozu reden? Wenn ich einen hätte, mit dem ich reden könnte – aber ich habe keinen. Wenn ich einen hätte, dem ich vertrauen könnte – aber ich habe keinen. Streckers sind machtlos, und im Jugendamt sitzt Fräulein Mönningmann. Außerdem haben wir kein Telefon. Spricht sie mich jetzt an, entgegne ich nichts mehr. Fragt sie mich jetzt etwas, überhöre ich ihre Frage. »Machs Maul auf!« brüllt sie – sie kann unglaublich ordinär werden. Aber aus mir kriegt sie nichts heraus. Mein Schweigen bringt sie zur Weißglut. Und eines Sonntags gehe ich noch einen Schritt weiter und bleibe einfach liegen.

Ich stehe nicht auf. Ich liege auf meinem komischen Schrankbett in meiner Rumpelkammer, die Decke hochgezogen, und stelle mich schlafend. Sie ruft mich aus der Küche, und ich erstarre. Sie kommt schimpfend in mein Zimmer, und ich versteinere. Sie nimmt einen Wecker, läßt ihn rasseln, hält ihn direkt an mein Ohr, und ich stelle mich tot. Ich zucke nicht mit der Wimper. Ich habe nur einen Gedanken: Marlene, du stehst nicht auf. Du quittierst ab sofort den Dienst. Der Kohlekeller, die Waschküche, das Bügelbrett, die können lange warten. Inzwischen hat meine Mutter die Nachbarin geholt, die gute Frau Gawlytta, die uns den Eintopf bringt. »Ich kriege dieses Kind nicht wach«, lamentiert meine Mutter. »Die ist doch nicht normal. Mit der scheint was im Kopf nicht zu stimmen.« Frau Gawlytta fragt, ob sie mich auf den Kopf geschlagen hat. Tatsächlich, das fragt sie. »Wo denken Sie hin?« protestiert meine Mutter.

Na ja, bis Mittag halte ich durch, dann treibt mich der stechende Schmerz in meiner Blase aus dem Bett. Kaum hat sie mich auf dem Flur entdeckt, tobt sie los. »Du bist nicht mehr ganz dicht! Du hast einen Knall!« In dem Stil, stundenlang. Und das Ende vom Lied ist, daß dieser Tag genau wie jeder andere verläuft, nur daß ich schneller arbeite und später fertig werde.

Jetzt redet sie nicht mehr mit mir. Und ein paar Tage später stößt sie mich durch die Wohnungstür, schiebt mich vor sich her die Treppe runter, bugsiert mich auf den Rücksitz eines Autos, das vor dem Haus auf uns gewartet hat, steigt selber ein, und los geht's. Kein Wort der Erklärung. Die ganze Fahrt über Schweigen, und diese Fahrt dauert lang. Der Fahrer könnte ein Arbeitskollege von ihr sein, vermute ich, vielleicht hat sie ihn gewarnt vor mir. In einer Stadt, die ich nicht kenne, halten wir vor einem größeren Gebäude an, einem Flachbau aus neuerer Zeit. Davor steht ein Schild. »Jugendpsychiatrie«, lese ich. Das Wort sagt mir nichts.

Meine Mutter begleitet mich hinein, übergibt mich einem Menschen mit weißem Kittel, macht kehrt und fährt davon. Ich bekomme ein Zimmer für mich, mit einem weißen Bett und weißen, kahlen Wänden. Ich sitze auf dem Bett und schaue aus dem Fenster. In einer parkähnlichen Landschaft zwischen anderen Gebäuden beobachte ich Menschen, die mir seltsam vorkommen. Sie fahren mit Wägelchen voller Wäsche über die Wege oder gehen spazieren und grinsen ständig oder lachen plötzlich oder verziehen die Gesichter. Das Fenster in meinem Raum hat keinen Griff, und die Tür hat keine Klinke.

Nach einer Weile werde ich in ein Behandlungszimmer geführt. Ein Arzt erwartet mich dort. Ich soll einen Baum malen. Das mache ich. Ich soll ihm sagen, welche Figuren ich in verschiedenen Klecksbildern erkenne. Das mache ich. Ich soll über einen Strich auf dem Fußboden laufen. Das mache ich. Dann fordert er mich auf, zu erzählen, ihm zu erklären, was mit mir los ist. Das kann ich nicht. Und so blöd bin ich nicht. Wenn sie von einer Vierzehnjährigen Dinge verlangen, die von Sechsjährigen beim Schuleignungstest erwartet werden, dann wollen sie wissen, ob ich bekloppt bin. Und wenn ich jetzt sage: Ich bin vertauscht worden, und meine Mutter haßt mich, weil sie ihr falsches Kind abgeben mußte, dann halten sie mich für bekloppt. Also sage ich nur: »Ich möchte hier raus. Aber nicht nach Ennigerloh. Nach Neubeckum.« Das klingt etwas weniger bekloppt. Dann sitze ich wieder allein in meinem Zimmer und schaue aus dem Fenster. Und draußen auf dem Flur höre ich den Arzt sagen: »Verstehen Sie das? Was soll dieses Kind hier bei uns?« Es folgt keine weitere Untersuchung, und am nächsten Tag, es muß gegen drei oder halb vier sein, geht die Tür zu meinem Zimmer auf. Eine junge Frau kommt herein und stellt sich als »Fräulein Bendler vom Jugendamt Beckum« vor. Sie ist eine aufgeräumte, muntere Person, sie nimmt mich bei der Hand und führt mich durch die Gänge, am Empfang vorbei, hinaus zu ihrem Wagen. Und erzählt mir unterwegs, daß eine Frau Strecker aus Neubeckum sie um ihre Hilfe gebeten hat. Und schlagartig hat das Leben wieder einen Sinn. So plötzlich kann die Sonne durch die dunkelsten Wolken brechen, so schnell kann Furcht in Freude umschlagen! Mir fallen die Wunder in der Bibel ein, die mich von allen biblischen Geschichten immer am meisten beeindruckt haben. Wie Jesus auf der Hochzeit zu Kanaa Wasser in Wein verwandelt oder fünftausend Menschen in der Wüste mit ein paar Fischen und Broten speist. Oft habe ich mich in den Religionsstunden gefragt, wie das möglich sein kann, habe versucht, mir vorzustellen, wie sich die Brote und Fische vermehren, während immer mehr Menschen davon essen. Ich schaffe das nie, aber ich weiß, es ist es wahrhaftig passiert. So wahrhaftig, wie Mama jetzt dafür sorgt, daß sie mich nicht dort behalten, in diesem Zimmer ohne Fenstergriffe und Türklinken.

Nur daß dieses Fräulein Bendler mich nicht in Neubeckum absetzt, sondern in Ennigerloh. Das heißt, sie setzt mich gar nicht ab. Sie klingelt bei meiner Mutter und kommt mit hoch. Und schließt sich mit meiner Mutter im Wohnzimmer ein und führt mit ihr ein langes, sehr langes Gespräch. Ich sitze derweil in meinem Zimmer nebenan, lausche angestrengt, verstehe aber kein Wort. Und als sie schließlich geht, geschieht ein zweites Wunder: Meine Mutter schimpft nicht, brüllt nicht, schlägt nicht, sie ist nicht mal unfreundlich oder gereizt, sondern einfach nur ziemlich still. Und kocht mir am nächsten Morgen ein Frühstücksei. Es sieht ganz so aus, als hätte dieses Fräulein Bendler meine Mutter ordentlich ins Gebet genommen.

Offen gesagt – ich hätte nie gedacht, daß Reden bei ihr hilft. Daß sie in meinem Fall überhaupt etwas anderes als die Brechstange kennt. Oder hat Fräulein Bendler ihr gedroht? Mag ja sein, daß meine Mutter lediglich für eine Weile eingeschüchtert ist. Aber in dieser Weile ereignet sich ein drittes Wunder. Das größte von allen. Folgendes passiert.

Ennigerloh ist eigentlich ein nichtssagendes Bauernnest, das durch zwei Industriebetriebe zu einigem Wohlstand gelangt ist. Gleich am Ortsrand liegen die ersten Gehöfte. Es gibt aber doch ein paar bezaubernde Ecken hier, zum Beispiel die Villa unseres Hausarztes

Dr. Barth, die in der Nähe des Freibads inmitten eines traumhaften Gartens liegt. Mein Paradiesgarten in Neubeckum ist ein Acker dagegen. Diese Barths sind in ganz Ennigerloh berühmt, ihre Familie besteht nämlich aus sage und schreibe dreizehn Personen – dem Arztehepaar selbst, einer Großmutter und zehn Kindern. Frau Barth gilt allgemein als Überzeugungstäterin. Sie ist eine Industriellentochter, sehr betucht, wahnsinnig fromm, ebenfalls Ärztin und dazu berufen, aller Welt vorzuführen, daß man spielend zehn Kinder großziehen kann. Kunststück, bei dem Reichtum. Früher, als meine Mutter mich noch sonntags in die Messe gehen ließ, habe ich jedes Mal das Schauspiel genossen, wie die Familie Barth in Klassenstärke in die Kirche einfiel. Jedenfalls, sie haben sich in den Kopf gesetzt, in punkto Kindersegen als leuchtendes Beispiel voranzugehen, und das kommt mir jetzt zugute.

Aus irgendeinem Grund versteht sich nämlich Dr. Barth mit meiner Mutter prächtig. Meine Mutter wiederum hält auf keinen Menschen größere Stücke als auf Dr. Barth; man darf ihn als ihren Vertrauten bezeichnen. Und kurz nach meinem Abstecher in die Jugendpsychiatrie schlägt sie mir vor, in Zukunft gleich nach der Schule zu ihm zu gehen und auf die kleineren seiner zehn Kinder aufzupassen. Täglich. Oder fast täglich. Ich traue meinen Ohren nicht. Aber sie meint es ernst.

Wenn ich bedenke, daß ich mein Glück letztendlich Mama Strecker verdanke, die dieses großartige Fräulein Bendler ins Spiel gebracht hat … Gut, gegen Ende des Schuljahrs fange ich bei Barths an, erledige meine Hausaufgaben in der Villa und widme mich dann meinen Pflichten, die aus nichts anderem bestehen, als die Jüngsten zu unterhalten, sie zum Spielplatz zu begleiten oder einen Kinderwagen durch Ennigerloh zu schieben. Dann brechen die Sommerferien an, und mein Glück ist vollkommen. Den ganzen Tag in diesem Garten, bei herrlichstem Wetter! Endlich wieder Familienleben, von morgens bis abends! Und obendrein die Erfahrung, daß man mit Kindern auch anders umgehen kann! Ein Traum. Daß ich trotz allem nicht zur Familie gehöre, machen sie mir gleich am ersten Tag

klar. Familie Barth ißt mittags nämlich im Wohnzimmer, an einer riesigen Tafel. Ich bekommen mein Essen, wie die Hausangestellte, in der Küche. Da machen sie feine Unterschiede. Aber alles in allem ist es phantastisch. Gut, bei meiner Mutter wartet dann immer noch Arbeit auf mich. Aber so ist das Leben doch erträglich.
Und dann taucht Michael auf. Eines schönen Tages ziehen nämlich Gäste in die Villa ein (groß genug ist sie), genauer gesagt, der Bruder von Dr. Barth mit seinen beiden Söhnen. Den älteren bekomme ich selten zu Gesicht, den jüngeren dafür um so häufiger. Er ist sechzehn, fast einen Kopf größer als ich, sieht ziemlich gut aus, hat braune Locken und dunkle Augen und heißt Michael. Wie sich herausstellt, lebt er in Neumünster, und wenn er nicht gerade im Freibad ist (es ist unglaublich heiß in diesem Sommer 1959), taucht er früher oder später im Garten auf und unterstützt mich bei der Arbeit. Das heißt, wir lassen uns Spiele einfallen, Kinderspiele, und plaudern, was meist darauf hinausläuft, daß Michael mir von Neumünster erzählt und seiner Schule und seinen Lieblingssportarten. Und dabei stelle ich fest, daß ich fast vierzehn bin und doch nicht ganz so schüchtern und verstockt, wie ich gedacht habe.
Leider fährt er nach einer Woche wieder zurück. Und jetzt finde ich das Leben nicht mehr ganz so erträglich. Er hat mich nämlich nach meiner Adresse gefragt, und ich erwarte täglich einen Brief. Genaugenommen stündlich. Mein Zustand ist prekär. Wenn meine Mutter jetzt behaupten würde, ich sei nicht mehr ganz dicht, ich müßte ihr wohl recht geben. Nach zwei Wochen etwa – meine Mutter ist bei der Arbeit – schiebe ich meine Hand wie üblich durch den Briefkastenschlitz, ertaste einen Brief, fische ihn heraus und traue meinen Augen nicht: Er ist an mich adressiert! Marlene Hoffmann steht da! Ich renne hoch, nehme zwei Stufen auf einmal, knalle die Tür hinter mir zu, verziehe mich in mein Zimmer, reiße das Kuvert auf und lese. Wann habe ich je einen Brief bekommen? Noch nie! Mein erster, mein allererster Brief! Lang ist er allerdings nicht. Egal! Und daß er besonders persönlich wäre, kann man auch nicht gerade sagen. Was soll's! Es ist seine Handschrift! Diese blaue Tinte ist für mich ge-

flossen! Er erinnert sich an mich! Und dann lese ich: »Du hast schöne Augen.« Ein Freudenschauer rieselt mir über den Rücken, ich laufe zum Spiegel. Und weiter: »Schreibst du mir mal?« Ja, natürlich. Selbstverständlich. Gleich morgen. Nichts lieber als das. Bloß – wohin jetzt mit diesem Brief?
Vernichten kommt nicht in Frage, obwohl es das Sicherste wäre. Aber etwas derartig Schönes vernichtet man nicht. Also probiere ich zahllose Verstecke aus und verwerfe sie wieder – keins davon ist sicher. Ja, wenn ich ein Geheimfach hätte ... Aber ich habe kein Geheimfach. In der ganzen Wohnung gibt es überhaupt keinen Bereich, keinen Winkel, keinen Schuhkarton, der vor ihr sicher wäre. Im Schrank verfüge ich zwar über eine Schublade, in der mein Rosenkranz liegt, mein Kreuzchen und die gehäkelten Spitzentaschentücher, die ich zur Kommunion bekommen habe, um das Gebetbuch ordentlich anfassen zu können, aber ich muß damit rechnen, daß sie dort als erstes sucht, sollte sie den geringsten Verdacht schöpfen. Nein, es gibt hier keinen Ort, an dem man einen Liebesbrief verstecken könnte. Nach endlosen, quälenden Erwägungen landet er schließlich oben auf dem Küchenschrank, unter einer alten Dose, die noch nie bewegt worden ist. Ich atme auf. Wie soll sie ihn da finden?
Zwei Tage später kommt meine Mutter von der Arbeit zurück und fragt: »Wo ist der Brief?« Mich trifft der Schlag. »Welcher Brief?« sage ich. Keine Ahnung, wirklich keine blasse Ahnung, wie sie dahinter gekommen ist. Am nächsten Morgen paßt sie den Postboten ab. »Wo ist der Brief?« fragt sie mich, als ich aus der Schule heimkomme. »Welcher Brief?« sage ich. »Wir haben keinen Brief bekommen.« »Doch«, sagt sie. »Ich habe den Postboten gefragt. Wir haben einen Brief bekommen. Er erinnert sich.« Ich streite ab. Sie bohrt nach. Sie weiß, daß ich lüge. Ich bleibe stur. Warum verprügelt sie mich nicht? Fräulein Bendler muß ihr ausdrücklich verboten haben, mich zu schlagen. Weshalb hält sie sich daran? Hat sie Angst? Vor was? Wie dem auch sei, sie schlägt mich nicht. Sie befiehlt mir stattdessen nach dem Abendbrot, mich in die Diele zu stellen und mich nicht anzulehnen, nicht zu bewegen, nicht von der Stelle zu rühren.

Da stehe ich, und die Zeit vergeht. »Wo ist der Brief?« kommt ihre Stimme von Zeit zu Zeit aus dem Wohnzimmer. »Welcher Brief?« entgegne ich aus der Diele. »Wo ist der Brief?« tönt es später von Zeit zu Zeit aus ihrem Schlafzimmer. »Welcher Brief?« entgegne ich aus der Diele. Es wird halb elf, meine Glieder sind schwer wie Blei, ich kann nicht mehr, ich bin todmüde. »Mutter, ich falle gleich um!« rufe ich aus der Diele. »Komm nicht vom Thema ab!« höhnt es aus ihrem Bett. »Wo ist der Brief?« Ich antworte nicht mehr, ich habe genug damit zu tun, mich auf den Beinen zu halten. Schließlich erteilt sie den erlösenden Befehl: »Geh schlafen!«

Und am nächsten Morgen macht sie sich an die Suche. War ich so blöd, mich mit einem ängstlichen Blick in Richtung Dose selber zu verraten? Ich weiß es nicht. Auf jeden Fall nimmt sie sich einen Stuhl, greift zielsicher nach der Dose und hält meinen Brief in der Hand. Liest ihn (ich zittere vor Angst) und brüllt los – »Wieso versteckst du den? Da muß doch mehr hinterstecken!« –, kann sich gleich denken, daß hier Unzucht im Spiel ist, daß ich mich eingelassen habe mit diesem Michael, daß er versaut ist und ich noch verdorbener bin, als sie geahnt hat, und kriegt sich nicht mehr ein. Ich stehe da, sage nichts und weiß, es ist aus. Mit Michael und mit der Villa. Und da ihr Triumph nicht vollkommen ist, bevor sie mich nicht öffentlich bloßgestellt hat, schwingt sie sich anderntags aufs Fahrrad, stürmt die Villa, dringt ins Sprechzimmer ein, wedelt mit dem Brief vor dem Gesicht des entgeisterten Dr. Barth, zitiert die anstößigsten Passagen (»schöne Augen«, »schreib mir mal«) und beschimpft erst mich als verdorbenes, verlogenes Luder, dann ihn und seine ganze verkommene Sippschaft.

»Warum hast du den Brief denn versteckt?« fragt mich Dr. Barth betreten, nachdem sie abgezogen ist. »Du hättest ihr diesen Brief doch ruhig zeigen können, der ist doch ganz harmlos ... Also, das war dumm von dir.«

Ich ging noch ein paar mal zu den Barths, dann und wann, bis der Herbst kam und ich mich um den Ofen kümmern mußte. Michael schrieb ich nicht, und von ihm kam auch kein Brief mehr.

20

Es ist zum Verzweifeln. Ihr einziger Daseinszweck scheint zu sein, mir das Leben zu verleiden. Als hätte sie eine lebenslange Rechnung mit mir offen. Und Hilfe habe ich nicht zu erwarten. Natürlich bekommen unsere Nachbarn das eine oder andere mit – sie schreit ja laut genug. Außerdem haben alle im Haus schon die Erfahrung gemacht, daß jeder, der sich mit ihr anlegt, den kürzeren zieht. Und sicherlich bedauern mich hier auch viele. Aber sie halten sich raus. Hinter jeder der zwölf Türen dieses Hauses beginnt ein anderes Reich. Und von dem, was jenseits der eigenen Wohnungstür vorgeht, will keiner sich stören lassen. Bescheid wissen sie schon, es fehlt ihnen nur das nötige Quentchen Courage. (Jahre später, wenn ich sie dort besuche, fällt im Treppenhaus schon mal die Bemerkung: »Ach, Sie kommen trotzdem? Ja, Sie haben recht, man kann auch vergessen, nicht wahr?«)

Am ehesten ist es noch in den Ferien auszuhalten, wenn wir uns mit den Fahrrädern auf den Weg machen und eine gute Stunde lang in Richtung Lippborg fahren, zu Bauer Luthmann, bei dem wir damals gewohnt haben. Dem mit den Pferden. Es ist Erntezeit, Kornernte oder Kartoffellese, und meine Mutter verdingt sich dann wieder für ein paar Tage oder Wochen. Wir leben auf dem Hof, haben Vollpension, meine Mutter arbeitet die Ferien durch, und ich hüte wie früher die Kinder, füttere mal die Tiere, mache Besorgungen. Dies ist die einzige Zeit des Jahres, in der ich etwas Genießbares zu Essen bekomme.

Trotzdem sehe ich diesen Ausflügen aufs Land mit gemischten Gefühlen entgegen. Denn jedesmal führt unser Weg uns durch Neubeckum, quer durch die ganze Stadt, und auf dem Hinweg wie dem Rückweg komme ich durch die altbekannten Straßen, fahre an den Geschäften vorbei, zu denen mich Mama und Oma Anna als Kind geschickt haben, und lese die vertrauten Namen, mit denen sich für mich Gesichter und Geschichten verbinden. An der Hauptstraße betreibt Regine Westermann, einst Mamas beste Freundin, immer noch ihr Pelzgeschäft – sie war unsterblich in Onkel Heinz verliebt, aber chancenlos, da schwarzhaarig. Am Marktplatz verkaufen Berlins immer noch das beste Eis der Stadt. Und jenseits der Unterführung gibt es immer noch das Pianohaus Micke, dessen Besitzer jährlich vorbeikam, um unser Klavier im besten Zimmer zu stimmen. Und auf dem Hinweg wie dem Rückweg habe ich dann Tränen in den Augen.

Jedesmal habe ich die Hoffnung, daß diese Tage auf dem Land meine Mutter besänftigt haben könnten, und jedesmal wird diese Hoffnung enttäuscht. Der nächste große Zusammenstoß bahnt sich an, als die gute Frau Gawlytta in die Verlegenheit gerät, für eine Weile den Treppendienst nicht verrichten zu können – erstens, weil sie sich an der Hand verletzt hat, und zweitens, weil sie verreisen muß. Ein gravierendes Problem, denn einfach mal die Treppe nicht putzen, das ist schlechterdings undenkbar. Das gäbe einen Ärger im Haus ... Wie gesagt: undenkbar. Nun gut, eine Hand wäscht die andere, und als sie mich fragt, ob ich den Treppendienst für sie übernehmen würde, drei oder vier Wochen lang, bin ich gleich einverstanden. Sie reist also ab, und ich putze ihr die Treppe. So weit, so gut.

Als sie wiederkommt, beläßt sie es nicht bei einem Dankeschön und einem warmen Händedruck, sondern schenkt mir sage und schreibe fünf Mark. Fünf Mark – das ist ein kleines Vermögen! Ich könnte sie küssen. In meinem Glückstaumel laufe ich schnurstracks rüber zu Günnewig (SPAR-Laden, da gibt es praktisch alles) und kaufe Schulsachen, alles mögliche, wofür meine Mutter nie im Leben Geld ausgeben würde. Mein Lineal hat seit langem einen Riß, also kaufe ich ein Lineal. Mein Radiergummi ist auf einen schwärzlichen Krümel zusammengeschrumpft, also kaufe ich einen Radiergummi. Dann noch ein paar Dinge, die ich mir sonst von meiner Banknachbarin ausleihen muß, dazu ein halbes Dutzend Hefte, und schließlich, weil drei Groschen übrigbleiben, eine Stange Karamelbonbons. Die gibt's im Fünferpack, die stellen eine unbeschreibliche Delikatesse dar. So, alles in eine Tüte gepackt, fertig. Was für ein Glücksgefühl!

Zu Hause setze ich mich hin, beschrifte die Etiketten der Hefte – Name, Klasse, Fach –, verstaue meine Schätze im Tornister, lasse mich in den Stuhl zurückfallen und genieße die Schöneit des Augenblicks. Abends dreht sich der Schlüssel im Schloß, sie kommt herein – und beginnt augenblicklich mit dem Verhör. Daß Frau Gawlytta zurück ist, weiß sie bereits. Ob ich die Treppe in ihrer Abwesenheit geputzt hätte? Und ob ich Geld dafür bekommen hätte? Und wieviel ich dafür bekommen hätte? Und wo das Geld sei? Als ich sage, ich habe Schulsachen dafür gekauft, rastet sie aus.

Sie verwandelt sich in eine Furie. Sie brüllt, tobt, schreit, hämmert mit Fäusten auf mich ein. Und verlangt, daß ich alles zu Günnewig zurücktrage und mir das Geld aushändigen lasse. »Ich habe meinen Namen schon auf die Hefte geschrieben«, wage ich einzuwenden. Das ist ihr völlig egal. Sie meint es ernst. Sie will das Geld. Auf der Stelle. »Bring alles zu Günnewig zurück!« schreit sie.

Es hilft kein Bitten und kein Weinen, ich muß tatsächlich alles aus meinem Tornister wieder herausholen und zurücktragen. Unten auf der Straße möchte ich vor Scham und Wut im Boden versinken. Wie soll ich Herrn Günnewig das erklären? Und was wird der denken? Für verrückt erklären werden sie mich, alle, die gleich dabeistehen und meine Geschichte mitbekommen werden, für unzurechnungsfähig werden sie uns halten, mich genauso wie meine von allen guten Geistern verlassene Mutter. Aber es nützt nichts, ohne das Geld darf ich nicht heimkommen. Also überwinde ich mich, stoße mit letzter Kraft die Ladentür auf und schildere stockend Herrn Günnewig die Situation. Der ist ein alter Hase, ein gestandener Geschäftsmann, aber jetzt verliert er die Fassung, jetzt starrt er mich an und stammelt: »Wo gibt's denn so was? Das habe ich ja noch nie erlebt! Ja, spinnt die denn?« Ich schluchze, ich kann's ihm auch nicht erklären. »Na, zeig mal her«, sagt er. »Also, die Hefte sind beschriftet, die kann ich nicht zurücknehmen. Aber den Rest ...« Kopfschüttelnd nimmt er ihn an sich, diesen Rest, die Stifte, den Radiergummi, das Lineal, wortlos rechnet er die Differenz aus und händigt mir, weiterhin kopfschüttelnd, schließlich das Geld aus. Und weil er ein guter Mensch ist und Mitleid mit mir hat, schenkt er mir zum Abschied eine Praline. Keine gewöhnliche. Eine in Goldpapier.

Und draußen auf der Straße schmeiße ich sie weg. Aus Angst. Weil mir das Risiko zu groß ist. Weil sie den Geruch dieser Praline an mir bemerken könnte und dann glauben würde, ich hätte sie um ein paar Groschen betrogen. Und bemerken würde sie ihn garantiert. Aus Angst vor meiner Mutter werfe ich eine in Goldpapier eingewickelte Praline weg! Und ich bin doch vom Fach ... Ich weiß ja, um welche Kostbarkeit es sich da handelt. Und die schmeiße ich weg ... Später schäme ich mich doppelt. Denn diese Geschichte macht in Ennigerloh die Runde. Es sind ja Leute im Laden gewesen, die alles mitbekommen haben. Und so aufgebracht, wie er war, wird Herr Günnewig noch tagelang seinen Kunden erzählt haben, was sich diese Frau Hoffmann geleistet hat. Mit anderen Worten, ganz Ennigerloh ist von dem Vorfall unterrichtet. Aber meine Mutter ficht das nicht an. Meiner Mutter ist völlig egal, wie die Leute über sie reden. Meine Mutter kennt auf der ganzen Welt nur sich und ihre Wut.
Richtig – und Renate. Ihr Schnuckelchen.
Letztes Jahr hatte sie uns besucht, hatte sogar bei uns übernachtet, und meine Mutter war wie ausgewechselt. Einmal gingen wir ins Dorf, da zeigte sie sich dann stolz mit ihren beiden Töchtern, war regelrecht huldvoll aufgelegt und schaute mit uns sogar in einem dieser Dorfläden herein, in denen man mehr oder weniger alles kaufen kann, Filme, Geschenkartikel, Schulbedarf, und wandte sich an Renate und fragte sie: »Brauchst du was? Möchtest du was haben?« Fragte Renate! – die daheim nur den Mund aufzumachen braucht, und jeder Wunsch geht in Erfüllung. »Ich könnte einen Zirkel brauchen«, antwortete die nach einigem Nachdenken und bekam prompt den feinsten Zirkel geschenkt, den sie auf Lager hatten, in einem Kästchen, das mit rotem Samt ausgeschlagen war. Natürlich besaß sie längst einen Zirkel. Jetzt hatte sie zwei. Brauche ich zu erwähnen, daß ich ohne Zirkel auskommen muß?
Als ich am Abend nach meiner Rückkehr von Günnewig vor unserer Haustür stehe, überlege ich es mir im letzten Moment anders. Ich stürze in den Keller, hole mein Rad raus und fahre los. Es ist bereits dunkel, aber das stört mich nicht. Mich würde nicht mal ein

Schneesturm davon abhalten können, die Flucht zu ergreifen. Solange sie mich zu Hause schlägt, hinter verschlossener Tür, bleibt mir wenigstens die Schande erspart. Aber diesmal hat sie mich nicht nur verprügelt und beschimpft, diesmal hat sie mich öffentlich gedemütigt – ich komme ja täglich auf meinem Schulweg bei Günnewig vorbei, und alle paar Tage muß ich dort einkaufen. Das ist zuviel. Wehren kann ich mich nicht. Aber fliehen.

Bei Streckers angekommen, gebe ich meine neusten Erlebnisse mit Frau Hoffmann zum Besten. Sie trauen ihren Ohren nicht. Mama bricht in Tränen aus, diesmal ist sie wirklich verzweifelt. Aber ihre Verzweiflung, das merke ich bald, rührt nicht allein aus ihrem Mitleid mit mir – mehr noch scheint sie sich vor meiner Mutter zu fürchten. »Das wird Theater geben«, jammert sie. »Ich komme gegen diese Person nicht an. Wer weiß, was sie sich diesmal einfallen läßt ...« Die nackte Angst. In ihrer Not macht sie den Vorschlag, die Eltern meiner alten Freundin Margret zu fragen. Möglich, daß die sich erbarmen und mich für eine Nacht nehmen.

Nun gut, Margrets Mutter überlegt nicht lange, sie läßt mich ein, sie nimmt mich auf, sie ahnt ja nicht, was ihr blüht. Zwölf Stunden später ist sie klüger. Meine Mutter kennt Margret von früher, erinnert sich auch noch, wo sie wohnt, und nachdem Mama nur die Achseln gezuckt hat, knüpft sie sich einfach den nächsten Kandidaten vor. Ich will's kurz machen. Sie schreit dermaßen, daß auf allen Etagen die Türen aufgehen und selbst in der Nachbarschaft Leute an die Fenster kommen. Sie sieht furchterregend aus mit ihrem hochroten Kopf, dem wirren, schwarzen Haar, dem wutverzerrten Gesicht – fast wie ein Wesen, das irgendein qualmender Abgrund ausgespuckt hat. Was bleibt Margrets Mutter übrig, als mich zurückzugeben? Meine Mutter würde die Polizei holen, sie würde wer weiß was erfinden, nur um mich wieder in ihre Gewalt zu bringen. Sie braucht mich ja. Einen anderen Sündenbock hat sie nicht. Und jetzt will auch Margrets Mutter nur noch eins: mit dieser Frau Hoffmann nichts mehr zu tun haben müssen. Mit anderen Worten, meiner Rückkehr nach Ennigerloh steht nichts mehr im Wege.

Und dieses Leben geht weiter, nichts ändert sich. Solange sie da ist, gehe ich in Deckung vor ihr, sobald sie weg ist, atme ich ein wenig auf. In diesem Rhythmus vergehen die Tage; auf jeden Tag folgt ein neuer, der geht vorbei, und wieder bricht ein Tag an, und der geht auch vorbei. Kaum habe ich das Gefühl, zu leben, und immer häufiger frage ich mich, worauf ich jetzt noch hoffen kann. Den Menschen, der ihr ins Gewissen reden könnte, den gibt es nicht. Der Bann, unter dem sie nach dem Gespräch mit Fräulein Bendler gestanden hat, ist längst verflogen. Fräulein Mönningmann ist ein Reinfall. Freunde hat sie keine. Und gegen Pfarrer ist sie regelrecht allergisch. Alles Heuchler, wie sie glaubt. Anfangs hat sie noch darüber hinweggeschaut, daß ich sonntags in die Messe ging. Aber nach wenigen Monaten in Ennigerloh fand sie, daß die Messe von meiner Arbeitszeit abgeht, und verbot mir den Kirchgang mit den Worten: »Erst komme ich, dann kommen die Pfaffen.« Sie läßt nichts und niemanden gelten. Ich gebe es auf, bei ihr auf Besinnung oder Besserung zu hoffen.

Und trotzdem gibt es Grund zur Zuversicht. In wenigen Monaten nämlich, zu Ostern 1960, endet meine Schulzeit, und bald darauf werde ich fünfzehn. Was dann? Ich muß mich nach einer Lehre umsehen. Nicht unwahrscheinlich, daß ich dann den Wohnort wechsele, nicht unmöglich also, daß sie mir bald den Buckel runterrutschen kann. Ich weiß auch schon, was ich werden möchte: Kinderkrankenschwester. Kindern helfen, Kindern die Angst nehmen, für Kinder sorgen – das würde mir gefallen. Es wird Zeit, mit meiner Mutter über meinen künftigen Werdegang zu reden.

Eines Abends fasse ich mir ein Herz. Und siehe da – sie hat nichts dagegen! »Kinderkrankenschwester?« sagt sie. »Warum nicht?« Mir fällt ein Stein vom Herzen. Sie hätte ja auch sagen können: Schlag dir das aus dem Kopf. Bilde dir nichts ein. Am Tag nach deiner Entlassung kommst du mit mir in die Fabrik, Geld verdienen. Aber nichts da! Sie sitzt mir am Küchentisch gegenüber und ist einverstanden!

Wir finden heraus, daß es im sauerländischen Meschede eine Schwesternschule gibt (schön weit weg). Wir finden aber auch heraus, daß sie dort keine Bewerberin unter achtzehn Jahren annehmen. Und daß sie obendrein eine abgeschlossene Hauswirtschaftslehre verlangen. Was keine Tragödie ist. Die nächste Gelegenheit, Hauswirtschaft zu erlernen, bietet sich nämlich in Münster, und Münster ist auch ziemlich weit weg. Jedenfalls weit genug, um sich ein Zimmer nehmen zu müssen. Mit anderen Worten: Ein knappes halbes Jahr muß ich noch durchhalten. Ein knappes halbes Jahr … Wenn das kein Grund zu verhaltenem Jubel ist …

21

Dieses Jahr überrascht sie mich am Heiligen Abend mit einem merkwürdigen Einfall. Normalerweise wird Weihnachten bei uns nicht gefeiert, weil sie diesen Groll auf den lieben Gott und die Kirche hat und weil bei uns sowieso nicht gefeiert wird. Weihnachten unterscheidet sich von allen anderen Tagen des Jahres dadurch, daß sie am 24. Dezember einen Bunten Teller mit Pfeffernüssen, Haselnüssen und Spekulatius ins Wohnzimmer stellt und ein paar zuckersüße Cremekringel in einen winzigen Tannenbaum hängt. Das ist gewöhnlich die ganze Bescherung. Keine Geschenke, keine Lieder, kein Gespräch.
Diesmal beobachte ich kleine Abweichungen von ihrer Weihnachtsroutine. Zwar kauft sie das übliche Exemplar von Tanne, schmückt es aber mit Christbaumkugeln und Vögelchen mit Schwanzfedern aus Kunsthaar, was einen Tick feierlicher aussieht als Cremekringel. Und dann ... Als ich abends – aus alter Gewohnheit mit einem kleinen Rest von Erwartung – ins Wohnzimmer trete, liegt da unter dem Bäumchen auf dem Tisch ihre alte Geige.
Was nun? Sie sitzt in ihrem Sessel, hat das Radio angedreht und beschäftigt sich irgendwie. Will sie, daß ich die Geige nehme, den Bogen ansetze und spiele? Ich traue mich nicht zu fragen. Und sie gibt keinen Kommentar ab. Sie sagt nicht: Laß uns sehen, ob du eine musikalische Begabung hast, nimm doch mal ein paar Stunden Unterricht ... Oder: Soll ich dir ein paar Griffe zeigen und wie man den Bogen hält? Nein. Sie tut so, als läge dort in Wirklichkeit gar keine Geige. Folglich tue ich so, als wäre mir die Geige nicht aufgefallen. Mit dem Ergebnis, daß die Geige zwei Tage lang unangetastet unterm Weihnachtsbaum herumliegt – und am dritten Tag, bevor sie mir unheimlich wird, wieder an ihren alten Platz oben auf dem Kleiderschrank zurückkehrt.
Wie ich meine Angst verwünsche! Dieses schleichende, sich anschleichende Gefühl von Panik in ihrer Gegenwart, das jederzeit in nackte Angst umschlagen kann. Noch viel mehr verwünsche ich allerdings meine Blödheit. Anstatt pausenlos auf der Hut zu sein, jeden Schritt genau zu überlegen, gebe ich mir eine Blöße nach der

anderen. Offenbar bin ich nicht mehr fähig, klar zu denken. Vielleicht kein Wunder, wenn ständig die Alarmsirenen in meinem Kopf losheulen. Jedenfalls vergesse ich oft, die simpelsten Vorsichtsmaßnahmen zu ergreifen.

Gegen Ende des Winters (und meiner Leidenszeit, wie ich nach wie vor hoffe) hole ich morgens auf dem Schulhof mein Pausenbrot aus dem Tornister, beiße einmal rein und finde es ungenießbar. Ausnahmsweise stammt es von meiner Mutter; ich wäre nie auf die Idee gekommen, es mit Speck zu belegen, der nur aus Fett besteht. Gut, ich würge einmal kurz und stecke es in den Tornister zurück. Jetzt gäbe es auf dem Heimweg Gelegenheiten genug, dieses angebissene Pausenbrot loszuwerden, man könnte es zum Beispiel in die Büsche werfen, und jeder Hund würde sich drüber freuen. Aber das mache ich nicht. Ich bin mit den Gedanken schon wieder anderswo.

Gerade will ich mich an die Hausaufgaben machen, da fällt mir das angebissene Brot in die Hand. Jetzt hat sie die Angewohnheit, von Zeit zu Zeit meinen Tornister zu durchsuchen, dieses Brot muß also verschwinden, das darf sie auf keinen Fall finden. Aber wohin damit? Viel Zeit bleibt mir nicht mehr, in einer halben Stunde kommt sie von der Arbeit. In den Mülleimer damit? Bei ihren Argusaugen bleibt es da keine fünf Minuten unentdeckt. Wohin dann? Mir fällt nichts ein. Höchstens der Kleiderschrank. Der steht etwas erhöht auf geschwungenen Füßen. Und da schiebe ich es jetzt auch drunter, bis an die Wand. Ich bin es los, ich atme erleichtert auf – und im nächsten Moment denke ich schon nicht mehr dran.

Meine Mutter, die immer davon ausgeht, daß ich mir beim Putzen etwas zuschulden kommen lasse, geht ein paar Tage später durch die Wohnung, wischt mit dem feuchten Finger über die Möbel und fährt mit dem Besen unter die Schränke. Und unter dem Kleiderschrank stößt sie auf Widerstand. Irgend etwas Hartes. Ich kriege mit, wie sie stochert, und im selben Augenblick fällt mir siedendheiß ein – das Butterbrot! Ich Wahnsinnige – anstatt es in der Zwischenzeit an einem sicheren Ort verschwinden zu lassen ... Sie fischt es raus und erkennt augenblicklich die Scheibe, die sie mir selbst vor

Tagen geschmiert hat. Noch nicht verschimmelt, aber vertrocknet – und angebissen! Ein Wutschrei, und in rasendem Zorn greift sie zur Kohlenschaufel. Sie prügelt auf mich ein, hemmungslos. Ein Radau, ein Brüllen und Kreischen; zum ersten Mal fürchte ich, daß sie nicht eher aufhören wird, als bis sie mich totgeschlagen hat. Und obendrein noch der Gedanke, daß ich mir diese Suppe mit meiner Blödheit selbst eingebrockt habe …

Weil man meine Schreie im Haus gehört haben muß, rennt sie als nächstes zu Frau Gawlytta hinauf und präsentiert ihr die vergammelte Brotscheibe, als hätte sie mir gerade die Tatwaffe entwunden, auf jeden Fall aber als Beweis dafür, wie recht sie doch hat, mich ab und zu hart anzufassen. Wie soll sie denn, bitte schön, meiner sonst Herr werden? Durch die offene Wohnungstür bekomme ich mit, wie Frau Gawlytta lediglich entgegnet: »Aber mein Christian mag auch keinen Speck.« Und meine Mutter sie daraufhin angiftet. »Ja, Sie. Sie können sich ja auch jederzeit was Besseres leisten! Sie haben ja einen Mann, der Geld verdient! Aber ich muß mich für so ein Stück Speck krummlegen!«

Was überhaupt nicht stimmt. Reiner Quatsch. Sie verdient bei der Profilia nämlich ganz gut. An ihrer Kleidung spart sie zum Beispiel durchaus nicht; Frau Hoffmann ist immer picobello angezogen. Daß sie sich als bemitleidenswerte Tagelöhnerin aufspielt, die sich aus Sorge um ihren Nachwuchs doppelt und dreifach schlägt, sich Tag und Nacht quält und schuftet und abmüht, das ist ihre Masche. Das hat bei Fräulein Mönningmann vom Jugendamt gewirkt, und das wirkt auch sonst immer (außer bei Frau Gawlytta). Und wer weiß, vielleicht glaubt sie sogar selbst daran – und leitet daraus ab, daß ihr schlichtweg alles erlaubt ist. Klingt ja auch ganz logisch: Was immer sie mit mir anstellt, sie ist und bleibt das Opfer, genauso wie ich die Ursache ihrer Qualen bin und bleibe.

Und weil ich jetzt nicht mal mehr meines Lebens sicher bin, unternehme ich am selben Tag noch meinen dritten Fluchtversuch, ungeachtet meiner Schmerzen. Ich bin dermaßen zerschlagen, daß Mama Strecker diesmal tatsächlich zum Hörer greift und das Jugendamt verständigt. Von diesem Punkt an läßt mich meine Erinnerung im Stich. Ich weiß nur, daß ich panische Angst habe, daß ich ihre schwarze, drohende Erscheinung hinter jeder Ecke vermute, daß ich in Deckung gehe, wenn jemand in meiner Nähe eine schnelle Bewegung macht, daß ich zusammenzucke, sobald jemand auch nur die Hand hebt. Und daß ich nach Beckum ins Kinderheim Sankt Klara gebracht werde.

Sie werden mich dort gepflegt haben, was sonst. Aber jede Erinnerung an diese Tage im Kinderheim ist gelöscht. Bis auf eine: daß meine ehemaligen Schwestern mich dort besuchen, Marianne und Irmgard jedenfalls, und mir berichten, man habe Renate mit meiner Mutter zusammen gesehen. Es habe ganz den Anschein, daß meine Mutter ihrer Marlene auflauere, vielleicht seit Jahren schon, und heimlich mit ihr Kontakt halte.

Niemand hat sich dergleichen träumen lassen. Gewiß, Streckers sind die Veränderungen an ihrer Renate schon aufgefallen; natürlich hatten alle gemerkt, daß sie in der Schule immer schlechter wurde und daheim zunehmend verstörter wirkte. Aber eine Erklärung dafür ließ sich nicht finden, und Renate schwieg. Bis sich Augenzeugen meldeten, die Frau Hoffmann frühmorgens hinter einer Litfaßsäule vor Renates Schule beobachtet hatten und im Gespräch mit ihr nach Schulschluß auf der Straße.

Im ersten Moment bin ich sprachlos. Meine Mutter soll immer wieder die Zeit gefunden haben, sich heimlich mit Renate zu treffen? Soll ihren Goldengel morgens vor ihrer Schule abgepaßt und sich mittags nach Schulschluß mit ihr verabredet haben? Seit wann? Kaum vorstellbar, daß sie schon bei den Bauern Gelegenheit gefunden haben könnte, sich heimlich für Stunden davonzumachen. Aber auch, wenn sie in Ennigerloh erst damit angefangen haben sollte, sind die organisatorischen Probleme nicht zu verachten. Renate geht ja längst in Ahlen aufs Gymnasium, 20 Kilometer von Ennigerloh entfernt. Hat sie riskiert, per Anhalter zu fahren? Kennt sie jemanden, der sie mitmehmen konnte? Und hat sie sich für ihre Abstecher nach Ahlen jedesmal frei genommen? Und wer weiß, was meine

Mutter ihrer Marlene bei diesen Verschwörertreffen hinter Litfaßsäulen oder in Eisdielen alles gesagt, offenbart, anvertraut und versprochen hat! Renate wird verpflichtet gewesen sein, diese Begegnungen geheimzuhalten, womöglich hat sie jahrelang dieses Geheimnis mit sich herumgeschleppt. Mit anderen Worten: Es muß sie zerrissen haben. Auch sie hat also gelitten.

Aber je länger ich über diese Enthüllung nachdenke, desto plausibler erscheint mir das Verhalten der beiden. Meine Mutter kann sich von ihrer falschen Marlene nicht trennen – wer wüßte das nicht? Renate ist und bleibt ihr Kind, das gibt sie auch zu, da macht sie gar keinen Hehl draus. Wie oft habe ich selbst sie sagen hören: Nicht das ist mein Kind, sondern die andere. Sie hat sich mit diesem Tausch nie abgefunden. Sie lebt in einer Welt, in der Renate nach wie vor ihre wahre und einzige Tochter ist. Und in diese Welt wird vor nicht allzu langer Zeit ein geharnischter Brief von Streckers geplatzt sein. Kein Wunder, daß es für mich jetzt brenzlich wurde. Die Treffen verboten, der Traum vom heimlichen Wiedersehen ausgeträumt – da soll sich ihr Haß nicht zur Mordlust gesteigert haben?

Lange bleibe ich nicht in diesem Kinderheim. Und natürlich schicken sie mich zurück nach Ennigerloh. Seither versuche ich, sie zu ignorieren, verlasse den Raum, wenn sie das Zimmer betritt, rede mit ihr nur das Nötigste, und das Wort »Mutter« kommt mir nicht mehr über die Lippen. Manchmal fliehe ich aus der Wohnung in den Keller, wenn sie heimkommt, unter dem Vorwand, noch eine Schütte Kohlen holen oder die Briketts neu stapeln zu müssen. Dann lungere ich eine Weile im Keller herum und gebe mir alle Mühe, nicht an jene Zeit zu denken, in der es für mich keine schlimmere Strafe gab, als in den Keller verbannt zu werden.

Seltsamerweise macht sie nun allerdings den Eindruck eines Menschen, der in sich gegangen ist. Sie scheint milder gestimmt, und mitunter sieht es fast so aus, als wäre sie entschlossen, mich ganz entgegen ihrer Gewohnheit als menschliches Wesen zu betrachten. Sie ärgert sich über mich – und ich komme mit einer Ohrfeige davon! Sie entschließt sich zu einer neuen Kücheneinrichtung – und ich

werde nicht nur davon in Kenntnis gesetzt, ich darf sogar die Farbe auswählen (hellblau)! Ein Wirtshaus in der Nachbarschaft stellt einen Fernseher auf – und sie nimmt mich gelegentlich dahin mit! Um acht bricht nämlich samstags neuerdings der große Fernsehabend bei uns im Viertel an, da werden in der Gaststätte »Bonn« die Tische zur Seite geschoben und die Kneipenstühle vor dem Fernseher aufgereiht, und die ganze Nachbarschaft guckt den »Goldenen Schuß« mit Vico Torriani oder eine Quizsendung mit Peter Frankenfeld beziehungsweise Hans-Joachim Kuhlenkampf. Mag sein, daß sie sich den anderen nur anschließt, um öffentlich zu demonstrieren, wie gut ich's bei ihr habe. Ich jedenfalls bin froh, überhaupt was zu erleben. Vico Torriani und Kuhlenkampf! – das sind doch echte Lichtblicke in dieser Trübsal.
Und noch etwas. Bisher habe ich es vermieden, ein Wort über mein Aussehen zu verlieren. Das muß jetzt nachgeholt werden, weil mein Äußeres wesentlich zu meinem Unglück beiträgt. Nicht, daß ich häßlich wäre. Keineswegs. Aber meine Mutter bietet ihren ganzen Einfallsreichtum auf, wenn es darum geht, die Blicke der Jungen von mir abzulenken.
Aus Sparsamkeitsgründen hat sie mich nie zum Friseur geschickt. Was soll's, könnte man sagen, trägt sie eben wie alle anderen einen Pferdeschwanz, das sieht ja auch ganz flott aus. Nichts da – es könnte ja einer hingucken! Meine Mutter hat einen ziemlich ausgeprägten Schönheitssinn, sie weiß also auch, was unfehlbar häßlich macht, und deshalb zwingt sie mich seit Jahren, mir die Haare zum Schwalbennest hochzubinden. Das heißt: Jeden Morgen nehme ich einen dicken Ring aus leichtem Plastikmaterial, ziehe mein Haar durch das Loch in der Mitte, verteile es in einem luftigen Kranz um den Ring und befestige das ganze mit einem Gummi. Sieht tatsächlich aus, als hätte man ein Nest auf dem Kopf. Zu allem Überfluß muß ich auch noch Nadeln reinstecken, damit es besser hält.
Ein Schwalbennest bietet die sicherste Gewähr dafür, daß kein Junge hinguckt. Bei den Bauern hat es mich nicht gestört, aber in Ennigerloh tragen die Mädchen Pferdeschwanz, und eine wie ich mit

Schwalbennest ist hier ein Wesen aus einer anderen Welt. Meist ziehe ich deshalb die Nadeln kurz vor der Schule raus und schüttele mein Haar auf; abends, bevor sie nach Hause kommt, stelle ich das Schwalbennest wieder her.

Viel schlimmer als das Schwalbennest war allerdings dieses Dirndl. Ich habe ja nicht viel zum Anziehen, mein Kleiderschrank ist nicht gerade voll, und da fällt es meiner Mutter letztes Jahr ein, mir das flammrote Dirndl mit eingeknöpftem Spitzeneinsatz zu schenken, in das sie selbst nicht mehr reinpaßt. »Schenken« ist gut – sie zwingt mich, an einem wunderschönen Sommertag des Jahres 1959 im westfälischen Ennigerloh dieses bayerische Dirndl zu tragen und mir obendrein noch eine Schürze aus schillernder, grüner Atlasseide umzubinden! Ihr ist das egal, je absurder ich aussehe, desto besser. Und dann scheucht sie mich damit auf die Straße zum Einkaufen. Lieber Gott, denke ich nur, bitte, laß es auf der Stelle dunkel werden. Jemand kommt mir auf dem Fahrrad entgegen – ich will gar nicht wissen, wer –, dreht sich nach mir um, starrt und starrt und stürzt in der nächsten Kurve. Und dann die Jungen! Für den einen oder anderen schwärme ich ja ein bißchen ... Ein Johlen und Pfeifen, und die Nacht senkt sich nicht gnädig über mich und Ennigerloh herab, obwohl ich Gott das zugetraut habe. Meine Enttäuschung ist so grenzenlos, daß ich vorübergehend an seiner Allmacht zweifele.

Ich wäre lieber gestorben, als dieses Dirndl noch einmal anzuziehen, und habe mich dann damit rausgeredet, daß es kratzt. Wenn mir nur die Wahl zwischen Papagei und Aschenputtel bleibt, entscheide ich mich für Aschenputtel. Und so sehe ich dann auf der Schulabschlußfeier Ostern 1960 auch aus.

Gegen Ende des Schuljahrs bemächtigt sich meiner Klassenkameradinnen eine täglich wachsende Nervosität. Was wirst du anziehen? Und du, welche Frisur läßt du dir machen? Eine Aufregung! Die eine bekommt ein Kostüm geschenkt, die andere ein Jackenkleid, die dritte freut sich auf ihre erste Dauerwelle, und einige rechnen fest mit Perlonstrümpfen. Die einzige, die leer ausgeht, bin ich.

An meinen Leistungen kann es nicht liegen. Ich habe fleißig gelernt und bin im Mittelfeld gelandet – keine 6 und keine 5. Nein, meiner Mutter kommt es einzig und allein darauf an, daß ich so grau und unscheinbar wie möglich wirke – damit ich kein Flittchen werde. Und deshalb trage ich auf der Schulabschlußfeier meine unförmigen Halbschuhe und meine albernen Kniestrümpfe und meinen schäbigen Lodenmantel und halte mich verstohlen abseits. Die anderen sind in Begleitung ihrer Eltern erschienen, ich sitze allein. Den anderen sieht man an, welcher Sprung nach vorn dieser Tag für sie bedeutet, sie schweben förmlich zum Podium, um ihr Zeugnis entgegenzunehmen, und ich husche, als mein Name aufgerufen wird, nach vorn und stehle mich gleich wieder auf meinen Platz zurück. Kurz: Die Entlassungsfeier geht, was mich betrifft, mit allen Peinlichkeiten über die Bühne; ich bin froh, daß es vorbei ist, und habe von nun an nur noch einen Gedanken im Kopf: nach Münster! Auf nach Münster!

22

Ich bin frei. Und nicht nur das: Ich bin in einer Großstadt. Zum ersten Mal in meinem Leben. Jedenfalls ist Münster die größte und schönste und sinnenverwirrendste Stadt, die ich je gesehen habe. Was, wie ich selber weiß, bedeutet, daß ich überhaupt noch nichts gesehen habe. Von der Welt, meine ich. Nichts gesehen und nichts erlebt. Einmal habe ich auf einem Pferd gesessen. Einmal habe ich eine Reise in die Ostzone gemacht (inklusive illegalem Grenzübergang – couragiert ist sie ja, meine Mutter). Und dreimal habe ich etwas für einen Jungen empfunden. Dem ersten (da war ich zwölf) bin ich in der Zwergschule begegnet. Von dem war ich so begeistert, ich hätte ihn immerzu angucken können. Er war das Gegenteil von mir, hatte dunkelbraune Augen und schwarzes, gelocktes Haar (und schwärmte seinerseits für so eine affektierte, blonde Elfe). Der wär's für mich gewesen damals. Dermaßen hingerissen war ich, daß ich mich der Bäuerin, Frau Northues, anvertrauen mußte. »Kind«, sagte sie mit einem wehmütigen Lächeln, »Hoffnung brauchs du dir da keine zu machen. Du has nix anne Hacken.« Aber ans Heiraten hatte ich gar nicht gedacht.

Der zweite (da war ich dreizehn) hieß Moritz und war der Älteste aus der Schar der blondgelockten, überirdisch schönen und unerträglich glücklichen Kinder am Ende der Straße. Der auf dem Fahrrad. Wenn er geahnt hätte, in welche Verlegenheit er mich mit seinen unschuldigen, kleinen Annäherungsversuchen bringen würde ... Und der dritte (da war ich fast vierzehn) hieß Michael und kam aus Neumünster. Dem hätte ich zurückgeschrieben ... Jetzt bin ich fünfzehn – und habe ein Rex-Gildo-Poster überm Bett.

Zugegeben: Bis vor kurzem wußte ich gar nicht, daß es Rex Gildo gibt. (In Enningerloh kennen sie nicht mal Elvis Presley, und das fünf Jahre nach seiner ersten Platte. In Ennigerloh ist Rock 'n' Roll ein Fremdwort.) Aber in dem Wohnheim des großen Krankenhauses am Stadtrand von Münster, wo ich vor einigen Wochen eingezogen bin, gibt es Mädchen, die regelmäßig *Bravo* lesen. Eine meiner Mitbewohnerinnen hat Elvis überm Bett hängen und obendrein ein kleines, knisterndes Kofferradio auf ihrem Nachtschränkchen stehen. Und Monika von nebenan kann zu unserem Glück sogar einen tragbaren Plattenspieler beisteuern und einen Stapel sehr schöner Platten. Elvis hat gerade seine weiche Welle, und wenn wir zu Monika rübergehen, legt sie manchmal Platten auf. Dann singt er für uns »Love me tender« oder »Are you lonesome tonight«, und das kommt bei uns ziemlich gut an. Klar, Elvis macht die bessere Musik, aber Rex Gildo sieht besser aus. Finde ich.

Meine zweite Mitbewohnerin heißt Paula und hat als einzige blanke, weiße Rauhfasertapete überm Bett. Paula ist die ernsteste von uns, etwas älter als ich und von der Natur stiefmütterlich behandelt worden. Sie führt sich sehr fromm auf und läuft gewissermaßen mit vor der Brust gefalteten Händen herum. An Paula sollen wir uns ein Beispiel nehmen, ermahnen uns die Nonnen. Was ich tatsächlich zeitweilig erwäge.

Es ist nämlich so: Ich bin einigermaßen schüchtern. Jedenfalls sehr zurückhaltend. Im Mittelpunkt zu stehen oder mitzumachen, wenn die anderen abends auf Monikas Bude herumhüpfen und so was Ähnliches wie Rock 'n' Roll tanzen, das bringe ich nicht über mich. Ich gehöre nicht zu den Ausgelassensten. Da sitze ich lieber neben Paula auf dem Bett und schaue den anderen zu. Mal ganz abgesehen davon, daß ich gar nicht tanzen kann, weil meine Mutter kein Geld für den Tanzkurs hatte – Paulas stille, in sich gekehrte Art ist mir nicht unsympathisch. Und als sie mir erzählt, sie überlege sich, dem Orden der Franziskanerinnen beizutreten, da komme ich ins Grübeln. Nonne zu werden – wäre das nicht die Lösung für alle meine Probleme? Als Ordensschwester wäre ich der Verfügungsgewalt meiner Mutter endgültig entzogen. Ich wäre sie ein für alle Male los. Ich hätte endlich einen sicheren Hafen gefunden. Ich müßte nie wieder zurück nach Ennigerloh. Eine verführerische Vorstellung. Soll ich Nonne werden?

Schließlich lasse ich den Gedanken aber doch fallen – vielleicht am Morgen nach der Erdbeerbowle. Keine von uns fühlt sich an diesem Morgen der Herausforderung gewachsen, die Morgenmesse in der Hauskapelle zu besuchen, alles liegt noch wohlig schlummernd in

Paula Hoffmann mit ihrer »falschen Tochter« Marlene, später Renate, im Trennungsjahr 1950. Auf der Rückseite des Bildes steht vermerkt: »Ein letzter Abschiedsgruß von meinem kleinen Sonnenschein«

Paula Hoffmann mit den beiden Mädchen am Bahnhof Neubeckum. Sie wendet sich ihrer verlorenen, nicht-leiblichen Tochter Renate zu (linkes Bild) und hält deren Hand (rechtes Bild). Ihre leibliche Tochter Marlene bleibt unbeachtet.

Erstkommunion der Strecker-Zwillinge in Neubeckum v.l.n.r.: Marlene, früher Renate, Paula Hoffmann, Renate, früher Marlene.

Die beiden Erstkommunionskinder Marlene (links) und Renate (rechts) zusammen mit den Schwestern und Hund Putzi.

Die Grundschule in Neubeckum.

Paula Hoffmanns Arbeitgeber Haus Assen in Lippborg, heute ein katholisches Jungeninternat.

Die Gräfliche Ökonomie von Haus Assen. Hier arbeitete Paula Hoffmann in den Stallungen.

Die nächste Station: Bauer Ludger Nordhues in Lippborg.

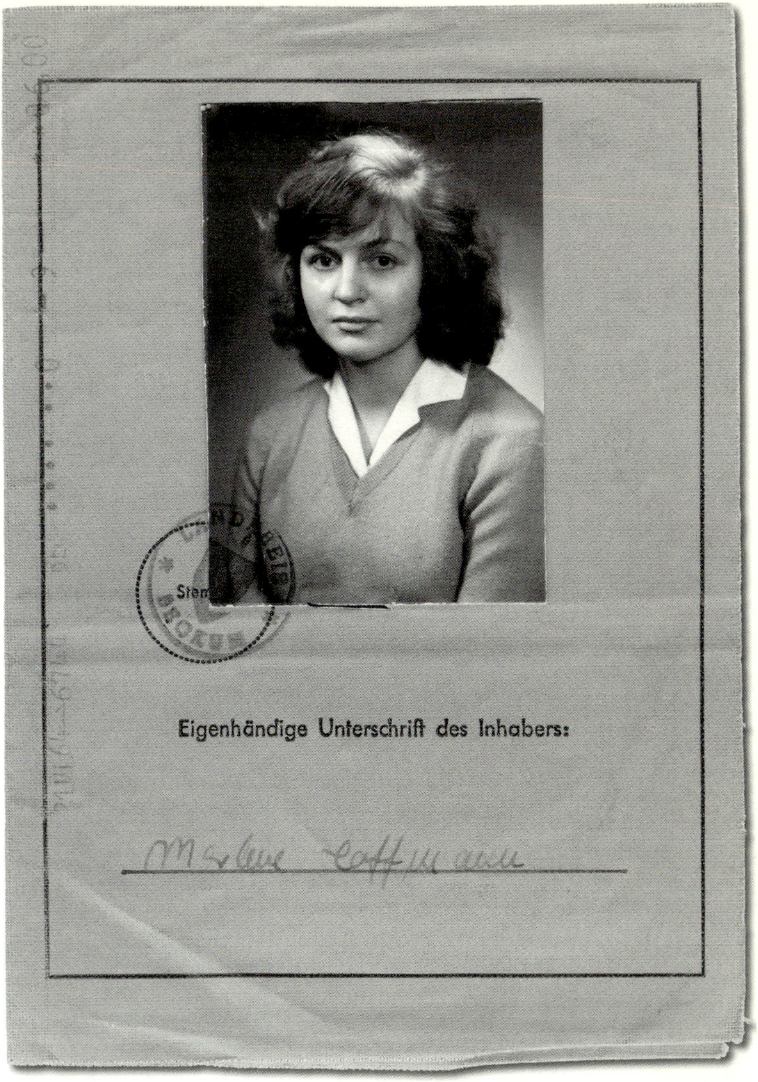

Eines der wenigen Jugendbilder von Marlene zeigt sie als Neunzehnjährige in ihrem Führerschein.

Marlene und Erwin an ihrem Hochzeitstag im September 1965.

Unten:
Ein neues Leben beginnt: Marlene heiratet Erich John im Dezember 1992.

Marlenes vier Kinder, die in den Jahren von 1966-1970 geboren wurden: Sabine, Christiane, Joachim und Thomas.

Das Wappen der Streckers, die eine jahrhundertealte Familientradition pflegen.

Marlenes Stolz auf ihre eigene Familie kommt in diesem Stammbaum zum Ausdruck.

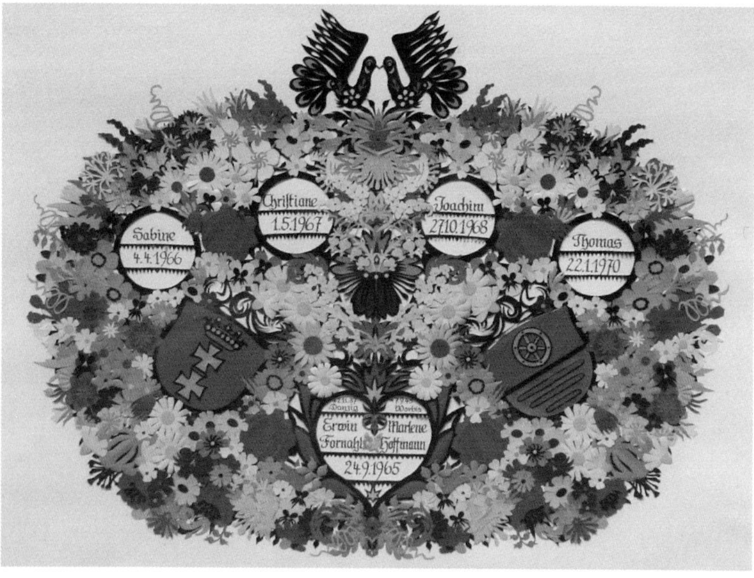

den Federn, da wird die Tür aufgerissen, das Licht angeknipst, und eine junge Ordensschwester geht schimpfend von Bett zu Bett, weckt uns rüde und reißt auch noch – ich traue meinen Augen nicht – meinen Rex Gildo von der Wand. »Für jeden Blödsinn zu haben«, faucht sie mich an, »aber die Messe verschlafen!« Mag sein, daß ich mich in diesem Augenblick für den Blödsinn und gegen den Orden entschieden habe. Sichere Häfen haben auch ihre Tücken.

Ich genieße aber nicht nur unser bescheidenes Nachtleben, ich genieße genauso die Ausbildung. (Ich genieße alles, seitdem 35 Kilometer zwischen mir und meiner Mutter liegen.) Es ist unglaublich, was man hier alles lernt.

Dieses Krankenhaus ist nämlich ein großer, weitgehend selbständiger Wirtschaftsbetrieb. Hinterm Haus erstreckt sich ein Gemüsegarten von der Ausdehnung eines Fußballfelds, da reiht sich Treibhaus an Treibhaus, und im Haus selbst gibt es eine Bäckerei, eine Metzgerei und eine technisch hochgerüstete Großküche. Außerdem halten die Nonnen eine Menge Schweine, die von den Küchenabfällen blendend leben. Zwei Jahre wird unsere Ausbildung dauern. Zwei Jahre, in denen ich jeden Morgen gut gelaunt aufwachen und jede Nacht glücklich einschlafen werde.

Meine erste Station ist die Metzgerei. Es fängt also gut an, da kenne ich mich ja aus, schließlich habe ich meinen Grundkurs in Schlachten und Verwursten vor vielen Jahren schon in dem großen Eckhaus in Neubeckum absolviert, ohne allerdings selbst zum Messer zu greifen. Das muß ich jetzt. Jeden Morgen werden Rinderviertel und Schweinehälften angeliefert, wir hören uns die Erklärungen an, und dann zerlegen wir selbst, lösen Rippen ab, trennen Fleischteile heraus und assistieren bei der Zubereitung von Aufschnitt, der, nebenbei gesagt, genauso gut schmeckt wie alles, was hier auf die Teller kommt. Diese Krankenhausküche ist phänomenal, in vornehmen Restaurants ißt man nicht besser.

Dann wechseln wir zur Küche. Das bedeutet für uns, in aller Frühe aufstehen und als erstes Brote über Brote durch die elektrische Schneidemaschine jagen. Man kann sich vorstellen, daß diese Un-

menge von Broten einen gigantischen Haufen von Scheiben ergibt, die dann alle mit Butter bestrichen und mit Käse oder Wurst belegt werden müssen. Schnittchen für acht Stationen, eine Mordsarbeit! Genauso wie die Zubereitung des Mittagessens. Gekocht wird in Kesseln so groß wie Lottes Waschkessel in Neubeckum, nur aus Edelstahl. Und während die einen mit dem Standardessen für die Kassenpatienten beschäftigt sind, kümmern sich andere um die Verpflegung der Privatpatienten. Deren Mahlzeiten kommen nämlich nicht aus Kesseln, die werden auf einem ganz normalen Herd in ganz normalen Töpfen zubereitet, und zwar genauso sorgfältig, wie man daheim für seine eigene Familie kochen würde. Ist schließlich alles fertig, wird das Essen in Menagen gestapelt – Suppe, Kartoffeln, Fleisch und Soße wie die Bremer Stadtmusikanten in großen Töpfen übereinander –, jeder Behälter etikettiert, das Ganze in den Aufzug gestellt und zu den Stationen hochgeschickt.
Ob Arme Ritter, ob Mandelpudding, mit der Zeit beherrschen wir alles. Wir backen auch alles selbst. Jeden Sonntag bekommen unsere Patienten selbstgebackenen Kuchen, jeden nachmittag zum Kaffee selbstgemachte Apfeltaschen oder Schnecken. Und im Sommer beliefern wir die schwitzenden Nonnen mit selbstgemachtem Ananaseis. Also, wir sind gut beschäftigt. Wir lernen viel, wir haben unseren Spaß, und obendrein gibt's auch noch Geld dafür. Nachdem ich jahrelang jeden Pfennig abliefern mußte, ist das für mich ein besonderer Grund zur Freude.
Viel ist es nicht. Nur eine Vergütung. Den größten Teil davon schicke ich nach Hause – meine Mutter hat versprochen, für mich ein Sparbuch anzulegen. Übrig bleibt ein Taschengeld, das weitgehend für Haarwaschmittel, Zahnpasta und Seife draufgeht. Da Schminken hier im Haus unter die schwereren Sünden fällt, Lippenstift, Rouge und Mascara also gar nicht erst in Betracht kommen, sammelt sich mit der Zeit ein kleines Guthaben an. Und davon kaufe ich mir ein Paar Stöckelschuhe.
Glattschwarze Stöckelschuhe mit winzigkleinem Absatz – und Perlonstrümpfe! Endlich! Einige Mädchen waren nämlich schon zur

Abschlußfeier so erschienen, und seither habe ich von nichts anderem geträumt. Natürlich ziehe ich sie an, als ich nach Monaten zum ersten Mal heimfahre. Stöckelschuhe, Perlonstrümpfe – und Pferdeschwanz statt Schwalbennest. Das wollen wir doch mal sehen. Und sie enttäuscht mich nicht. »Typisch!« schimpft meine Mutter zur Begrüßung. »Eine Nierenkrankheit und eine Blasenentzündung wirst du dir in diesen Schühchen holen, wirst schon sehen.« Immerhin, sie reißt sie mir nicht von den Füßen. Mich auf Strümpfen zurückzuschicken, das kommt ihr dann doch nicht in den Sinn.
In Münster wird mir allmählich bewußt, was ich schon fast vergessen hatte: daß die Freiheit besser ist als ein sicherer Hafen, weil die Freiheit einem ein Gefühl für die eigene Stärke gibt. In Neubeckum habe ich das gewußt, ohne je einen Gedanken daran zu verschwenden; bei meiner Mutter habe ich am Ende nur noch davon geträumt, vor ihr sicher zu sein. Jetzt lerne ich wieder die wunderbare Wirkung der Freiheit kennen, und mit der Zeit traue ich mir immer mehr zu. Zum Beispiel an den seltenen freien Samstagen in die Stadt zu gehen und Verkäuferinnen zu ärgern.
Eigentlich sind wir ganz brav. Eigentlich bedeutet Freiheit für uns, sich die harmlosesten Vergnügen zu gönnen, sich ein Eis zu kaufen und mit dem Hörnchen in der Hand schwätzend und lachend an den Auslagen der Schaufenster vorbeizubummeln. Ich muß ja auf den Pfennig achten, leisten kann ich mir sowieso nichts. Aber manchmal sticht uns der Hafer, dann binde ich mir eine dunkelblaue Samtschleife in den Pferdeschwanz, um meine Kreditwürdigkeit zu unterstreichen, und auf geht's zum Anprobieren in die großen Kaufhäuser oder die schicken Modeläden. Wir lassen uns dieses und jenes zeigen, blockieren für eine halbe Stunde die Umkleidekabinen, geben alles wieder zurück und verabschieden uns mit einem hingeworfenen: »Wir kommen noch mal wieder.« »Verkäuferinnenärgern« nennen wir das. Es macht Spaß.
Es ist eine herrliche Zeit. Was Seelenfrieden ist, was es heißt, von morgens bis abends unbekümmert zu sein, das lerne ich in Münster neu. Mit meiner Mutter habe ich schon deshalb so gut wie keinen

Ärger, weil ich sie höchstens dreimal im Jahr besuche, und dann gibt sie sich auch noch friedfertig und wie geläutert. Einmal liegt sie für ein paar Wochen bei uns im Krankenhaus – keine Ahnung, was sie hat. Ich besuche sie etliche Male und stelle dabei zu meiner größten Überraschung fest, daß sie ein Schachspiel besitzt! Es steht fertig aufgebaut auf ihrem Nachttisch, und in ihrer neuen Sanftmut geht meine Mutter tatsächlich so weit, mir geduldig die Regeln zu erklären, bevor wir einige Partien spielen. Fast zu Tränen rührt sie mich aber mit einer Geste, die ich ihr nie zugetraut hätte: Sie bietet mir eine Apfelsinenscheibe, eine Walnußhälfte und ein Stück Schokolade an und fordert mich auf, das auf einmal zu essen. Eine befremdliche Kombination, ich zögere, wittere eine besonders ausgeklügelte Gemeinheit von ihr, aber keineswegs – es schmeckt gut. Ich fasse es nicht. So umgänglich habe ich sie noch nie erlebt.
In Freiheit vergehen zwei Jahre schnell. Ich tanze immer noch nicht. Aber ich kann Elvis Presley von Rex Gildo unterscheiden, Schweinehälften zerteilen, Mandelpudding kochen und noch etliches mehr. Zum Abschied gibt es für alle meines Jahrgangs ein Kochbuch mit einer Widmung der Schwester Oberin. Meine Mitbewohnerin Paula macht ernst und tritt tatsächlich dem Orden der Franziskanerinnen bei, meine Zimmernachbarin Monika wird auf ihrem weiteren Lebensweg wohl eher dem Blödsinn zuneigen, und ich könnte mir alles mögliche vorstellen, außer nach Ennigerloh zurückzugehen. Ich überlege. Demnächst werde ich siebzehn, mit der Schwesternschule muß ich noch bis zum achtzehnten Lebensjahr warten – was liegt da näher, als ein Praktikum bei Privatleuten anzuhängen und meine Mutter ein weiteres Jahr auf Abstand zu halten?
Also fange ich als Haushaltshilfe in der Familie eines Versicherungskaufmanns an. Ein kleiner Haushalt, nur drei Personen, zu klein eigentlich, um für meine Ausbildung zu zählen, aber das Ehepaar ist ausgesprochen freundlich. Sonntags nehmen sie mich auf Ausflüge mit und einmal sogar ins Theater, wo »Undine« gegeben wird. Ich bin begeistert, daß mir so viel geboten wird. Leider wird für meine Ausbildung doch ein größeres Tätigkeitsfeld erwartet, deshalb

wechsele ich nach einem halben Jahr nach Ahlen, zu einer Familie mit vier Kindern. Sie haben einen Lebensmittelladen und nutzen mich weidlich aus. Lotte hatte bei uns auch keinen Lenz, weiß Gott nicht, aber so gescheucht wie ich bei diesen Leuten wurde sie nicht. Eins läßt sich jedenfalls sagen: Zu Höherem bin ich nicht bestimmt. Wenn ich mir vorstelle, ich könnte genauso gut im besten Zimmer sitzen, Klavier spielen und Kultur verströmen …

Außerdem – so weit ist es mit meiner Freiheit dann doch nicht her. Ich bin ja ein Fürsorgekind. Für das Jugendamt habe ich den Stempel: Fürsorgekind und unehelich. Minderjährig sowieso. Also haben die ein Auge auf mich. Sollte ich auffällig werden, lande ich womöglich im Heim. Dazu kommt, daß die Familie, bei der ich arbeite, eine Aufsichtspflicht mir gegenüber hat. Also erlaube ich mir besser keinen Fehltritt.

Gut, kein Mensch würde mich als Draufgängerin bezeichnen. Bei meiner Mutter habe ich gelernt, mich in der Öffentlichkeit mit gesenktem Blick zu bewegen – nur Flittchen schauen sich auf der Straße um. Aber Mädchen meines Alters werden auch dann angesprochen, wenn sie ihre Augen nicht wandern lassen. Und neuerdings … nun ja, neuerdings treffe ich mich gelegentlich mit einem Jungen.

Nichts Besonderes. Aber es schmeichelt mir, daß er sich an meine Fersen heftet, wenn ich mit den Kindern spazierengehe, und sich am Rand des Spielplatzes zu mir auf die Bank setzt und kleine Komplimente macht und meine Augen schön findet (da muß was dran sein). Und es gefällt mir, mich mit ihm für ein, zwei Stunden im Café zu treffen oder an meinem freien Nachmittag mit ihm ins Kino zu gehen. Sagen wir so: Mein Interesse ist erwacht.

Doch Ahlen ist nicht Münster. Die Ahlener prägen sich Gesichter ein. Die merken sich, welches Mädchen mit welchem Jungen gesehen wurde, und sie behalten es nicht für sich. Kurz, wir werden beobachtet, man sieht mich mit ihm, das ungeheuerliche Vorkommnis wird meinem Arbeitgeber zugetragen, und die Aufregung ist gewaltig. Unkeuschheit! Ich streite alles ab, werde mit den Zeugenaussagen konfrontiert, streite weiter alles ab. Es ist absurd. Noch nie habe ich einen Mann nackt gesehen, allenfalls könnte ich sagen, wie kleine Jungen unten aussehen. Aber natürlich wird meine Mutter vom Fehltritt ihrer Tochter umgehend in Kenntnis gesetzt, und die droht mir jetzt mit dem »Guten Hirten«, einer kirchlichen Einrichtung für gefallene Mädchen. Wer dort landet, so viel ist klar, hat nichts zu lachen. Die Nonnen vom Orden des Guten Hirten sind berüchtigt dafür, mit aller Strenge durchzugreifen. Und als wäre das nicht Ärger genug, trifft ein Brief aus Meschede von der Schwesternschule ein – sie bedauern, aber der Andrang der Bewerberinnen sei so groß, daß ich zurückgestellt werden müßte, die Älteren hätten Vortritt. Und das bedeutet: ein weiteres Jahr in Ennigerloh. In der Gewalt einer Mutter, für die der letzte Beweis erbracht ist, daß ich vor keiner Schamlosigkeit zurückschrecke.

23

Vom ersten Tag an läßt meine Mutter keinen Zweifel daran, wie sie sich mein neues Gefängnis vorstellt: Weniger Schläge, dafür völlige Isolation. »Du bleibst mir nicht zu Hause!« sagt sie. »Du kommst mit in die Fabrik.«
Und ich bin machtlos. Außer einem Berufsschulzeugnis und einem Kochbuch mit der Widmung der Schwester Oberin habe ich nämlich nichts in der Hand. Im Krankenhaus mußten wir keine Prüfung ablegen, also besitze ich kein Abschlußzeugnis, also gelten die zwei Jahre in Münster nicht als Berufsausbildung, also kann ich jetzt keine Kochlehre anfangen oder ins Hotelfach einsteigen und die Schwesternschule einfach sausen lassen. Also muß ich mich als uneheliches und minderjähriges Fürsorgekind dem Willen meiner Mutter beugen. Und zwei Tage nach meiner Rückkehr in die Beethovenstraße fahre ich im Morgengrauen hinter ihr her zur Fabrik.
Ich kann von Glück sagen, daß sie nicht mehr bei der Profilia arbeitet. Sie ist nämlich zu Rottendorf gewechselt, dem zweiten Industrieunternehmen von Ennigerloh, da werden Pillen en gros für Pharmakonzerne wie Merck und Bayer hergestellt, und eigentlich ist die Arbeit gar nicht so übel; die einzelnen Produktionsschritte kommen mir anfangs sogar wie Geheimrituale vor.
Die Abteilung im Erdgeschoß, wo Medikamente in Pulverform zu Tabletten gepreßt werden, besteht im wesentlichen aus Maschinen mit einem Kranz aus Prägestempeln für die Tablettenform – an einer dieser Maschinen sitzt meine Mutter. In der Dragierabteilung ein Stockwerk höher drehen sich zehn große Kupferkessel um eine schräge Achse, und an einem dieser Kessel stehe ich. Ich übergieße die Tabletten in dem Kessel mit einer flüssigen Zuckermasse, rühre mit einem Holzstab gegen die Drehrichtung des Kessels um und lasse Puderzucker drüber schneien, damit die Masse nicht verklumpt, bevor ich das ganze mit Talkum bestreue – und wenn ich alle Regeln der Dragierkunst peinlichst genau beachtet habe, dann hat jede Tablette, die meinen Kessel verläßt, jetzt einen glatten Überzug. In der Färberei erhalten die Tabletten als nächstes unterschiedliche Farben und eine Abteilung weiter einen letzten Überzug

aus Bienenwachs. In der Sieberei werden die zerbrochenen oder farbfleckigen Tabletten schließlich aussortiert, und die anderen gehen ab zu Bayer oder Merck.
Nein, nichts gegen diese Arbeit. Ich hätte meinen Spaß daran, wenn meine Mutter mir nicht Tag für Tag im Nacken säße. Wenn ich mich nicht vor jeder Pause fürchten müßte.
Sie hat mir verboten, in den Pausen den Aufenthaltsraum aufzusuchen, wie alle anderen das selbstverständlich machen. Sie selbst bleibt an ihrem Arbeitsplatz, und von mir verlangt sie, daß ich jedesmal runterkomme und meine Pause bei ihr absitze. Nicht genug damit, habe ich zur Frühstückspause um Punkt neun zu erscheinen und keine Minute später – was gar nicht möglich ist, weil ich das Übergießen, Vermengen und Bestreuen der Tabletten in meinem Kessel nicht beliebig unterbrechen kann. Mir bleibt aber gar nichts anderes übrig, wenn ich mir größten Ärger ersparen will – und den »Guten Hirten« mit seinen außerordentlich resoluten Nonnen.
Eines Tages wagt mein Meister, den Mund aufzumachen und meiner Mutter zu sagen, was er von ihren Methoden hält. Und meine Mutter rastet aus. Beschimpft ihn, brüllt ihn an, unterstellt ihm, ein Verhältnis mit mir zu haben. Absurd. Erstens, weil der Mann Adventist ist, ein ganz Braver, der gelegentlich mit rührendem Stolz die neusten Fotos von seiner Frau und seinem Adoptivsohn herumzeigt, und zweitens, weil bei uns oben alles mit Glaswänden abgeteilt ist, so daß einer den anderen beobachten kann. Trotzdem erreicht meine Mutter, daß ich versetzt werde, in die Färberei. Da nun gibt es eine lesbische Frau, die tatsächlich hinter mir her ist und sich größte Mühe gibt, mit mir zu flirten, was schon deshalb vergeblich ist, weil ich in meiner Ahnungslosigkeit gar nicht begreife, was sie von mir will. Aber meine Mutter kommt dahinter, und prompt werde ich in die nächste Abteilung versetzt, die Sieberei.
Also das alte Spiel. Beschimpfen, verleumden, unterstellen, verbieten, drohen. Ich fühle mich ins Mittelalter zurückversetzt. Was sie wirklich gefährlich macht: Sie ist schlau. Sie bringt es immer wieder fertig, sich Gehör zu verschaffen und ihre Wahnideen als bare

Münze zu verkaufen. Oft beobachte ich jetzt, daß sie ihre Strategie verfeinert hat. Sie schmeichelt ihren Vorgesetzten, sie umgarnt ihre Chefs, sie gibt sich ihresgleichen gegenüber jovial und leutselig, steigt unterwegs immer wieder vom Rad und hält ein Schwätzchen mit Bekannten oder bietet unserem Lebensmittelhändler an, nach Feierabend mal eben seine Theke auf Hochglanz zu bringen – ganz die gute Nachbarin, ganz die Frau von nebenan, mit der man Pferde stehlen könnte. Schlagartig ist sie dann entgegenkommend und richtig patent.

Und obereifrig. Für jede Überstunde ist sie zu haben, nimmt die gefährlichste Arbeit an, versteht es, sich unentbehrlich zu machen. Da liegt in einem Park zwischen dem Werksgebäude und der Villa des Besitzers ein Gartenpavillon, ein charmantes, achteckiges Holzhaus, weißgestrichen wie die Villa, aber höchst dubios. Es heißt, die Giftküche befinde sich darin. Fest steht, daß dort die berüchtigten blauen Tabletten gepreßt werden, mit denen kein Mensch etwas zu tun haben will. Kein Mensch – außer meiner Mutter. Jedes Wochenende hüllt sie sich in einen grünen Spezialkittel, zieht einen Mundschutz vors Gesicht, läuft auch schon mal mit einer Art Gasmaske herum und preßt diese ominösen blauen Tabletten.

Warum? Aus purer Geldgier, nehme ich an. Es muß sie furchtbar wurmen, daß sie mich nicht unter Kontrolle hat, solange sie in ihrem Pavillon hantiert, umwölkt von giftigem Staub, aber offenbar ist ihre Geldgier noch stärker als ihre brennende Sorge um meine Moral – die sie allerdings auch jetzt nicht völlig aus dem Auge verliert, weshalb ich ihr morgens und mittags das Essen in den Pavillon bringen muß. Wahrscheinlich dürfte ich keinen Zeh in diese Giftküche setzen, aber meine Mutter kümmert das nicht. Am Wochenende ist sie hier unbeobachtet, da gelten auch im Werk allein ihre Gesetze – und ich gehorche wie ein dressierter Hund.

Keine Ahnung, was mit mir los ist. Mit einem Blick macht sie mich gefügig. Mit einem Wort schnürt sie mir die Luft ab. Ich weiß, daß ich keine Chance gegen sie habe. Nicht nur, weil ich immer noch fast einen Kopf kleiner bin als sie. Sie hat mir das Blut in den Adern mit ihrem Haß vergiftet. Jeden Entschluß von mir verwandelt sie in Angst, jede Widerstandsregung in Unterwerfung. Sie ignoriert mich und überwacht mich im selben Augenblick. An Werktagen bin ich nur noch auf der Toilette frei. Morgens gegen fünf oder sechs fahren wir mit den Rädern zum Werk, ich vor ihr her, sie läßt mich nicht aus den Augen. Dann sitze ich herum, mit ihr allein, niemand sonst im ganzen Werk, bis meine Arbeitszeit beginnt. Abends macht sie weitere Überstunden, solange darf ich das Werk nicht verlassen. Nach Feierabend duschen wir, bevor wir nach Hause fahren, ich vor ihr her. Den Rest des Abends verbringt sie vor dem Fernseher. Ich bügele, putze und wasche derweil. Habe ich das hinter mir, wird sie gnädiger, dann darf ich mich beim Fernsehen in ihren roten Sessel setzen und die Füße auf einen Kamelhocker legen. Seit der Fernseher ständig läuft, ist das Schweigen nicht mehr ganz so bedrückend. Ein ewiges Einerlei. Der reine Stumpfsinn. Auf jeden Fall kommen so massenhaft Überstunden zusammen. Und es ist nicht zu übersehen: Sie verdient gut. Der Fernseher ist neu, die Waschmaschine, die Tiefkühltruhe. Ich allerdings sehe keinen Pfennig von meinem Gehalt. Nicht mal Taschengeld bekomme ich. »Du brauchst ja nichts«, sagt sie. »Ich kaufe dir schon, was du brauchst.« Wieder verspricht sie, mein Gehalt für mich zu sparen. Und sie erlaubt mir sogar, den Führerschein zu machen – wohl in der Hoffnung, daß ich sie herumfahre, sollte ich irgendwann ein Auto besitzen. Auf dem Foto in meinem Führerschein ist ein hübsches, aber etwas verloren dreinschauendes Mädchen mit wallender Dauerwelle zu sehen. Es ist das erste Foto von mir seit vielen Jahren. Meine Mutter besitzt eine schöne, alte Kamera in einem festen, braunen Lederetui, aber für mich hat sie die nie rausgeholt. Als meinen größten Fortschritt betrachte ich, daß ich mich nicht mehr auf ihr Spiel mit den Begrüßungsküssen in der Öffentlichkeit einlasse.

Es wäre niederschmetternd – gäbe es nicht Brigitte. Eine Kollegin, etwa so alt wie ich. Auch sie ist von ihren Eltern in die Fabrik gesteckt worden. Wir arbeiten in derselben Abteilung und haben es geschafft, uns anzufreunden, ohne das Mißtrauen meiner Mutter zu erwecken.

Eines Tages erwischt mich Brigitte zu Beginn der Frühstückspause und sagt, sie sei auf den Geburtstag eines Cousins eingeladen, hier in Ennigerloh – ob ich Lust hätte, mitzukommen? Ja, habe ich. Aber was soll ich jetzt machen? Ich müßte meine Mutter fragen. Bei einem Gespräch unter vier Augen wäre die Sache aussichtslos. Ich bin mittlerweile neunzehn, aber daran gewöhnt, gegen meine Mutter nicht das geringste ausrichten zu können. Ich traue mich nicht einmal, sie überhaupt zu fragen. Gar nicht ausgeschlossen, daß sie im ersten Moment sogar einverstanden wäre. Doch bisher hat sie kurz vorher immer noch einen Grund gefunden, ihre Erlaubnis zurückzuziehen. Vielleicht hat Brigitte mehr Glück. Und tatsächlich – sie redet mit Engelszungen, schwört, daß schon deshalb alles mit rechten Dingen zugehen werde, weil ständig eine größere Anzahl von Tanten und Onkeln zugegen sein werde – und da meine Mutter um keinen Preis den Eindruck einer garstigen Person erwecken möchte, läßt sie sich ihr Einverständnis abringen. »Aber um zehn bist du zu Hause! Spätestens um zehn!« Na, gut. Klar.

Wunderbar!

Ich gehe auf eine Party! Unglaublich! Sie findet bei Brigittes Eltern statt (es ist ja Brigittes Cousin, der Geburtstag feiert), und wie es sich gehört, treffen wir uns in der Garage. Zünftige Partys finden in diesen Tagen in Partykellern oder Garagen statt und sonst nirgendwo, und Partykeller haben sich bis Ennigerloh noch nicht herumgesprochen. Es ist gemütlich in dieser Garage, es sind um sechs Uhr bereits zahlreiche Gäste da, es hat auch seine Richtigkeit mit den erwähnten Tanten und Onkeln, und es gibt nennenswerte Vorräte an Bluna und Miranda. Alkohol rühre ich nicht an. Meine einziges Erlebnis mit Alkohol war die Erbeerbowle im Krankenhaus zu Münster, wo wir den freien Zugang zur Küche ausgenutzt, eine Flasche Moselwein mit Unmengen von Mineralwasser und ein paar Erdbeeren versetzt und das ganze Bowle genannt und im Lauf des Abends ausgetrunken haben, mit der bekannten Folge, daß wir am nächsten

Morgen ohne das Eingreifen der jungen Nonne die Morgenmesse verschlafen hätten.
Nein, ich bleibe bei Miranda und unterhalte mich zunächst mit Brigitte. Also, der da drüben auf der Couch ist ihr Cousin. Erwin heißt er. Siebenundzwanzig wird er heute. Und schlecht sieht er nicht gerade aus. Schlank, schmales Gesicht, vielleicht einen Kopf größer als ich, die Haare nach hinten gekämmt, mit einer Tolle über der Stirn. Etwas rock'n'rollmäßig, aber gepflegt. Und wie es der Zufall will, setzt sich Erwin im Lauf des Abends zu mir. Was ich denn mache? Ach, da gibt's nicht viel zu sagen; erlebt habe ich nicht viel, und was ich erlebt habe, das kann man nicht erzählen. Was er denn mache? Na ja, gelernt hat er Teppichweber, in einer Weberei in Wermelskirchen, wo seine Familie damals, nach ihrer Flucht aus Danzig, gestrandet ist. Aha, interessant, Flucht, Danzig … Ich muß sagen, ich finde ihn unterhaltsam. Unterhaltsam und sympathisch. Und er findet mich sympathisch genug, mir kurz vor zehn den Vorschlag zu machen, mich auf dem Heimweg zu begleiten.
Es ist mir nicht unangenehm, von ihm an diesem unwirtlichen Novemberabend nach Hause gebracht zu werden. Es sind nur drei Straßen, und gottlob sind sie dunkel und menschenleer. Vor der letzten Ecke drehe ich mich zu ihm um – meine Mutter könnte hinterm Fenster lauern, also besser keinen Schritt weiter. Nun, er ist brav. Er fragt bloß, ob wir uns wiedersehen würden. »Wenn ich das wüßte«, sage ich (ohne weitere Erklärung. Aber wahrscheinlich versteht er auch so. Frau Hoffmann ist bekannt). »Wir könnten es über Brigitte versuchen. Wenn Brigitte uns beide wieder mal einladen würde …« Versprechen kann ich ihm nichts. Er gibt mir die Hand. Die letzten zweihundert Meter bis zur Haustür Beethovenstraße 32 lege ich ohne ihn zurück.

24

Ob Brigitte uns verkuppeln will? Ob sie gedacht hat: Die Marlene, die ist mehr als allein, und der Erwin mit seinen siebenundzwanzig, das ist auch ein einsamer Mensch, da helfe ich ein bißchen nach, vielleicht wird was aus den beiden?
Nun gut, verliebt bin ich eigentlich nicht. Aber ich kann aus dem Stand eine Menge anderer, ebenso guter Gründe dafür nennen, Erwin wiederzusehen. Mit Erwin könnte ich meinem stumpfsinnigen Elend zum Beispiel ein paar unbeschwerte Augenblicke abgewinnen. Bei Erwin bekäme ich mal was anderes zu hören als das dröhnende Schweigen meiner Mutter und die Katastrophenberichte von der letzten Fahrradpanne, die im Kollegenkreis den dramatischen Höhepunkt jeder Unterhaltung bilden. Mit Erwin würde ich wieder etwas von der Geselligkeit erleben, die mich in Münster so glücklich gemacht hat, wo wir uns bei dieser oder jener auf dem Zimmer getroffen und auf den Betten gehockt haben, weil es gar nicht so viele Stühle gab, und erzählt und gelacht haben. In Erwin hätte ich vielleicht einen Menschen, an den ich mich anlehnen könnte. Eine Schulter dann und wann, nach nichts sehne ich mich mehr …

Todesmutig fädelt Brigitte weitere Rendezvous ein. Sie versteht mich, sie kennt meine Mutter. Wir hangeln uns von Notlüge zu Notlüge, wir binden meiner Mutter einen Bären nach dem anderen auf, die Geburtstagspartys häufen sich, und immer ist das Geburtstagskind ein naher Verwandter von Brigitte. Würde meine Mutter die Wahrheit erfahren, es wäre mit meinem kleinen Vergnügen sofort vorbei.

Meist verabreden wir uns an einer Straßenecke und gehen dann spazieren, hin und wieder treffen wir uns auch in einem Café. In der Regel erzählt er, und ich höre gebannt zu. Noch nie bin ich einem Menschen begegnet, der solche Dramen erlebt hat! Seine Familie stammt aus Danzig. Sein Vater war Schreiner auf einer Werft und wurde bei Kriegsbeginn zunächst nicht eingezogen. 1942 haben sie ihn dann doch geholt, im Jahr darauf ist er in Stalingrad verschollen. Als es ans Fliehen ging, lag die »Gustloff« im Hafen, und sie ließen sich für dieses Schiff registrieren, seine Mutter, zwei Tanten, sein jüngerer Bruder und er. Doch im letzten Moment entschied sich seine Mutter gegen die Flucht übers Meer. Und das war ihre Rettung, denn die »Gustloff« wurde in der Ostsee von Torpedos versenkt. Sie haben sich dann über Land auf den Weg in den Westen gemacht, mal zu Fuß, mal mit dem Zug. Erwin war seinerzeit sieben Jahre alt, sein Bruder erst vier und so schwach, daß sie ihn in einem Wägelchen hinter sich herziehen mußten. Es war August, und wenn der Zug auf freier Strecke hielt, schwärmten die Menschen aus, um Eßbares von den Feldern aufzusammeln. Manchmal fuhr der Zug schon wieder an, wenn viele noch auf den Feldern waren, dann rannten sie hinterher, um ihr Leben und ihre Familien, und manches Kind blieb zurück. Mit viel Glück kamen sie schließlich nach Westfalen, in eine Welt, wo der Misthaufen vor der Tür lag und das Plumpsklo hinterm Haus stand und die Wasserpumpe auf dem Hof. In Danzig hatten sie fließendes Wasser und ein Badezimmer gehabt. Seine Geschichten ermutigen mich, meine eigene Geschichte zu erzählen. Erwin soll ja verstehen, was es mit mir und meiner Mutter auf sich hat und wie es kommt, daß in Neubeckum eine zweite Mutter von mir wohnt. Normalerweise verliere ich kein Wort darüber, weil ich schlechte Erfahrungen damit gemacht habe. Wenn ich früher mal durchblicken ließ, daß ich vertauscht worden bin, haben die Leute mir gleich ein Mitleid entgegengebracht, das mir unangenehm war. Ich wollte nicht bedauert werden. Diesmal aber bereue ich meine Offenheit nicht. Es stellt sich nämlich heraus, daß Erwin ganz Ähnliches erlebt hat: Seine leibliche Mutter hat ihn abgelehnt! Sie wünschte sich ein Mädchen, und als Erwin zur Welt kam – es war eine Hausgeburt –, sagten die Tanten: »Dora, du hast einen Jungen.« Doch seine Mutter wollte nichts davon wissen, sie wollte ihren Sohn nicht einmal sehen, sie hatte sich auf ein Mädchen versteift und Strampelanzüge für ein Mädchen gehäkelt und war nicht zu besänftigen. Helmut, ihr zweiter Sohn, sah dann so lockig und süß wie ein Mädchen aus, und der wurde ihr Liebling, der ging ihr über alles. Erwin hingegen sah seinem Vater ähnlich, was wiederum den Tanten sehr zu Herzen ging; sie waren überglücklich, einen Ersatz für ihren gefallenen Bruder gefunden zu haben, und da seine Mutter nach wie vor nicht viel für ihn übrig hatte, zogen sie ihn auf wie ihr eigenes Kind.

Während dieser von Brigitte inszenierten »Geburtstagspartys« mache ich also nach und nach eine wunderbare Entdeckung: Es gibt einen Menschen, der mich versteht und dem ich mich anvertrauen kann. Wer hätte gedacht, daß es so viele Übereinstimmungen in unseren Lebensgeschichten gäbe! Es kann unmöglich Zufall sein, daß wir uns begegnet sind! Allmählich empfinde ich bei Erwin etwas wie Seelenverwandtschaft, eine Vertrautheit, eine Nähe, die nur durch ein trauriges Schicksal entstehen kann, das man teilt. Und so kommt es, daß aus dem erhofften kleinen Vergnügen ein großes wird. Zwei ganze Monate lang geht es gut, sehr gut. Dann, Ende Januar 1965, kommt meine Mutter dahinter.

Natürlich hat man uns gesehen. Das läßt sich in einem Dorf wie Ennigerloh gar nicht vermeiden. Irgendein Bekannter kommt einem auf der Straße immer entgegen, irgendwelche Leute liegen immer in den Fenstern, und wenn zwei einen verliebten Eindruck machen, wenn sie mal grundlos stehenbleiben und erst nach einer Weile weitergehen, dann dürfen sie sicher sein, besonderer Aufmerksamkeit gewürdigt zu werden. Ich komme also von einem unserer Geheimtreffen nach Hause, sehe ihr Gesicht und weiß: Jetzt geht's zur Sache. Oh, wie ich diesen Kommandoton, wie ich dieses Verhört- und Angeschnauztwerden hasse!

»Wo bist du gewesen?«

»Bei Brigitte.«

»Und sonst?«

»Nichts. Wir haben uns was erzählt und Bluna getrunken.«

»Und – dich hat keiner nach Hause gebracht?«

»Nein. Wie kommst du darauf?«

»Lügnerin! Man hat euch gesehen! Du hast rumgeknutscht! Du Flittchen! Du verkommenes Geschöpf! Ich hab's immer gewußt!«

Im selben Moment hat sie den Teppichklopfer in der Hand und schlägt mit aller Wucht auf mich ein. Ich fliehe auf mein Zimmer; durch die geschlossene Tür höre ich sie noch lange ihre üblichen Schmähungen ausstoßen. Als nächstes zieht sie Erkundigungen über Erwin ein, und in kürzester Zeit weiß sie mehr über ihn als ich. »Der taugt nichts! Der trinkt! Laß die Finger von dem! Der reißt dich ins Verderben! Ich mein's nur gut mit dir!« Von nun an treffe ich ihn heimlich, wenn ich ins Dorf muß. Und auch davon erfährt sie, spätestens am folgenden Tag.

Keine Ahnung, woher sie ihre Informationen hat. Es muß Nachbarn geben, die meiner Mutter ihre Beobachtungen zutragen. Schon früher wußte sie ja stets, ob ich um zwei oder um drei Uhr nach Hause gekommen war. In allen möglichen Häusern muß sie Leute haben, mit denen sie Vereinbarungen getroffen hat, die sie über alles, was mich betrifft, auf dem laufenden halten. Womöglich verfügt sie über ein regelrechtes Spitzelsystem. Es stehen ja genug Leute stundenlang an den Fenstern, die ein Auge auf die Nachbarschaft haben und genau wissen, was sich auf den Straßen tut. Ob sie ihre Spione entlohnt? Ob sie sie mit Gruselgeschichten über ihre mißratene, verstockte und undankbare Tochter für sich eingenommen hat?

Für Brigitte jedenfalls beginnt in der Firma ein Spießrutenlauf. Wann immer sie meiner Mutter im Eingang oder auf der Treppe begegnet, wird sie lauthals als Verräterin beschimpft. Nicht zuletzt, um sie aus der Schußlinie zu nehmen, sage ich meiner Mutter jetzt ins Gesicht, daß ich ausgehen will, daß ich mir heute den Abend frei nehme, daß sie die Wäsche diemal selbst bügeln kann. Im selben Augenblick ist sie an der Wohnungstür, sperrt sie ab und nimmt meinen Schlüssel an sich. Seither schließt sie mich ein, sobald sie mich allein lassen muß – in mein Zimmer, wenn sie nur kurz ausgeht, in die Wohnung, wenn sie für längere Zeit das Haus verläßt. Nach dem Frühstück werde ich freigelassen, um mit ihr zur Arbeit zu fahren, und kaum sind wir nach Feierabend wieder zu Hause, dreht sich der Schlüssel hinter mir im Schloß.

Jetzt ist Brigitte doch wieder meine einzige Hoffnung. Täglich treffen wir uns auf der Firmentoilette zu einer kurzen, tränenreichen Lagebesprechung. Sie richtet mir Erwins Botschaften aus, ich lasse ihm bestellen, daß ich ihn wiedersehen möchte. Irgendwie, irgendwo. Lieber heute als morgen. Hinterher bin ich genauso verzweifelt wie vorher. Verzweifelt und ratlos. Ja, wenn ich ihn wenigstens anrufen könnte ... Aber unser Telefon daheim ist für mich wertlos. Das hat meine Mutter mit einem Vorhängeschloß unbrauchbar gemacht, das die Wählscheibe blockiert. Geld für Briefmarken habe ich nicht. Und daß Erwin mir schreibt, kommt gar nicht in Frage. Ich bin tatsächlich eine Gefangene. Die Gefangene meiner Mutter.

Warum wehre ich mich nicht? Kein Zorn übermannt mich, wenn sie vor mir steht und brüllt. Mit unerschöpflicher Geduld lasse ich ihre Verhöre über mich ergehen. Ich brauche sie nur zu sehen, und aller Mut verläßt mich. Sie ist stärker als ich. Sie flößt mir Angst ein. Ein Raubtier könnte mich nicht in größere Panik versetzen. Man vergißt sich ja auch nicht im Angesicht eines Tigers. Man hofft nur, daß er einen nicht anspringt und zerreißt, solange man sich still, so still wie möglich verhält. Trotzdem stehle ich mich eines Tages vor Feierabend aus der Firma, schwinge mich auf mein Rad und fahre zu ihm. In derselben Nacht noch komme ich zurück. Ich weiß, was mich daheim erwartet und daß es furchtbar werden wird. Aber ich weiß auch etwas anderes. Ich weiß, daß sie ihr Pulver bald verschossen haben wird. Und daß sie selbst es ahnt.

25

Aber noch gibt sie sich nicht geschlagen. (Das wird sie nie tun.) Noch ist ihre Macht nicht gebrochen. Von nun an läßt sie mich keine Minute des Tages mehr aus den Augen. Habe ich früher als sie frei, verzichtet sie auf Überstunden, folgt mir bis vor die Haustür und schließt die Wohnungstür hinter mir ab. Sooft ich mich jetzt durch Ennigerloh bewege, genieße ich ungebetenen Geleitschutz. Ein paar Tage lang lasse ich mir das gefallen. Dann, als sie abends in ihrem Sessel vorm Fernseher sitzt, fasse ich mir ein Herz. Ich fische meinen Schlüssel aus ihrer Tasche. Ich ziehe meinen Mantel über. Ich schleiche zur Tür. »Tschüß!« rufe ich ihr zu, als ich den Schlüssel ins Schloß stecke. »Ich treffe mich mit Brigitte!« Mit einem Wutschrei springt sie auf, aber diesmal bin ich schneller. Ich reiße die Tür auf und bin weg.

Erwin öffnet mir. Er wohnt im Haus der beiden Tanten, die ihn großgezogen haben; er hat dort ein großes Zimmer mit einer beeindruckenden Musiktruhe, zu der eine beachtliche Plattensammlung gehört, auf die er natürlich furchtbar stolz ist, weshalb man besser einen Sicherheitsabstand einhält und nichts davon berührt. Ich lasse mich auf sein Sofa fallen, will jetzt nicht über meine Mutter reden, will sie mit keinem Wort erwähnen, ich möchte mit ihm Platten hören, Elvis, Bill Haley, Ted Herold, die Beatles, und ihm so nah wie möglich sein. Ab und zu geht er an seine Musiktruhe, um die Platte zu wechseln, legt »Michelle« auf oder »I wanna hold your hand«, und später sage ich zu ihm: »Heut gehe ich nicht nach Hause.«

Anderntags betrete ich gegen Nachmittag unsere Wohnung, und mich empfängt eisiges Schweigen. Keines Wortes würdigt sie mich, und keines Blickes. Aber mit einem Mal bricht es aus ihr heraus. »Du wirst in der Gosse landen!« schreit sie. »Der Kerl taugt nichts!« schimpft sie. »Willst du mit einem Trinker glücklich werden?« brüllt sie. Und ich sage: »Ich möchte ausziehen.« Der Satz rutscht mir so raus. Ich wundere mich selbst. Aber nachdem er nun einmal in der Welt ist, dieser Satz, fange ich an, meine Habseligkeiten in die kleine Reisetasche zu packen, die mich schon nach Münster begleitet hat. Sie bewahrt eine seltsame Ruhe. »Stürz dich meinethalben ins Unglück«, knurrt sie bloß. »Ich habe dich gewarnt.« Ich leere meine Schublade, nehme den Rosenkranz heraus, das kleine, gesegnete Kreuz, das Gebetbuch, die Spitzentaschentücher – die paar Dinge eben, die ich sorgfältig aufbewahrt habe, weil sie mich all die Jahre daran erinnert haben, daß mein Leben einmal wie ein Traum begann –, lasse das flammrote Dirndl im Schrank hängen und frage nach meinem Sparbuch. Es gibt kein Sparbuch. Es hat nie eins gegeben. Alles Lüge. Fast drei Jahre lang ist mein Geld in ihre Tasche geflossen – an die zwanzigtausend Mark! Wahrscheinlich gehören der Fernseher und die Tiefkühltruhe mir. Womöglich hat sie ihre Spitzel mit meinem Gehalt bezahlt. Und ich war einfältig genug, ihr zu glauben. »Keinen Pfennig bekommst du von mir«, höhnt sie. »Keinen Pfennig!« Ihr letzter Trumpf. Geh einfach, denke ich. Du gehst mit leeren Händen. Aber deine Freiheit erwartet dich.

Ich komme nicht weit. Meine Mutter hechtet an mir vorbei, den Schlüssel in der Hand, auf die Wohnungstür zu. Ich stoße sie zur Seite, verschaffe mir zum ersten Mal in meinem Leben gewaltsam Platz, reiße die Tür auf, laufe so schnell ich kann die Treppenstufen hinunter, ziehe die Haustür auf und gehe auf die Straße hinaus in die Dämmerung eines kühlen, trockenen Märztags. Ich denke gar nicht daran, das Fahrrad zu nehmen, ich gehe einfach mit schnellen Schritten weiter, immer weiter, zitternd, atemlos, mit klopfendem Herzen. »Von mir darfst du keine Hilfe erwarten!« hat es hinter mir durchs Treppenhaus gehallt. »Meine Tür ist für dich zu!« Ich blicke mich um, drehe immer wieder mal den Kopf, kann sie aber nirgends entdecken. Offenbar folgt sie mir nicht ... Welche Erlösung! Ich bin frei! Es ist ungewohnt, es ist beängstigend, es ist beglückend! Wie oft habe ich mir in den letzten Monaten gesagt: Heute eröffnest du ihr, daß du ausziehen willst. Und habe es doch nicht gewagt. Aber morgen, habe ich mir dann geschworen, morgen wirst du es ihr sagen. Und habe auch am nächsten Tag den Mut dazu nicht gefunden. Und jetzt bin ich frei.

Vor seinem Haus stelle ich die Tasche ab und klingele. Eine der Tanten öffnet mir. »Ich bin ausgezogen«, sage ich. »Kann ich bei euch bleiben?« Überflüssige Frage. Die Tanten würden mich nicht fortschicken. Die sind auf meiner Seite. Die freuen sich über eine Tochter, und da Erwin gar nicht da ist (wir hatten ja nichts vereinbart), entscheiden jetzt eben die Tanten, der Ausreißerin Asyl zu gewähren. Ich bringe meine Tasche in Erwins Zimmer, und während ich auf ihn warte, setze ich mich zu den beiden in die Küche.

Es ist wirklich seltsam. Genau wie ich ist Erwin ohne Vater aufgewachsen, und genau wie ich hat er zwei Mütter. Tante Klara und Tante Hanne haben allerdings weder mit Mama Strecker noch mit meiner Mutter Ähnlichkeit. Es sind zwei gottesfürchtige, unverheiratete Fräulein und rührend liebe Menschen – Oma Anna in doppelter Ausfertigung, würde ich sagen. Beide hinken, beide haben seit ihrer Kindheit eine Gehbehinderung, trotzdem haben sie die Flucht in den Westen überlebt. Es muß grauenvoll gewesen sein, sie erzählen oft davon. Ihre Sprache ist ziemlich lustig. Sie bemühen sich zwar, Hochdeutsch zu sprechen, aber immer wieder unterlaufen ihnen Ausdrücke aus ihrer alten Heimat. »Bacheitl« sagen sie, wenn sie irgendeinen Plunder, irgendein Zeug meinen. Pantoffeln heißen bei ihnen »Schlorren«. Und ich bin ihr »Mariellchen«, ihr Kind, ihr Mädchen. Lauter Danziger Einsprengsel eben. Als Erwin kommt, ist er überrascht und glücklich. Und schenkt mir ein silbernes Halskettchen.

Am folgenden Morgen steht meine Mutter vor der Tür. Erwin ist bei der Arbeit, die Tanten öffnen, und meine Mutter kommt erst gar nicht herein, sie ist außer sich und legt gleich in der Haustür los, wie damals in Neubeckum. Sie wettert, sie schimpft, sie droht, alles mit dieser brüllenden Stimme, alles in diesem unflätigen Ton. Eine Unverschämtheit, mir Unterschlupf zu gewähren! Kuppelei, nichts anderes! Ein Verfahren wegen Kuppelei werde sie ihnen an den Hals hängen!

Die Tanten wissen gar nicht, wie ihnen geschieht. Was habe ich ihnen da eingebrockt! Keiner Fliege könnten die beiden was zuleide tun, und jetzt sollen sie wegen Kuppelei angezeigt werden! Obendrein wohnt der Vermieter gleich nebenan, wahrscheinlich bekommt er alles mit. Welche Peinlichkeit! Ich stehe oben auf der Treppe, ich will mich nicht zeigen, aber ein furchtbar schlechtes Gewissen beschleicht mich, fast fühle ich mich verpflichtet, zu meiner Mutter zurückzukehren. Ich schwanke, ich bin hin und her gerissen, aber ich bleibe, wo ich bin, ich will das jetzt nicht ausbaden. Und die armen Tanten halten den Kopf für mich hin. Der ganze Eklat spielt sich weiterhin im Hausflur ab, die Tanten denken gar nicht daran, diese Furie hereinzubitten, und meine Mutter macht auch keine Anstalten, heraufzukommen, sie hat es gar nicht auf Erwin oder mich abgesehen, sie läßt ihre Wut an denen aus, die diesen abscheulichen Akt sittlicher Verkommenheit dulden. Tante Klara, die eine Spur resoluter ist als Tante Hanne, unterbricht sie schließlich und sagt: »Frau Hoffmann, wenn Sie meinen, daß Sie uns anzeigen müssen, dann tun Sie das.« Und meine Mutter zieht wutschnaubend ab. In den nächsten Tagen läuft sie durch Ennigerloh und erzählt, ihre eigene Tochter habe sie zu Boden gestoßen. Aber Rasende könne man eben nicht aufhalten. Na, die werde schon in ihr Unglück laufen … Anzeige erstattet sie nicht.

Was ist ihr jetzt noch zuzutrauen? Welche Teufelei wird sie jetzt wohl noch aushecken? Auf jeden Fall muß ich handeln. Das erste, was ich mache: Ich kündige bei Rottendorf – wo sie größtes Verständnis dafür aufbringen, daß ich meiner Mutter nicht mehr in die Arme laufen möchte. Und das zweite, was ich mache: Ich beratschlage mit Erwin und den Tanten, wie es weitergehen soll. Viel zu beratschlagen gibt es allerdings nicht. »Habt ihr vor, zusammenzubleiben?« fragen die Tanten. Wir nicken. »Dann heiratet doch«, sagen die Tanten. »Alt genug seid ihr ja.« Ein bißchen früh vielleicht, denke ich. Wir kennen uns kaum. Was weiß ich von Erwin schon? Aber gibt es überhaupt eine andere Lösung? Mir fällt keine ein. Und ist nicht jede Ehe ein Wagnis? Die Tanten sehen mich an. Ich nicke. Auch Erwin nickt. Also abgemacht. Wir heiraten.

Nein, wirklich, ich möchte heiraten. Aber es bleibt mir auch nichts anderes übrig. Wenn ich mit Erwin zusammenbleiben will, muß ich heiraten, denn eine Wohnung bekämen wir nur gegen Vorlage der

Heiratsurkunde, und bei den Tanten können wir uns nicht auf unabsehbare Zeit einquartieren. Leider ist es mit gutem Willen allein nicht getan. Schließlich bin ich noch minderjährig, und an Heiraten ist nicht zu denken, bevor das Jugendamt sein Einverständnis erklärt – und obendrein meine Mutter ihre Einwilligung gegeben hat! Welche wunderbare Gelegenheit für sie, noch einmal ihre Macht auszuspielen! Mir wird angst und bange. Unvorstellbar, daß sie mich Erwin kampflos überläßt. Und dann?

Da zeigt sich wieder mal, wie wunderbar diese Tanten sind. Sie suchen gemeinsam das Jugendamt auf, machen sich zu meinen Fürsprecherinnen – und siehe da, das Jugendamt setzt sich sogleich mit meiner Mutter in Verbindung. Man ist dort auf dem laufenden, Mutter und Tochter Hoffmann sind schließlich seit längerem schon aktenkundig, und gibt meiner Mutter jetzt den dringenden Rat, sich keinen Illusionen hinzugeben, zurückkäme ich sowieso nicht mehr, im übrigen befürworte man behördlicherseits diese Ehe, habe keinerlei Einwände, sehe darin die beste Lösung – und meine Mutter streckt die Waffen, beugt sich der höheren Gewalt und gibt dem amtlichen Drängen tatsächlich nach! Was eben noch aussichtslos erschien, ist im Handumdrehen in greifbare Nähe gerückt, und fortan ist von der Schwesternschule in Meschede keine Rede mehr. Hatte ich Erwin nicht erzählt, daß Rottendorf nur eine Notlösung sei, um Zeit zu überbrücken, um Geld zu verdienen, daß ich eigentlich ganz anderes vorhätte, nämlich Kinderkrankenschwester zu werden? Egal. Jetzt siegt die Liebe. Die Liebe und die Hoffnung. Nie mehr zu ihr zurück! Ein für alle Male frei! Marlene, du bist erlöst!

Ein neues Leben! Nach elf Jahren Wurstreste, Schwartenmagen und Speck, der nur aus Fett besteht, lerne ich Glück und Überfluß kennen. »Morgen kann sie anfangen«, heißt es, als Erwin bei der Profilia, wo er im Stofflager arbeitet, nach einer Stelle für mich fragt. Und erstmals in meinem Leben halte ich am Monatsende den vollen Lohn in Händen. Wie es fast jede Frau vor ihrer Hochzeit macht, lasse auch ich mir obendrein die erste Rentenanwartschaft auszahlen. Unglaublich, was ich mir plötzlich alles leisten kann! Mein

Reichtum hält nie lange an, jedes Gehalt geht gleich wieder drauf, genauso schnell wie seinerzeit die Groschen von Oma Anna. Monatelang grasen wir Ennigerloh nach allem ab, was zu einem richtigen Hausstand gehört. Ich erwerbe ein gutes gebrauchtes Fahrrad, und Erwin legt sich einen gebrauchten Käfer zu. Jetzt gehören wir zur Creme der Gesellschaft, zum Adel der Motorisierten, und mit stolzgeschwellter Brust biegen wir am nächsten Morgen in den großen Werksparkplatz der Profilia ein.

Wie sich die Zeiten ändern! Nun ist es offenbar der Alptraum meiner Mutter, mir in die Arme zu laufen. Sie ist nicht nur geknickt, sie ist geschlagen, besiegt – und nicht gewöhnt, derartige Niederlagen einzustecken. Wir begegnen uns ja auf der Straße, in Ennigerloh kreuzen sich zwangsläufig die Wege, und jedesmal macht sie dann auf dem Absatz kehrt oder biegt ab oder verschwindet in ein Geschäft oder fährt grußlos und mit starrem Blick auf ihrem Rad an mir vorüber. Verglichen mit früher ein ziemlich erbärmliches Verfahren, ihren Zorn an mir auszulassen. Aber mein Mitleid hält sich in Grenzen. Ich gönne ihr ihre ohnmächtige Wut von Herzen.

Nun geht es Schlag auf Schlag. Im September, gleich nach meinem Geburtstag, soll geheiratet und bis dahin eine Wohnung gefunden und vorher noch Verlobung gefeiert werden. Tante Hanne ist Schneiderin, sie verdient sich etwas Geld damit, für die Bauern der Umgebung zu nähen, und mir fertigt sie jetzt ein wunderschönes Verlobungskleid aus schwarzem Samt mit hellblauem Spitzenbesatz, ein Etuikleid, sehr figurbetont und ganz allerliebst. Am Tag der Verlobung treffen wir uns mit Erwins ausgesprochen zahlreicher Verwandtschaft in einer Kneipe. Es ist ein schönes Fest; die einen trinken Bier, die anderen Schwarzer Kater oder Aufgesetzten, und irgendwann wollen sie mir meine Bluna nicht mehr durchgehen lassen. Also gut, ich stoße mit jedem an, ich trinke tapfer, Schluck für Schluck, meinen Likör, mir wird speiübel, mir schwinden die Sinne, ich bin sturzbetrunken – und niemand regt sich darüber auf! Niemand macht ein Geschrei, tobt oder droht. Tante Hanne setzt mich ins Taxi und bringt mich nach Hause, das ist alles.

Nein, es ist wirklich wie im Paradies! Als hätte mir das Schicksal meine unvergessene Oma Anna in zweifacher Gestalt zurückgegeben, zur Entschädigung für entgangenes Lebensglück gewissermaßen. Die Tanten kümmern sich um alles. Wenn Erwin morgens aus dem Bad kommt, stehen bereits die blankgeputzten Schuhe unter dem Stuhl mit den frischgewaschenen Socken, der aufgebügelten Hose, dem gestärkten Hemd und dem Pullover, an der Garderobe hängt sein Jackett, und selbstverständlich sind Teekanne und Butterbrotdose längst in seiner Aktentasche verstaut. Zwischen Bad und Frühstück braucht er nur an dieser Reihe entlangzugehen. Und das Schönste ist: Mich verwöhnen sie genauso! Sie umsorgen mich wie die verlorene Tochter. Fast bedauere ich, daß wir nach der Hochzeit bei Tante Klara und Tante Hanne ausziehen werden. Aber ein Kinderzimmer läßt sich in ihrer Wohnung beim besten Willen nicht einrichten.

So, die Geburtsurkunde beibringen, das Aufgebot bestellen, was noch? Ach ja, der Brautunterricht. Erwin ist nicht gerade fromm, aber doch wenigstens katholisch und der Brautunterricht ohnehin obligatorisch, also sitzen wir an einem schönen Augustnachmittag im Pfarrhaus dem Priester gegenüber und prägen uns ein, daß wir in guten wie in schlechten Zeiten zusammenhalten, unsere hoffentlich zahlreichen Kinder als Geschenke Gottes annehmen und bis zum Tag der Hochzeit keusch leben sollen, wozu wir ernste Gesichter machen und dann und wann kurz zustimmend nicken.

Unserer Hochzeit steht nichts mehr im Wege. Wir treten hinaus ins Sonnenlicht, und vor der Tür des Pfarrhauses küßt Erwin mich.

Ich bin glücklich. Er liebt mich. Ich bin frei.

26

Aber ich bin sie nicht los.

Geht das überhaupt? Kann man sich überhaupt von einem Menschen befreien, der die eigene Mutter sein will? Kaum bin ich frei, schon stehe ich vor der Frage, ob ich sie zu unserer Hochzeit einladen soll. Offen gesagt – eine beklemmende Vorstellung, sie dabei zu haben, an diesem Tag, der ihre endgültige Niederlage besiegelt. Nicht nur, weil sie in Rage geraten könnte (mit allem, was dazugehört – Eklat, Blamage, beleidigte oder aufgebrachte Gäste usw.). Ich wüßte nicht einmal, zu wem ich sie an den Tisch setzen sollte. Brigitte würde die Flucht ergreifen, die Tanten wären entsetzt, Mama Strecker würde einen Bogen um sie machen, und selbst entfernte Bekannte wären nicht begeistert. Brigittes Bruder zum Beispiel. »Deine Mutter kenne ich«, hat er neulich gesagt. »Die hat vielleicht Haare auf den Zähnen.« Unter meinen Leuten gibt es jedenfalls kaum einen, den sie nicht schon vor den Kopf gestoßen hätte, und Erwins Verwandtschaft würde ihr ein ganz neues Betätigungsfeld eröffnen. Wie gesagt, eine beklemmende Vorstellung.

Trotzdem lade ich sie ein. Es ist nun einmal so: Ich bin nicht nachtragend, ich kann nicht hassen, mein Groll verraucht im nächsten Augenblick, und außerdem würde ich sie an diesem Tag so gern entspannt und heiter erleben, als Beweis dafür, daß sie nicht mehr an mir leidet. Vielleicht können wir ein neues Kapitel in unserer Beziehung aufschlagen, jetzt, da sie von mir erlöst ist? »Mutter, laß es gut sein«, schreibe ich auf die Karte, die ich ihr schicke. »Laß dich zu meiner Hochzeit einladen. Ich würde mich freuen.« Als Versöhnungsangebot, und damit dieses alberne Versteckspiel in der Öffentlichkeit aufhört. Im übrigen ist es nicht ausgeschlossen, daß ich in absehbarer Zeit Verwendung für eine halbwegs überzeugende Großmutter haben werde.

Keine Antwort. Aber es spricht sich in Ennigerloh bald herum, daß sie gar nicht daran denkt, zu kommen. Brigitte erlebt mit eigenen Augen und Ohren, wie sie in der Firma jede Gelegenheit nutzt, sich in den Ruf der tödlich Gekränkten und bis ins Herz Getroffenen zu bringen. Sie hat immer ein Publikum für ihre Wut gebraucht, sie hat immer Zeugen gesucht, die notfalls bestätigen konnten, welch schweres Unrecht ihr durch mich geschieht. Sie hat es noch nie fertig gebracht, ihre eigenen Dämonen auch in ihrer eigenen Brust zu bekämpfen. Und sie läßt sich tatsächlich nicht blicken.

Nicht zur standesamtlichen Trauung am 23. September, und nicht zur kirchlichen einen Tag später. Hätte ich mich zusammengerissen, wenn sie da gewesen wäre? Mir laufen jedenfalls die Tränen über die Backen, als der Priester mich fragt, ob ich Erwin zum Mann nehmen wolle, und für Augenblicke sieht es so aus, als müsse er sich mit einem Nicken begnügen, bevor ich das erlösende »ja« doch noch herausbringe. Und als die Tanten anschließend das »Ave-Maria« singen lassen, da ist es um meine Fassung endgültig geschehen.

Die strahlende Septembersonne trocknet meine Tränen, als wir aus der Kirche treten. Ich trage das kleine Kreuz, das gesegnete Kommunionskreuz, das ich aus der Schublade in der Beethovenstraße gerettet habe – und meine Frisur ist das Werk von Margret, meiner Freundin aus den guten, alten Glanzbildertagen in Neubeckum! Nach Jahren haben wir uns wiedergetroffen. Sie arbeitet in einem Friseursalon in Ennigerloh, und heute morgen ist sie zu uns gekommen, hat mir das Haar à la Farah Diba hochgesteckt und den Schleier befestigt und zum Schluß das Blütenkränzchen aufgesetzt. Ich mag dieses hochgesteckte Haar gar nicht – vielleicht, weil es bei mir Erinnerungen an das Schwalbennest weckt –, aber es ist eben der letzte Schrei.

Und dann ist es beinahe so, als hätte ich nie aufgehört, ein Strecker-Zwilling zu sein, als wären die letzten elf Jahre ein Spuk gewesen, als hätte es die furchtbaren Stunden auf dem Dachboden des großen Eckhauses in Neubeckum nie gegeben, denn im Festsaal des Hotels zur Post sitzt nun meine alte Familie zwischen all den Verwandten, die Erwin aufbieten kann, haben Mama Strecker und Renate und Marianne Platz genommen (nur Irmgard ist verhindert), um zusammen mit mir meine wiedergewonnene Freiheit zu feiern. Ich bin überglücklich und heilfroh, daß meine Mutter nicht auftaucht – bis ich mich plötzlich doch an sie erinnert fühle, an sie und das verhaßte

Dirndl und meinen schäbigen Lodenmantel, als nach dem Essen ein Zitterspieler loslegt, den irgend jemand angeheuert hat. Das ist nicht gerade nach meinem Geschmack (mir sträuben sich bei allem Bayerischen die Haare), aber ich muß zugeben, daß mir das Stück, das er jetzt anstimmt, ganz gut gefällt – der »Dritte Mann« natürlich.

In diesem Moment geht die Tür auf und ein Bote tritt ein. Er kommt auf mich zu, gratuliert und überreicht mir ein Paket, ein ziemlich großes. Es wird still. Ich reiße das Geschenkpapier auf. Zum Vorschein kommen neun Chenille-Handtücher bester Qualität, drei blaue, drei gelbe, drei rote, alle mit demselben Rosenmuster, sowie eine elektrische Saftpresse von Braun und eine Glückwunschkarte. Ich erkenne ihre Handschrift sofort. »Von deiner Mutter. Paula Hofmann« steht da. Alle Achtung, denke ich – was für ein ausgezeichnetes Gespür für öffentliche Wirkung und effektvolle Auftritte; sie muß nicht einmal persönlich in Erscheinung treten, um vor aller Augen die treusorgende, aufopferungvolle Mutter zu spielen. Alle staunen. Alle sind beeindruckt. Alle finden anerkennende Worte für ihre Großzügigkeit. »Ziemlich spendabel, deine Mutter!« heißt es, und: »Was das kostet!« Wenn sie wüßten ... Wenn sie wüßten, daß dies das erste Geschenk ist, das meine Mutter mir in den fünfzehn Jahren unserer Bekanntschaft gemacht hat ... Gut, ich freue mich. Freue mich wirklich. Aber an einen Sinneswandel glaube ich noch nicht. Davon könnte sie mich nur durch einen Besuch in unserer neuen Wohnung überzeugen.

Wir haben nämlich Glück. Kurz nach der Hochzeit beziehen wir eine schöne Werkswohnung der Profilia, mit Bad und Balkon und einem Kinderzimmer (das vorerst leer bleibt, weil es ein Unglück heraufbeschwören hieße, würden wir jetzt schon ein Kinderbett hineinstellen). Also, das Leben ist weiterhin herrlich. Weiterhin genieße ich das Gefühl, erlöst zu sein. Und weiterhin sind die Tanten rührend um uns besorgt. Oft essen wir bei ihnen, oft kochen sie für uns, und ich brauche das Abendessen nur abzuholen. Ihr Zuneigung ist bedingungslos. Und Erwin ist liebevoll und zärtlich. Ich fühle

mich geborgen bei ihm. Mir gefällt auch seine Unternehmungslust – wir gehen ins Kino oder fahren mit unserem alten Käfer aufs Land und machen lange Spaziergänge.
Was mich ein wenig an ihm stört ist, wie er seine Tanten ausnutzt, wie er sich bedienen läßt. Verlangt ihn nach einem Fußbad, braucht er nicht lange zu warten – ein Wort von ihm, und schon kommen die Tanten angelaufen und stellen ihm eine Schüssel mit warmem Wasser hin, Fichtennadeltablette inklusive. »Kannst du dir dein Fußbad nicht selbst machen?« frage ich. »Die machen das gern«, entgegnet er leicht gereizt. »Die haben das immer gemacht. Und ich möchte nicht, daß du dich da einmischst.« Womit er gar nicht unrecht hat – Tante Klara und Tante Hanne verwöhnen ihn weiterhin nach Strich und Faden, und nie kommt ihnen der leiseste Tadel über die Lippen. Und noch etwas beunruhigt mich: Seitdem ich meiner Schwangerschaft wegen nicht mehr arbeite, kommt Erwin abends immer häufiger auf dem Umweg über die Bahnhofsgaststätte nach Hause. Gut, sturzbesoffen ist er dann nicht, aber er hat eine Fahne, und wenn ich etwas zu sagen wage, rollt er sich auf dem Sofa zusammen und ist beleidigt. Nicht, daß es mir viel ausmachen würde. Aber ich kann mir nicht länger verhehlen, daß er ziemlich schnell eingeschnappt ist und äußerst empfindlich gegen Kritik.
Unser erstes Kind wird im Frühjahr 1966 geboren, ein Mädchen, Sabine. Die Geburt ist einer der schönsten Augenblicke meines Lebens, und ich will gar nicht bestreiten, daß sich in mein Glück viele Hoffnungen mischen, nicht zuletzt der Wunsch, am eigenen Kind gut machen zu können, was die eigene Mutter mir an Unglück eingebrockt hat. Eine Verwechslung mit anderen Neugeborenen ist immerhin ausgeschlossen, denn Sabine kommt zwei Monate zu früh zur Welt und entgeht dem Brutkasten nur deshalb, weil sie vom ersten Augenblick an mit unersättlicher Gier lautstark schmatzend an meiner Brust nuckelt – zur Freude aller, die mich besuchen. Meine Mutter gehört nicht dazu. Ich habe ihr zwar geschrieben, habe sie von Sabines Geburt unterrichtet, habe ihr sogar angeboten, Sabines Taufpatin zu werden, aber sie hat mein Ansinnen in zwei dürren

Zeilen zurückgewiesen. Ich wollte ihr den Vortritt lassen – aber ich bin alles andere als traurig, daß Mama Strecker jetzt die Patin meines ersten Kindes wird.
Von nun an wird es im Abstand von jeweils einem Jahr in unserem Kinderzimmer immer enger. 1967 kommt Christiane zur Welt, 1968 wird unser erster Sohn Joachim geboren, und Januar 1970 schenke ich unserem zweiten Sohn Thomas das Leben. Mit vierundzwanzig bin ich vierfache Mutter, habe mithin ebenso viele Kinder wie Mama Strecker, als ich noch dazu gehörte, und wenn mir trotzdem nicht alles über den Kopf wächst, liegt es allein an Tante Klara und Tante Hanne. Längst habe ich mich damit abgefunden, daß Erwin nun mal kein Kämpfer ist, daß er Verantwortung scheut und daß ich, wie früher, vieles in die eigenen Hände nehmen muß, weil er sich rasch überfordert fühlt.
Nicht anders als meine Mutter übrigens. Zweieinhalb Jahre lang läßt sie sich nicht blicken. Offenbar hat sie mit mir gebrochen – oder jedes Interesse an mir verloren, seit ich nicht mehr zum Sündenbock und Ackergaul tauge. Nun, ich vermisse sie nicht; es gibt sogar Tage, die vergehen, ohne daß ich an sie gedacht hätte. Doch dann, vor der Geburt meines dritten Kindes, komme ich in Verlegenheit – die Tanten sind nämlich in Kur, Erwin wäre der Aufgabe nicht gewachsen, und jetzt bleibt mir nichts anderes übrig, als sie zu bitten, meinen Haushalt zu führen, solange ich im Krankenhaus liege.
Ich hätte sie besser nicht gefragt.
Sie kommt tatsächlich. Sie tut auch was. Sie kocht, sie wickelt die Kinder und legt sich dann, erschöpft wie sie ist, zum Schlafen in meine Ehebetthälfte, weil ihr das Sofa nicht komfortabel genug erscheint. Tief in der Nacht kehrt Erwin heim, nachdem er seinen ersten Sohn ausgiebig begossen hat, läßt sich ins Bett fallen und schläft augenblicklich ein. Daß meine Mutter neben ihm liegt, stellt er erst fest, als ihn am anderen Morgen jemand plötzlich aus nächster Nähe wegen seines Schnarchens rüde beschimpft. Mittags probiert Erwin einen Bissen von dem, was sie gekocht hat, und ist entsetzt. Von nun an liegen sich die beiden in den Haare, sooft sie sich begegnen.

»Aber eins will ich dir sagen«, wettert Erwin los, als er mit einem üppigen Strauß roter Rosen an meinem Bett steht, »was deine Mutter kocht, das kann kein Mensch essen!« Und meine Mutter beschwert sich später: »Ich hab's ja immer gesagt: Der säuft! Aber du wolltest ja nicht auf mich hören. Und überhaupt – wenn ich geahnt hätte, wie viel Arbeit das ist, den Kindern den Arsch abzuwischen ... Also, das war das erste und das letzte Mal!« Nie wieder – in diesem Punkt wenigstens sind sich die beiden einig.
Ist es ein Wunder, daß ich kaum etwas mitbekomme von dem, was sich draußen in der Welt tut? Gut, die Mondlandung entgeht mir nicht, die verfolge ich am Fernsehbildschirm. Und vom Krieg in Vietnam erfahre ich das eine oder andere durch die Tageszeitung. Aber daß mich dieser Krieg besonders berühren oder aufwühlen würde, kann ich nicht sagen; bei uns wird jedenfalls nicht darüber diskutiert. Und auch die Studentenbewegung schlägt keine Wellen bis Ennigerloh. Die Vorgänge in Berlin oder Frankfurt nehmen wir mit Befremden zur Kenntnis, sind auch entsetzt über die Gewalt, aber ein Westfale läßt sich so schnell nicht aus der Ruhe bringen, und daß sich für uns in Ennigerloh deswegen etwas ändern sollte, kann sich kein Mensch hier vorstellen. Im übrigen habe ich nach wie vor nur vage Vorstellungen von der Welt – wir verreisen ja nie, machen nicht einmal Urlaub im Sauerland, und Münster ist für mich immer noch der Inbegriff einer Metropole! Nein, die große Welt beginnt für mich vor der eigenen Haustür, nicht anders als damals, als wir in Sichtweite von Oma Anna »Deutschland erklärt den Krieg« gespielt haben.
Vier kleine Kinder – da beginnt das Drama schon, bevor man den ersten Fuß auf die Straße setzt! Kaum sind alle fertig angezogen, muß das erste schon wieder aufs Töpfchen, und oft auch gleich noch das zweite. Endlich draußen, wird der Jüngste im Kinderwagen verstaut, der Zweitjüngste im Beifahrersitz untergebracht, Sabine an die eine Hand genommen, Christiane an die andere – und eigentlich brauche ich jetzt für den Kinderwagen noch zwei weitere Hände, aber, kaum zu glauben, es geht auch so. Haben wir uns jedoch erst

einmal in Bewegung gesetzt, ist mein Glück vollkommen. Ich gebe zu: Ich bin mächtig stolz. Was für einen Anblick muß ich bieten mit meinen fünfundzwanzig Jahren, meinem Pferdeschwanz, meinen vier Kindern und einer Figur, der auch die letzte Geburt nicht geschadet hat! Ich sauge die staunenden Blicke der Leute um mich her mit größter Genugtuung auf und werde nie vergessen, wie eines Tages zwei ältere Damen an mir vorübergehen und die eine hinter meinem Rücken zur anderen sagt: »Mei Chott, vej Blagen hätt dat Blag!« (Mein Gott, vier Kinder hat das Kind!) Nicht, daß ich eine Bestätigung dafür brauche, alles richtig gemacht zu haben. Aber ein anerkennendes Wort kann mich immer noch zu Tränen rühren.
Zur selben Zeit übrigens, also 1970, heiratet Renate. Ich höre davon durch Mama Strecker, eingeladen bin ich nicht. Ich habe, offen gesagt, auch nicht damit gerechnet, denn gleich nach meiner Hochzeit vor gut vier Jahren ist der Kontakt zu meiner einstigen Zwillingsschwester abgebrochen. Nicht, daß wir uns gram wären – wir haben uns einfach aus den Augen verloren, als würde uns endgültig nichts mehr verbinden. Was ja auch stimmt: Sie hat es bis zur Mittleren Reife geschafft, und ich habe nur die Volksschule besucht, ihr Mann ist ein Studienrat, und meiner arbeitet in der Fabrik. Nein, ich habe schon lange nicht mehr ihr Niveau. Wahrscheinlich hat Mama Strecker recht, wenn sie sagt: Man verkehrt zeitlebens nur in seinen eigenen Kreisen, und Renates Leben spielt sich nun mal in anderen Regionen ab. Ich gehöre nicht mehr dazu – so einfach ist das. Aber lange Zeit fällt es mir schwer, zu glauben, wie einfach das ist.

27

Jetzt habe ich alle Menschen zusammen, die meinen kleinen Kosmos ausmachen, die meine Miniaturwelt aus einer Handvoll gleichermaßen netter wie unbedeutender Ortschaften in diesem westfälischen Landstrich bevölkern. Wir sind (beinahe) vollzählig – bis auf einen. Wenn etliche dieser Menschen über kurz oder lang ausscheiden, liegt es nicht daran, daß meine Erinnerung mich im Stich läßt – es hat vielmehr damit zu tun, daß der eine sich zurückzieht, der andere stirbt, der dritte mich vergißt und der vierte mit mir nichts mehr zu tun haben will. Oder ich nichts mehr mit ihm.
Mein Leben wird nämlich nicht einfacher. Das hofft man immer, sobald man die alten Fesseln abgeschüttelt hat, und ich ersehne wahrscheinlich inbrünstiger als viele andere, daß es einfacher wird. Aber das geschieht nicht. Mag sein, daß es in meinem Fall auch daran liegt, daß ich ein Unheil nicht kommen sehe und eine Gefahr selten rechtzeitig erkenne. Vielleicht ist es so, daß man versäumte Lebenserfahrung niemals nachholen kann.
Jedenfalls widerspreche ich keinem, der mich als gutmütig oder naiv bezeichnen würde. Meine Lebenserfahrung beschränkt sich darauf, in Deckung zu gehen, wenn es zu spät ist. Ich bin in einem Gehäuse aus Stumpfsinn und Angst aufgewachsen, abgeschottet von jedem lebensspendenden Gedanken, von jeder wertvollen Erfahrung, ich war nicht einmal aufgeklärt, als Erwin mir begegnete. Außerhalb der Familie hatte ich keine Vorbilder und niemanden, der mir gesagt hätte, wo es lang geht, wie der Hase läuft und wie die Männer sind oder die Menschen. Kein kluger Kopf hat mich je an seinen Erfahrungen teilhaben lassen. Mein Horizont reicht von Münster bis Beckum – alles, was nicht im Umkreis von 40 Kilometern liegt, ist mir so fremd wie die entferntesten Winkel dieser Erde, wie Feuerland oder Spitzbergen. Und die elf Jahre an der Seite meiner Mutter haben Spuren hinterlassen. Elf Jahre, in denen ich mich in mich selbst zurückgezogen und vor anderen versteckt habe, elf Jahre, in denen aus dem wilden, lebenslustigen Mädchen von einst eine Schildkröte geworden ist. Allmählich kommt mein Lebensmut

zurück, doch immer noch geschieht es, daß ich, vor eine neue Aufgabe gestellt, zu mir sage: Das kannst du sowieso nicht.
So begrenzt wie mein Mut ist lange Zeit auch der Lebenstraum, auf dem ich meine kleine Welt zu errichten versuche. Vor allem heil soll sie sein, diese Welt, ein sicherer Hafen für uns sechs. Geborgenheit und Liebe sollen darin herrschen, und nichts ist mir wichtiger, als daß meine Kinder mit ihrer Mutter bessere Erfahrungen sammeln als ich mit meiner. Ich gehe dabei nicht planvoll zu Werk. Ich stelle kein Erziehungsprogramm auf, ich lese keine Erziehungsbücher. Mein Vorbild ist Mama Strecker, mein abschreckendes Beispiel die leibliche Mutter, und im übrigen gehe ich davon aus, daß es reicht, seine Kinder zu lieben. Das tue ich.
Und letzten Endes ist es gar nicht wenig, was mir, zusammen mit Erwin, gelingt. Bisweilen überkommt mich ein Hochgefühl, weil das Erreichte alles übertrifft, was ich mir anfangs zugetraut habe, und nicht selten kommt mir das Leben leicht und schön vor, weil sich alles ohne mein Zutun zum Besten fügt.
So verlassen wir zum Beispiel nach vier Jahren in Ennigerloh den Bannkreis meiner Mutter und ziehen zu Mama Strecker nach Neubeckum. Nicht in das große Eckhaus wohlgemerkt, sondern an den Markt, wo sie vor geraumer Zeit ein zweistöckiges Wohn- und Geschäftshaus auf eben jenes Baugrundstück gesetzt hat, auf dem ich mich seinerzeit in meinem jämmerlichen Zustand nach dem Schiffschaukeldesaster übergeben hatte. 1970 also – unser Jüngster ist gerade zur Welt gekommen – kehre ich tatsächlich an den Ort meiner Kindheit und meines Glücks zurück, in mein altes Revier sozusagen.
Der Marktplatz von Neubeckum ist allerdings nicht mehr wiederzuerkennen. Wo früher alljährlich die Kirmes Einzug hielt, mein flüchtiges Paradies im Schatten der alten Kastanienbäume, da haben moderne Architekten mit ihrer Bunkermentalität gewütet. Durch unser Wohnzimmerfenster blicken wir auf gelbe, kantige Flachbauten, den Betonklotz des neuen Rathauses, das moderne Heimathaus, die ebenso unansehnliche Polizeistation und den kümmerlichen Restbestand an Kastanien – längst ist die Kirmes aus dem Ort

verbannt, und nicht einmal ein Wochenmarkt belebt von Zeit zu Zeit diesen trostlosen, nackten Platz.
Trotzdem – es ist ein wunderbares Gefühl, wieder daheim zu sein. Viele Nachbarn haben mich als Kind gekannt, als Renate oder Marlene oder die eine Hälfte der Strecker-Zwillinge, und jetzt kann ich denselben Leuten meine eigenen vier Kinder vorführen. Selbst Klärchen Friese läßt sich ab und zu noch auf der Straße blicken, in knallgrünem Mantel und himmelblauem Hut – es heißt, sie sei wunderlich geworden. Bei der, erzähle ich meinen Kindern dann, habe ich die ersten Gummibärchen von meinen redlich verdienten Groschen erworben, und zu dem Haus dort drüben wurde ich geschickt, um eingelegte Heringe aus unserem großen Faß auszuliefern. Viele der alten Geschichten werden wieder wach, und mit ihnen ein bißchen von dem alten, grausam abgewürgten Glück.
Noch sehr viel glücklicher aber macht mich, daß sich weitere vier Jahre später mein Traum von der kleinen, heilen Welt endgültig zu erfüllen scheint: auf unserem eigenen Grund und Boden in unserem eigenen Haus! Es ist nämlich so: Seit wir in Neubeckum leben, arbeitet Erwin wieder in seinem alten Beruf als Teppichweber, bei einer Firma in Freckenhorst, und wenn er die Abkürzungen über die Bauernschaften nimmt, ist er mit unserem Käfer morgens und abends immer noch jeweils eine halbe Stunde unterwegs. Da erscheint es klüger, einen günstigen Kredit für kinderreiche Familien aufzunehmen, in Freckenhorst selbst zu bauen und noch einmal umzuziehen.
Am 30. Juni 1974 ist es soweit. Da steht in einer Neubausiedlung am Ortsrand von Freckenhorst ein zweigeschossiges Haus, ziegelrot verklinkert, geräumig bis dorthinaus, und es gehört uns. Meine Freude enthält eine ordentliche Portion Stolz, denn Erwin und ich haben selbst Hand angelegt, sind jedes Wochenende durch Dreck gestapft und durch Matsch gewatet und haben auf der Baustelle gearbeitet. Beinahe jeden Stein an diesem Haus habe ich selbst von der Straße in den Rohbau geschafft, habe Schubkarre um Schubkarre mit Steinen beladen und über ausgelegte Bohlen hineingefahren

und da abgeladen, wo die Maurer gerade Nachschub brauchten. Selbst den Speis habe ich selbst angerührt. Am Ende eines solchen Tages hatte ich keine Haut mehr an den Händen, aber war atemlos vor Glück.

Nichts ist glatt gelaufen, wie üblich. Aber das Leben war herrlich in dieser Zeit. Wie haben wir uns gefreut, als der Rohbau von Woche zu Woche wuchs, als die Dachbalken eingesetzt wurden, als der Richtkranz aufgezogen wurde. Und das Schönste vielleicht: Erwin und ich waren in dieser Zeit ein Herz und eine Seele. Wir hatten ein gemeinsames Projekt, es ging kameradschaftlich zwischen uns zu, wir verstanden uns sehr gut.

Wenn du deinen Kindern jetzt noch eine gute Mutter bist, sage ich mir, dann erfüllt sich wahrhaftig dein Traum von der kleinen, heilen Welt, und alles, was einmal war, ist vergessen. Ich weiß ja, wie man als Mutter versagen kann, will es auf jeden Fall besser als meine eigene Mutter machen, meinen Kindern am liebsten dieselbe Freiheit einräumen, die ich bei Streckers früher genossen habe, und lasse sie deshalb in vielem gewähren. Wenn ihnen danach ist, dürfen sie nachts zu mir ins Bett kommen. Anfangs ist es nur eine, die mit ihrem Teddy zu uns ins Schlafzimmer torkelt und »Mama, rück mal'n Stückchen« murmelt; mit der Zeit werden es dann immer mehr, und morgens wache ich oft in einem Bett auf, das Erwin als »überbelegt« bezeichnet. Auch bei den Mahlzeiten zwinge ich meinen Kindern nichts auf – was ihnen nicht schmeckt, das brauchen sie nicht zu essen. Die eine mag keine Zwiebeln in ihren Frikadellen, der andere ißt sie nicht ohne, also bereite ich sie auf beide Arten zu, die einen rund geformt, die anderen oval, und alle sind zufrieden.

Ich bin gerne Mutter. Aber ich denke nicht über unsere vier Wände hinaus. Ich tue mein Bestes, aber vieles liegt einfach nicht in meiner Macht. Aus eigener Kraft kann nicht alles gelingen, und wenn es um meine nie geklärte Herkunft, um meine verworrene Vergangenheit geht, in der amtliche Verfügungen und private Absprachen eine unheilvolle Rolle gespielt haben, dann lande ich schnell wieder zwischen allen Stühlen. Dann merke ich, daß ich keine Wurzeln habe und nirgends hingehöre. Als Mama Strecker stirbt, geht es mir so. Schon als wir noch in Neubeckum gewohnt haben, schwanden ihre Kräfte. Sie konnte oder wollte nicht mehr so recht. Nach Oma Annas Tod scheint sie den Halt verloren zu haben, häufig war sie jetzt niedergeschlagen und ununterbrochen krank; fast täglich bin ich von unserem Haus am Markt zu ihr hinübergegangen, um den Verband an ihren offenen Beinen zu wechseln oder Einkäufe für sie zu erledigen. Meine Mutter gab auch mit achtundfünfzig noch ein kraftstrotzendes Bild ab (wenn ich sie zufällig sah), Mama Strecker aber, die gerade zwei Jahre älter war, wurde von Tag zu Tag hinfälliger. Und einen Monat nach unserem Einzug in Freckenhorst erreicht mich die Nachricht von ihrem Tod.

Ich fahre mit meinen beiden Töchtern nach Neubeckum, wo sich herausstellt, daß sie nicht daheim aufgebahrt liegt wie Oma Anna seinerzeit, sondern im Leichenschauraum des Krankenhauses in einer schachtartigen Kammer verstaut worden ist. Einer der Sargträger zieht einen Vorhang zur Seite, und da liegt sie hinter einer Scheibe, wie zwischengelagert. So betrübt, so todtraurig bin ich seit dem Tag von Oma Annas Begräbnis nicht mehr gewesen. Das strahlend schöne Juliwetter ist nicht das einzige, was mich stört, weshalb ich den Leichenschmaus gar nicht erst abwarte und vom Grab aus gleich nach Hause fahre.

Wenige Tage später ruft Irmgard mich an. Die Streckerkinder lösen Mamas Wohnung auf, und Irmgard möchte wissen, ob ich auf irgend etwas Wert lege, irgendein Teil haben möchte, an dem ich besonders hänge. Ich lehne dankend ab. Ich kann mich nicht mal überwinden, um ein Foto von ihr zu bitten. Und ich möchte bei der Wohnungsauflösung auch nicht zugegen sein – ich würde mir wie ein Leichenfledderer vorkommen, wie jemand, der einen geliebten Menschen bei der ersten sich bietenden Gelegenheit bestiehlt. Außerdem will ich nichts haben, was für mich abfällt – und Ansprüche kann ich ohnehin nicht erheben. Merkwürdigerweise hat Mama Strecker nämlich kein Testament hinterlassen, als wäre sie trotz ihrer schweren Krankheit davon ausgegangen, daß sie geheilt würde. Und deshalb sehe ich nichts von dem wieder, was ich einmal für mein Zuhause gehalten habe.

Mit ihrem Tod geht für mich nach neunundzwanzig Jahren ein Lebensabschnitt zu Ende. Von nun an muß ich mich mit der bitteren Wahrheit abfinden, daß ich nicht mehr zu ihnen gehöre. Mama Strecker war die letzte, die mich als (heimliches) Familienmitglied behandelt hat, so wie auch ich sie meinerseits bis zum letzten Tag als meine wahre Mutter betrachtet habe. Für ihre Töchter aber komme ich als Schwester wohl schon lange nicht mehr in Frage. Mag sein, daß ich kein Umgang mehr für sie bin. Und vielleicht hat Renate auch all die Jahre auf der Seite von Frau Hoffmann gestanden und mir im Stillen vorgeworfen, ihre geliebte, falsche Mutter unglücklich gemacht zu haben. Ich weiß es nicht. Wir haben nie darüber gesprochen. Wir gehen einfach auseinander, ohne Streit, ohne Vorwürfe und ohne ein Wort des Abschieds. Und alles, was von meiner glücklichen Kindheit blieb, löst sich in Luft auf.

Als ein paar Jahre später Tante Klara und Tante Hanna sterben, bleibt aus der alten Generation nur noch die grollende, ungnädige alte Dame in der Beethovenstraße 32 zu Ennigerloh übrig. Die Frau, die mir als ihr Vermächtnis nachgerufen hat: »Zu mir brauchst du nicht mehr zu kommen! Meine Tür bleibt für dich zu!« Meine Mutter. Ich hasse sie nicht. Ich will ihr auch nicht die Gegenrechnung aufmachen, will ihr nicht mit gleicher Münze heimzahlen und sie vergessen und ihrem Schicksal überlassen. Sie tut mir leid, weil sie so wenig Begabung zum Glücklichsein hat. Jetzt, wo die Kinder da sind, überlege ich, öffnet sie sich vielleicht ein wenig, da mag sie sich womöglich doch noch mit allem abfinden und sich aussöhnen mit ihrem Geschick. Und deshalb besuche ich sie von Zeit zu Zeit mit meinen Kindern.

Es ist grotesk. Treffe ich zehn Minuten nach der vereinbarten Zeit bei ihr ein, weil die Schranke geschlossen war oder ein Trecker vor mir hergefahren ist, öffnet sie mir nicht mehr. Dann stehe ich mit den Kindern vor ihrer Haustür, klingele, und sie macht mir nicht

auf. Schelle ich dann bei Frau Gawlytta, heißt es: »Doch, doch, die ist da, der habe ich eben erst das Essen gebracht.« Komme ich aber pünktlich, müssen die Kinder zunächst im Wagen warten, weil ich als erstes auskundschaften muß, ob wir auch wirklich willkommen sind. Und einmal in der Wohnung, haben sich ihre Enkel auf die Sessel zu verteilen und artig sitzen zu bleiben und sich gefallen zu lassen, daß ihre Oma pausenlos an ihnen herummäkelt – »Sitz gerade! Nimm die Finger aus dem Gesicht!« –, an allem etwas auszusetzen findet und jeden so lange maßregelt, bis meine Kinder die Augen verdrehen und ich weiß, daß ihre Geduld erschöpft ist.
So, wie sie für mich nicht als Mutter zu gewinnen war, ist sie es jetzt auch nicht als Großmutter meiner Kinder. Die Jahre vergehen, und sie ist unverändert zu jeder Grobheit, zu jeder Unhöflichkeit aufgelegt. Trotzdem raffe ich mich immer wieder auf, fahre hin, klammere mich an die Hoffnung, daß ihr ein Engel im Traum erscheint und sie doch noch zur Vernunft bringt – so wie ich mich früher vor jedem Heiligen Abend an die Hoffnung geklammert habe, es könnte wider alles Erwarten ein Geschenk für mich unter dem Bäumchen liegen. Doch ihr Groll ist unerschöpflich, und meine Kinder weigern sich immer häufiger, sie zu besuchen.
Eines Tages fallen mir in ihrem Wohnzimmer neue Fotos ins Auge: Renate mit ihrem ersten Kind auf dem Arm. Da will ich nicht nachstehen, lasse meine eigenen vier Kinder von einem Porträtfotografen ablichten und schenke ihr diese Fotos in einem Lederrahmen, den sie nur aufzuhängen braucht. Aber die Freude macht sie mir nicht. Bei meinem nächsten Besuch entdecke ich diesen Rahmen in einer Ecke auf dem Wohnzimmerboden, wie vorübergehend dort abgestellt, als hätte sie vor, die Bilder bei nächster Gelegenheit aufzuhängen, sei aber noch nicht dazu gekommen. Und dabei bleibt es. Sie kommt nie dazu. Die Fotos meiner Kinder führen, wann immer ich sie besuche, ein Schattendasein zwischen zwei Schränken auf dem Fußboden.
Was ich nie begreife: Wie vollkommen gleichgültig ihr andere Menschen sind. Einmal besucht sie uns in Freckenhorst, beschlagnahmt

ohne Umschweife die Wohnzimmercouch, legt ihre Beine hoch, läßt sich zwei Kissen für den Rücken bringen und dann den ganzen Nachmittag lang von uns bedienen. Beim Abendessen nimmt sie allein eine Breitseite des Tisches ein, während sich ihr gegenüber drei von uns zusammendrängen. Was immer sie sich herausnimmt, nie zweifelt sie daran, daß es ihr zusteht. Wieso betrachtet sie jede Freundlichkeit, die andere ihr erweisen, als Selbstverständlichkeit? Mir dämmert, daß sie nicht allein mit mir eine lebenslange Rechnung offen hat. Sondern mit der ganzen Welt. Mit dem Schicksal. Mit Gott.

Weil sie niemandem etwas schuldet, kommt es auch nie zu einer Aussprache zwischen uns. Niemals bedauert sie, daß es so gekommen ist, niemals sagt sie, daß ihr leid tut, was geschehen ist, oder daß sie es nicht gewollt hat oder was ihre Beweggründe gewesen sind. Und wenn ich sie bitte, mir etwas über ihre Familie zu erzählen, mich wenigstens in den allergröbsten Zügen über meine Herkunft aufzuklären, weicht sie aus. »Das kannst du alles mal nachlesen« ist das einzige, was ich zu hören bekomme. »Ich hinterlege alles bei meinem Anwalt.« Kurz und gut, sie schuldet mir keine Erklärung und bringt es nicht einmal über sich, mich in das Geheimnis ihres Lebens einzuweihen. Selbst in späteren Jahren erlöst sie mich nicht von all den Fragen, die ihr Verhalten und meine Herkunft aufwerfen. Zeitlebens hält sie mich hin und führt mich schließlich hinters Licht.

In den achtziger Jahren mache ich einen letzten Annäherungsversuch. Sie liegt im Krankenhaus, sie hat Magenkrebs, und die Ärzte haben ihr einen Teil des Magens entfernt. Ich weiß, daß sie keinen Besuch wünscht – sie hat ja nie zulassen wollen, daß man sie hilfsbedürftig oder schwach erlebt –, aber sie ist, trotz allem, meine Mutter, und ich bin, trotz allem, ihr Kind, und deshalb fahre ich hin. Doch ein weiteres Mal bleibt ihre Tür für mich geschlossen. »Nehmen Sie es nicht persönlich«, sagt mir der Arzt, der mich abweist. »Sie läßt niemanden zu sich. Sie will wirklich keinen Menschen sehen.« Unverrichteter Dinge kehre ich um.

Danach gebe ich erschöpft auf. Sie läßt nie wieder von sich hören, und ich vergesse sie allmählich. Noch lange klingt mir ihr furchtbarer letzter Satz in den Ohren, aber auch der geht unter in dem Getöse, mit dem meine kleine, heile Welt in jenen Jahren zusammenbricht.

28

Meine Mutter hatte mich gewarnt. Er trinkt, hatte sie gesagt. Und das stimmt, Erwin trinkt. Aber in den ersten zehn gemeinsamen Jahren stört mich seine Trunksucht weniger als seine Unfähigkeit, zu teilen.

Völlig egal, mit wem er teilen muß, er kann es einfach nicht. Wo immer es etwas zu verteilen gibt, will er der erste sein und bevorzugt werden und am liebsten keinem etwas übriglassen. Vor allem mich will er ganz und gar für sich haben und beansprucht Tag und Nacht meine Aufmerksamkeit, meine Liebe, meine Fürsorge, meine Zeit. Doch jedes neue Kind macht ihm etwas mehr von dem streitig, worauf er ein exklusives Anrecht zu haben meint, und mit jedem Kind fühlt er sich mehr zurückgesetzt. Es kommt vor, daß eines unserer Kinder gleich nach dem Mittagessen zum Schwimmen muß oder zum Chor und deshalb von mir die erste Portion serviert bekommt – prompt schiebt Erwin seinen Stuhl zurück mit den Worten: »Eßt euren Fraß alleine«, und zieht sich schmollend oder schimpfend zurück. Der zweite zu sein, das erträgt er nicht.

Dazu kommt: Er ist nicht gewöhnt, auf Widerstand zu treffen. Er kann sich nicht durchsetzen, kann sich nicht gelassen behaupten. Entweder, er gibt klein bei, oder es fliegen die Fetzen. Anfang der 70er Jahre sind in seiner Firma Überstunden an der Tagesordnung. Erwin ist kein Freund von Überstunden, kuscht dann aber doch vor seinen Vorgesetzten, bleibt zähneknirschend länger und frißt den Ärger in sich hinein. Anschließend fährt er in seine Stammkneipe, trinkt die halbe Nacht, verbessert mit zwei, drei Kumpanen vom Tresen aus die Welt und läßt seine angestaute Wut endlich an mir und meinen Kindern aus.

Einladungen werden zur Qual. In Gesellschaft muß er Rücksicht nehmen, muß sich unterordnen und anpassen, muß, was ihm besonders schwerfällt, mich einen ganzen Abend lang mit anderen teilen, und doch ereifert er sich regelmäßig, macht Szenen, blamiert sich selbst und mich dazu. Mit jedem Glas nimmt seine Streitlust zu, und früher oder später wird er ausfallend. Oft greift er schon Stunden vorher zur ersten Flasche, und wenn wir aufbrechen müßten, ist

er außer Gefecht. Klar, daß ihn bald keiner mehr einlädt. Freundschaften zerbrechen oder entstehen erst gar nicht, und immer häufiger bekomme ich zu hören: »Nimm's uns nicht übel – dich würden wir jederzeit wieder einladen. Aber ohne deinen Mann. Der Erwin vergrault uns unseren Bekanntenkreis.« Natürlich will Erwin auch keine Gäste in unserem (seinem) Haus sehen.
Und das ist für mich das Schlimmste: Daß ich wieder mit jemandem zusammenlebe, der mich in die Isolation zwingt und halbvergessene Alpträume von Einsamkeit und Menschenscheu heraufbeschwört. Seit meiner Vertreibung aus Neubeckum war ich heimatlos; immer, wenn sich kleine Würzelchen irgendwo ins Erdreich eingegraben hatten, wurden sie wieder ausgerissen. Genaugenommen habe ich überhaupt keine Wurzeln – meine Herkunft liegt im dunkeln, mein Elternhaus in Neubeckum ist ein leeres Gemäuer, in Ennigerloh spukt der Geist meiner Mutter, und jetzt in Freckenhorst nimmt mir Erwins Trunksucht die Luft zum Atmen und den Boden zum Wurzelnschlagen. Dabei war ich meiner heilen Welt noch nie so nahe.
Denn eigentlich haben wir es gut. Unser Haus ist groß und schön, und seitdem ich wieder arbeite (Daunendecken und Kopfkissen nähen, Hausfrauenschicht von fünf bis zehn Uhr abends), genießen wir ein sorgloses Leben. Überdies ist Freckenhorst ein zauberhaftes Dörfchen, viel schöner als Lippborg oder Ennigerloh (oder Neubeckum), mit einer uralten Kirche, anmutigen Fachwerkhäusern und einem echten Schloß mit einem echten Grafen. In unserer Siedlung geht es zudem ausgesprochen familiär zu, man lädt sich ein, zu den Geburtstagen und Namenstagen, auch einfach mal auf eine Tasse Kaffee oder abends zum Fondue, und durch die Kinder habe ich eine Menge neuer Leute kennengelernt – nicht zuletzt deshalb, weil ich über meinen Schatten gesprungen bin und meine Schüchternheit überwunden habe und in der Schulpflegschaft mitarbeite und Schulklassen auf Ausflügen begleite. Ja, auch mit Erwin erlebe ich zeitweilig herrliche Stunden und Tage. Zum Beispiel in unserem allerersten Urlaub, an der Ostseeküste.

Das Meer! Ich bin dreißig, als ich zum ersten Mal das Meer sehe. Es ist Liebe auf den ersten Blick. Ich stehe der Unendlichkeit gegenüber, und ich kann mich nicht satt daran sehen. Ich bin selig, wenn ich barfuß über den Strand laufe, den Sand zwischen den Zehen spüre, den Wind im Haar, und meine Augen über diese unendliche Weite wandern lasse. Innerhalb einer Stunde wechselt das Licht, die Stimmung, der Himmel, das Farbenspiel der wogenden Wasserfläche. Alles ändert sich rasch, und trotzdem beruhigt mich nichts so wie das Meer.

Der erste Badeanzug meines Lebens ist ein schlichter, blauer von Arena. Natürlich gehe ich höchstens bis zur Brust ins Wasser, ich kann ja nicht schwimmen, ich habe es nie gelernt. Bei meiner Mutter war alles verboten, und vorher, im Freibad von Neubeckum, hatten wir einfach nur unseren Spaß auf der Wiese oder im Nichtschwimmerbecken, hielten im Wasser mit einer Hand unsere Baumwollunterhose fest, weil das Gummiband ausleierte, sobald es feucht wurde, und machten mit der anderen Hand vage Schwimmbewegungen, das war alles. Ich bitte Erwin, mir das Schwimmen beizubringen (er ist ein exzellenter Schwimmer), aber er zeigt wenig Geduld, und als er merkt, daß ich im tiefen Wasser Angst bekomme, gibt er auf.

Überhaupt gibt Erwin immer häufiger und immer schneller auf. Früher hat er Mundharmonika gespielt, nachmittags draußen im Garten oder des Nachts, wenn er im Bett lag, vor dem Einschlafen. Seine Mundharmonika war ein altes, kleines Instrument, er bewahrte es in seiner Nachttischschublade auf, und weil er immer seltener darauf spielte, habe ich ihm eine größere geschenkt. Ich liebe Musik, ich könnte ihm stundenlang zuhören, aber bald muß ich ihn regelrecht anflehen, etwas zu spielen, und habe Glück, wenn er dann endlich widerwillig zu seinem Instrument greift. Nach einem Lied legt er es meist schon wieder aus der Hand – und irgendwann rührt er seine Mundharmonika überhaupt nicht mehr an.

Er ist kein Kämpfer. Was getan werden muß, überläßt er mir. Und mit seiner Selbstbeherrschung kann es von einem Augenblick auf den nächsten vorbei sein.

Er hat keine innere Grenze, alles ufert bei ihm aus, und als Arbeitskollegen uns zum Kegeln einladen, geraten sie sich über Firmenpolitik in die Haare, und der Abend endet in einer Schlägerei. So zerfällt unser Freundeskreis. Wenn er mal nüchtern ist, setzen wir uns zusammen, um zu besprechen, wie es weitergehen soll, und dann erinnert er sich an nichts. Es reicht ein Blick, um sich ein Bild davon zu machen, was er angerichtet hat, meine blauen Flecken sind so unübersehbar wie die zerschrammten Möbel und der mit Brandflecken übersäte Teppich, aber er erinnert sich an nichts. »Ich habe alles im Griff«, sagt er. »Ich habe mich in der Gewalt. Ich brauche keine Hilfe.«

Von unserem Geld bleibt immer weniger übrig. Die Nachbarn schneiden uns. Ich laufe nur noch mit gesenktem Kopf durchs Dorf. Und was das Ärgste ist: Erwin verändert sich. Er ist nicht mehr wiederzuerkennen. Es ist nicht mehr mein Mann. Er nimmt seine Umwelt gar nicht mehr wahr. Ihm ist es gleichgültig, ob wir untergehen oder noch mal davonkommen. Manchmal rufen wir die Polizei zu Hilfe, aber auch die erweist sich als machtlos. Die Polizisten reden begütigend auf ihn ein, und er schnauzt sie an: »Verlassen Sie mein Grundstück, oder ich zeige Sie wegen Hausfriedensbruchs an!« Immer häufiger muß ich mit allen vier Kindern die Flucht ergreifen und die Nacht in einem Gasthof verbringen, nicht einen Pfennig in der Tasche. Meine Kinder zittern vor Müdigkeit, und ich stehe da und bettele um ein Zimmer und appelliere an die Barmherzigkeit eines Gastwirts und könnte vor Scham im Boden versinken.

Wir finden dieses Leben nicht mehr schön. Aber wohin sollen wir gehen? Wir haben kein anderes Zuhause. Soll uns die Stadt eine Sozialwohnung zuweisen? Soll ich mitansehen, wie meine Kinder dem Jugendamt unterstellt werden? Lernt! sage ich ihnen. Seid fleißig! Lernt, so viel ihr könnt. Seht zu, daß ihr bald auf eigenen Füßen steht. Und dann gehen wir von hier fort.

Erwin erkläre ich, daß ich mich mit dem Gedanken trage, ihn zu verlassen – in der Hoffnung, daß er zur Einsicht kommt. Aber nichts ändert sich. Irgendwann wird er überhaupt nicht mehr nüchtern. Und 1990 steht unsere Silberne Hochzeit bevor! Mir graut schon bei dem Gedanken daran. In unserer Siedlung ist es nämlich üblich, die Silberhochzeit gemeinsam mit allen Nachbarn zu feiern; dann kommen sie in aller Frühe und hängen den Glücklichen einen geflochtenen Tannenkranz an die Haustür, und später stoßen alle auf die nächsten fünfundzwanzig Jahre an. Fürchterlich. Ein Alptraum.

Und dann kommt alles ganz anders. Durch einen Menschen, der ganz anders ist, anders als alle, die mir bis dahin begegnet sind.

Es beginnt damit, daß ich im Februar 1989 von der Gewerkschaft auf ein Rhetorik-Seminar geschickt werde. Als Mitglied des Betriebsrats bin ich gelegentlich gezwungen, vor Publikum zu sprechen, und etwas mehr Sicherheit, etwas mehr Redegewandtheit könnte mir nicht schaden. Ich bin heilfroh, dem heimischen Tollhaus entfliehen zu können, stelle einen Speiseplan für die nächsten zehn Tage auf, koche vor und besteige nachmittags in Warendorf den Zug. Ziel: das Gewerkschaftsheim in Bewerungen im Sauerland.

In Essen steigt eine Kollegin zu. Ich habe sie nie gesehen, aber mir fällt das Gewerkschaftsabzeichen an ihrem Mantel auf. Anne heißt sie. Wir kommen ins Gespräch. Anne hat solche Seminare schon häufiger besucht und schwärmt davon. Und zwischendurch sagt sie wie nebenbei: »Ich bin ja gespannt, ob der Erich da ist.« Erich? Welcher Erich? »O, der ist lustig«, antwortet sie versonnen. »Mit dem erlebt man was. Mit dem kommt keine Langeweile auf.« Fortan bin ich auf diesen offenbar recht außergewöhnlichen, vielleicht auch nur außergewöhnlich unterhaltsamen Erich gespannt.

Anne und ich treffen als letzte in Bewerungen ein, gegen Abend. Das Programm sieht für diesen Tag lediglich »gemütliches Beisammensein« in der »Spinnstube« vor, einer kleinen, improvisierten Gaststätte im Keller des Gewerkschaftsheims. In der »Spinnstube« geht es bereits hoch her. Wir werden mit großem Hallo begrüßt, Anne ist keine Unbekannte, sie packt mich bei der Schulter, zieht mich hinein ins Getümmel und steuert schnurstracks auf einen Mann am

Tresen zu, der einen knallroten Pullover trägt und gerade ein frisches Bier entgegennimmt. »Das ist Erich«, sagt sie. Und Erich strahlt übers ganze Gesicht. Man merkt, daß er nicht mehr beim ersten Bier ist, aber das scheint seiner guten Laune keinen Abbruch zu tun. Wir finden einen freien Tisch, setzen uns, und nach einer kurzen Weile gesellt sich Erich zu uns. So fängt es an.

Mit Erich, dem ersten Rheinländer meines Lebens. Mit Erich John aus Düsseldorf. An diesem Abend ist er konkurrenzlos. Erich bemüht sich ernsthaft, aber glücklos, mit den Westfälinnen an seinem Tisch Hochdeutsch zu sprechen, ringt um Worte, gibt schließlich auf und redet frei von der Leber weg, also Düsseldorfer Platt. Und macht sich den Westfälinnen trotzdem verständlich.

Was ich auf Anhieb erstaunlich an ihm finde: daß er feiern und trinken kann, ohne aus der Rolle zu fallen – für mich ein Beweis außergewöhnlicher Charakterstärke. Was mir sehr bald an ihm gefällt ist, wie nett er mich findet. Und was mir schließlich die Sprache verschlägt ist, daß er noch am selben Abend zu mir sagt, vor allen anderen: »Dich könnt ich glatt heiraten. Eigentlich will ich jar nich mehr heiraten. Aber bei dir würd ich's mir noch mal überlegen. Bei dir könnt ich rückfällig werden.«

Weiß Gott, zwischen Westfalen und Rheinländern ist schon ein gewaltiger Unterschied! Das habe ich noch nie erlebt, daß jemand sein Herz auf der Zunge trägt und kein Blatt vor den Mund nimmt und geradewegs auf sein Ziel zustürmt. Wie leicht diesen Rheinländern das Reden fällt! Ich werde nie meinen ersten Besuch mit Erich in der Düsseldorfer Altstadt vergessen. Vormittags um elf betraten wir das »Füchschen«, ein Brauhaus, und – ich traute meinen Augen nicht. Was für ein Getümmel! Und dieser Redeschwall! Eine Tagung offenbar. Und Erich lachte. »Dat sinn Jäste. Dat is hier so üblich.« Also, dergleichen hatte ich in vierundvierzig Jahren noch nicht erlebt. Westfalen gehen abends in die Kneipe, auf keinen Fall vor fünf. Oder am Sonntagmorgen. Aber nicht an gewöhnlichen Wochentagen um elf. Und eine derartige Geräuschkulisse bekommen sie zu keiner Tageszeit zustande.

Nun gut, ich gebe Erich schonend zu verstehen, daß ich verheiratet bin und vier Kinder habe und mein Bedarf gedeckt ist. Das stört ihn nicht. »Aussprechen darf man et ja.« Und anderntags sitzen wir abends in der »Spinnstube« wieder am selben Tisch. Eigentlich bin ich gar nicht mit dem Gedanken hierhergekommen, jemanden kennenzulernen. Eigentlich bin ich nur ziemlich stolz, daß die Gewerkschaft mir dieses Seminar spendiert hat, und will mich dafür revanchieren, indem ich meine Rhetorik spürbar verbessere und meine Sprechwirksamkeit deutlich erhöhe, auch wenn das bedeutet, mit zitternden Knien und zitternder Stimme vor allen anderen einen selbstausgearbeiteten Vortrag zu halten und dabei obendrein noch gefilmt zu werden. Aber Erich ist ein Draufgänger. Irgendwann kommt ein Mann an unseren Tisch, stellt sich als Arbeitskollege meines Gatten vor und erlaubt sich grinsend die Bemerkung: »Wenn ich wieder in die Firma komme, habe ich deinem Mann ja was zu erzählen.« Wie es aussieht, bin ich mit meinem Gefühl, daß Erich ein Auge auf mich geworfen hat, nicht allein.

Tatsache ist, daß ich so ziemlich die einzige Brave hier bin. Was in diesem Gewerkschaftsheim des Nachts auf den Gängen alles los ist ... Erich macht gleich Bekanntschaft mit meiner Naivität, als ich mich eines Morgens empöre: »Das sind ja Zustände wie in Sodom und Gomorrah!« Er lacht. »Dat is so«, sagt er bloß – und bietet mir an, Anne und mich am letzten Tag nach Hause zu fahren. Natürlich bin ich einverstanden.

In Freckenhorst bitte ich Erich auf eine Tasse Kaffee herein. Erwin ist nicht daheim, aber es würde mir nicht das geringste ausmachen, Erich meinem Mann vorzustellen, als Kollegen und Freund, so wie ich ihn auch meinen Kindern vorstelle. »Der ist aber nett«, tuscheln sie hinter seinem Rücken. Und später unken sie: »Unsere Mama ist verliebt.« Ich winke ab (keiner glaubt mir) – und rufe Erich in den nächsten Wochen immer häufiger an, weil er die seltene Fähigkeit besitzt, zuzuhören. Erich ist tatsächlich anders. Und eines Tages, zur Osterzeit, macht er mir den Vorschlag, ihn in Düsseldorf zu besuchen.

Es trifft sich gut, daß meine Tochter Christiane sich in diesen Tagen an der Uniklinik von Düsseldorf vorstellen soll. Erwin überläßt uns für diese Fahrt seinen Mercedes, und an einem herrlichen Frühlingsmorgen fahren wir los, in südwestlicher Richtung, Kurs Düsseldorf.

Und dann der Schock. Dieses Düsseldorf hört überhaupt nicht mehr auf. Diese Stadt ist ein Moloch, ein Horror! Wie soll ich mich hier zurechtfinden? Und dieser Verkehr! Straßenbahnen habe ich überhaupt noch nie gesehen. Ich merke selbst, wie ich andere Autofahrer mit meiner Unsicherheit nervös mache, aber was bleibt einem, der nicht mehr weiß, wo er ist, anderes übrig, als zu bremsen, Straßenschilder zu lesen und den Stadtplan zu studieren? Gut, damit halte ich andere auf, aber so komme ich wenigstens irgendwann da an, wo ich hinwill, nämlich vor Erichs Haus in einem ländlichen Vorort von Düsseldorf, gar nicht weit vom Rhein entfernt.

Erich lebt spartanisch, anders kann man es nicht nennen. Das Appartment, das er nach seiner Scheidung bezogen hat, ist winzigklein, 30 Quadratmeter höchstens, und die Einrichtung beschränkt sich auf das Lebensnotwendige. Trotzdem finde ich diese Wohnung nicht beklemmend, und das liegt natürlich an Erich. Er ist bezaubernd. Er hat eine Art, die ihn auf Anhieb beliebt macht. Zum Beispiel hat er die Angewohnheit, Wünsche im nächsten Moment zu erfüllen. Kaum hat er vernommen, daß ich zum Abendessen gern Käse habe, schon läuft er los und kommt mit einer imposanten Käseauswahl zurück. Also – in aller Regel verteidigen die Sprößlinge ja ihre Mütter mit gefletschten Zähnen gegen jeden dahergelaufenen Eroberer. Aber Christiane unternimmt nicht den zaghaftesten Versuch, Erich zu vergraulen. Auch sie erliegt seinem Charme.

Die Nacht verbringen wir drei zusammen auf Erichs Bude, ganz brav. Und auf der Rückfahrt sind Christiane und ich guter, sehr guter Dinge. Das könnte was werden, denke ich. Fünfundvierzig, sechsundvierzig, das ist kein schlechtes Alter, um noch einmal von vorn zu beginnen. Leg ein wenig mehr Geld zur Seite, und dann …

29

Diesmal will ich nicht die Dumme sein. Laß ein weiteres Jahr verstreichen, sage ich mir, vielleicht auch etwas mehr, warte, bis die Kinder abgesichert sind, und dann bestell dir einen Möbelwagen und mach dich aus dem Staub. Diesmal läuft es anders, schwöre ich mir, diesmal fängst du nicht noch einmal ganz unten an. Mein Plan, mit Erich zusammenzuziehen, soll noch ein bißchen reifen. Ich habe nicht die Absicht, schon wieder mit leeren Händen dazustehen, wenn ich mein neues Leben beginne. Und dann kommt es doch wieder anders, und alle meine Pläne zerschlagen sich.

Das Unheil bricht buchstäblich mit einem Fehltritt über mich herein. Im Oktober 1989 habe ich Spätschicht (nach wie vor nähe ich Steppdecken). Gerade will ich zum Terminal rübergehen, um eine Handvoll Aufträge einzuspeichern, da verfange ich mich in Webabfällen, es reißt mich zu Boden, mitten in der Bewegung, und vor Schmerz komme ich nicht mehr hoch. Im Krankenhaus stellen sie einen Bruch des Sprunggelenks fest, ziemlich kompliziert. Es kann Wochen dauern, bis ich entlassen werde, und Monate, bis ich wieder laufen kann, vielleicht auch ein Jahr oder länger. Meine ganze Ausstattung besteht in diesem Augenblick aus einer Jeans, einem Sweatshirt und einer Korbtasche mit Wohnungsschlüssel, Portemonnaie und Butterbrot. Und das ist alles, was ich besitze – ich weiß es nur noch nicht.

Von meinem Krankenhausbett aus rufe ich meine Kinder an. Am selben Abend noch bringen sie mir das Nötigste. Als sie am Nachmittag des folgenden Tages wieder bei mir erscheinen, ahne ich gleich, daß etwas eingetreten ist, mit dem niemand rechnen konnte, etwas Unvorstellbares. »Mama«, sagt Sabine, »wir kommen nicht mehr ins Haus.« Offenbar hat Erwin am Vormittag die Schlösser auswechseln lassen und seine eigenen Kinder auf die Straße geworfen.

Was tun? Ich darf nicht aufstehen, kann es auch gar nicht, mein gebrochener Fuß ist stark geschwollen und schmerzt höllisch. Also telefoniere ich stundenlang und verteile meine Kinder auf die Freunde, die uns verblieben sind. Womit nicht viel gewonnen ist, denn ihre Kleider, ihre Schulsachen, alles ist noch in dieser Festung, in der sich Erwin mit seinen Alkoholvorräten verbarrikadiert hat, säuft und auf kein Klopfen, kein Rufen reagiert. Soll ich die Polizei verständigen? Oder den einzigen Rechtsanwalt von Freckenhorst einschalten? Ich entscheide mich für den Rechtsanwalt, bitte ihn um Hilfe, und der setzt sich mit Erwin in Verbindung, appelliert an alles, was ein menschliches Wesen von einem Einzeller unterscheidet, an seine elterlichen Pflichten, seine Ehre, seinen Verstand, sein Gewissen, fleht ihn auch an, zu bedenken, wie klein Freckenhorst ist und daß es ihm unmöglich gleichgültig sein könne, wie man über ihn redet, und das fruchtet. Erwin läßt seine Kinder wieder ins Haus.

Jetzt versuchen sie, ihrem Vater beizubringen, daß ihre Mutter nach einem Arbeitsunfall im Krankenhaus liegt – vergeblich. Erwin will nichts davon wissen, glaubt ihnen kein Wort, will es nicht wahrhaben und schreit: »Die ist abgehauen! Das hat sie schon lange vorgehabt!« Der Mühe, sich durch einen Besuch bei mir zu überzeugen, unterzieht er sich nicht, statt dessen säuft er rund um die Uhr, erscheint erst gar nicht mehr am Arbeitsplatz, holt seine Kinder eines Nachts aus ihren Betten und prügelt sie aus dem Haus. Nüchtern ist er lammfromm, aber er wird nicht mehr nüchtern, und betrunken ist er unberechenbar und, ohne Übertreibung, zu allem fähig. Da stehen sie, im Schlafanzug, in einer Oktobernacht, vor der eigenen Haustür, und müßten die ganze Nacht dort verbringen, würden sich Nachbarn nicht ihrer erbarmen. Am nächsten Morgen weiß Erwin von nichts.

Jetzt, da der Irrsinn kaum noch steigerbar ist, da alles denkbar geworden ist, da für die Kinder Lebensgefahr besteht und ich selbst auf Monate hinaus an den Rollstuhl gefesselt oder auf Krücken angewiesen sein werde, meines eigenen Lebens nicht sicherer als sie, bleibt nur noch eins: Meine Kinder müssen dieses Haus, das jederzeit zur Falle werden kann, so schnell wie möglich verlassen. Und alle vier stieben auseinander, kommen irgendwo unter, sind einstweilen in Sicherheit, aber meine kleine, heile Welt ist endgültig zu einem Scherbenhaufen zerfallen. In einem Augenblick relativer Zurechnungsfähigkeit erlaubt Erwin den Kindern, ihre Habseligkeiten aus dem Haus zu schaffen, baut sich aber mit einer Flasche Bier in der Hand am Eingang auf und kontrolliert jedes Teil, das herausgetragen wird. Sobald er für Augenblicke im Keller verschwindet, um sich Nachschub zu holen, schmuggeln sie etwas von meinen Sachen raus, aber mehr als ein paar Kochtöpfe, Bilder und Bücher kommt nicht zusammen.

Wieder einmal bin ich heimatlos, bin ich entwurzelt und diesmal auf weniger als zwei Quadratmeter zurechtgestutzt, die Ausmaße eines Krankenhausbettes. Gut, daß wenigstens das Haus, unser Haus, Erwin und mir gemeinsam gehört.

Sechs Wochen bringe ich in der Klink zu. Sechs Wochen, in denen sich Erwin nicht blicken läßt. Wenn ich in diesen Tagen nicht verzweifle, liegt es allein an Erich. Natürlich weiß er Bescheid, ich hatte ihn ja schon wegen der Martinsgans anrufen müssen. Erich hatte mich nämlich vor Wochen bereits nach Düsseldorf eingeladen zum Martinsgansessen, er hatte auch schon den Tisch im Restaurant reserviert, und als er hörte, was vorgefallen war, sagte er: »Ich komm sofort«, und war anderntags da.

Seither besucht er mich an jedem Wochenende. Und nach meiner Operation verlegt er unser Gänseessen einfach von Düsseldorf in den Warendorfer »Emshof« und schiebt mich in meinem Rollstuhl dahin. Ich entsinne mich nicht, wann ich zum letzten Mal so glücklich war. In vierundzwanzig Ehejahren hat mein Mann es nicht einmal fertig gebracht, mir eine Wärmflasche zu machen! Sprich mit ihm, sage ich mir, denn bisher habe ich Erich nichts von den ausgetauschten Schlössern erzählt und daß der Haustürschlüssel in meiner Korbtasche jetzt wertlos ist. In dieser Stunde, bei Gänsebrust und Rotkohl und Kerzenlicht, eröffne ich ihm also, daß ich nicht mehr nach Hause zurückkehren kann – und daß ich selbst dann nicht mehr zurückgehen würde, wenn Erwin doch noch zur Besinnung käme, nachdem er nicht nur mich, sondern auch die Kinder vor die Tür gesetzt hat. »Ich kann ja verstehen«, sage ich, »daß einer seine Frau nicht mehr liebt. Aber daß er die eigenen Kinder nicht mehr liebt? Das verzeihe ich ihm nicht.« Und als Erich keinen Zweifel mehr daran haben kann, daß es mir ernst ist, da sagt er nur: »Lena, komm nach Düsseldorf. Meine Tür is immer für dich offen.« Am Tag meiner Entlassung holt er mich ab. Es ist ein Freitag nachmittag. Ich humpele auf meinen Krücken hinter ihm her, Erich trägt die Korbtasche mit meinem Portemonnaie und dem wertlosen Schlüsselbund. Kein Kreuz diesmal, kein Rosenkranz und kein Gebetbuch – das alles bleibt in dem rotgeklinkerten Siedlungshaus am Ortsrand von Freckenhorst zurück, das zwei Stunden später schon lichtjahreweit entfernt liegt – und zu dem es bloß noch so viel zu sagen gibt, daß ich keinen Pfennig bekomme, als es verkauft wird, weil ich nicht im Grundbuch eingetragen war, wie ich vierzehn Jahre lang geglaubt hatte. Vorerst bin ich also wieder arm wie eine Kirchenmaus. Aber mindestens so glücklich wie an jenem Märzabend vor fünfundzwanzig Jahren, als ich auf dem Weg zu Erwins Wohnung mit meiner kleinen Reisetasche zitternd und atemlos durch Ennigerloh lief.

30

Ich heiße Marlene John. Ich habe nichts Besonderes gelernt, ich kann noch nicht einmal mit Fähigkeiten aufwarten, die andere vielleicht für selbstverständlich halten, wie Rollschuhfahren oder Schlittschuhlaufen oder Klavierspielen oder Schwimmen oder Tanzen. Aber vielleicht kommt es darauf auch gar nicht an. Einmal, während meiner ersten Ehe, waren wir zu einer Bauernhochzeit geladen. Eine Kapelle spielte, es wurde getanzt, und ich saß wie immer bei solchen Gelegenheiten als Zuschauerin am Rand – als der Brautvater auf mich zukam und mich aufforderte. »Gern«, habe ich ihm gesagt. »Aber ich kann gar nicht tanzen.« »Das wollen wir doch mal sehen«, entgegnete er, und schon ging es los, kreuz und quer durch den Saal, in müheloser, fließender Bewegung, als führe mir die Musik direkt in Beine und Füße – ich wußte nicht, wie mir geschah. In jener Nacht bin ich mit meinem Schuhen in der Hand nach Hause gegangen, atemlos und glücklich.

Ich konnte es doch. Ich konnte tanzen.

Seither glaube ich, daß es vielleicht weniger auf Talent und Begabung oder darauf ankommt, daß man etwas nach allen Regeln der Kunst gelernt hat, als vielmehr darauf, den richtigen zum Verbündeten zu haben. So ein Verbündeter weckt Fähigkeiten, von denen man nicht mal geträumt hat, und so einer ist Erich. Er ist der richtige und mein Verbündeter, und er weckt in mir ein Talent, das ich schon verschüttet geglaubt habe, nämlich das Talent zum Glücklichsein.

Zwei Jahre lang halte ich es in Erichs karger, winziger Bude aus, ein Jahr davon auf einem fahrbaren Bürostuhl sitzend, tagsüber, wenn er arbeitet, mir selbst überlassen, und sonst mit ihm zusammen. Gehen wir aus, was wir so oft wie möglich tun, dann schiebt er meinen Rollstuhl und ruft: »Macht mal'n bisken Platz!«, wenn er mit mir auf dem Weihnachtsmarkt von Düsseldorf durch die dichteste Menschenmenge kurvt oder durch das Kundengewimmel der Kaufhäuser und Geschäfte, denn anzuschaffen gibt es vieles, wir besitzen ja fast nichts, sind abgebrannt wie Flüchtlinge, und nie ziert er sich, nie

ist ihm etwas lästig – ein kleines Glück, wenn man es anderen erzählt, aber ein großes Glück für mich.
Von Seelenverwandtschaft kann diesmal keine Rede sein; auf Seelenverwandtschaft kann ich auch gut verzichten, sie hat sich als trügerisches Band erwiesen – besser, keiner erwartet vom anderen eine Entschädigung für das, was das Schicksal ihm angetan hat. Nein, ich suche keine Ähnlichkeit und ich finde auch keine; im übrigen erzähle ich Erich die Geschichte von meinen zwei Müttern erst sehr viel später, jahrelang weiß er gar nichts davon. Was liegt auch daran? Es ist gut so, wie es ist. Alle Morgen erwache ich mit einem Gefühl der Erleichterung, täglich gratuliere ich mir dazu, noch einmal davongekommen zu sein, jeden Augenblick genieße ich es, mein Glück gefunden zu haben und meinen Frieden. Und so verschieden sie sind, die Westfälin und der Rheinländer, sie ergänzen sich prächtig.
Zweifelt Erich anfangs etwa daran? Jedenfalls verabredet er sich in den ersten Tagen mit seinem besten Freund Werner im »Uerigen« zu Sondierungszwecken, um herauszufinden, was der von mir hält. Und es entgeht mir nicht, daß ich zur Begutachtung anstehe, denn diese Sondierung hat durchaus keinen hochdiplomatischen Charakter, die beiden stecken die Köpfe zusammen, und trotz des üblichen Düsseldorfer Kneipenlärms höre ich sie tuscheln. »Wat hälste denn von der?« fragt Erich, und Werner antwortet: »Wenn du die nich nimms, nehm ich se.« Na, diese Hürde wäre geschafft. Das Examen ist damit allerdings nur zur Hälfte bestanden, denn fast genauso wichtig ist Erich meine Reaktion auf das, was die Düsseldorfer so ziemlich das beste Bier auf Erden finden, nämlich das Uerige-Alt. Werde ich das Gesicht verziehen? Das Uerige ist ja einigermaßen bitter. Ich trinke den ersten Schluck, die beiden beäugen mich verstohlen, und siehe da, es ist ausgesprochen lecker. Bewährungsprobe bestanden.
Ich habe das Zeug zur Düsseldorferin. Und Erich hat das Zeug, mein Mann zu werden. Er macht es einem leicht, ihn zu lieben. Er hat keine Launen. Er hat nichts Boshaftes, nichts Hinterhältiges,

nichts Verbittertes. Er muffelt nicht, er bläßt nie Trübsal, er ist kein Trauerkloß. Ist er mal krank, legt er sich einfach ins Bett, zieht sich die Bettdecke übern Kopf, kommt zwei Tagen später wieder hervor, duscht sich und sagt lachend: »Jetz könntemer mal en Bierchen trinke jonn.« Es ist ungeheuer angenehm, einen Menschen um sich zu haben, der oft gut gelaunt ist. Der keine Rechnung mit dem Schicksal offen hat. Und der tatsächlich da ist, wenn man ihn braucht. Mit Erich kann man Probleme besprechen, das kenne ich überhaupt nicht, und es ist großartig, endlich einmal nicht mehr allein dazustehen. Außerdem hat Erich viel erlebt.

Er ist zeitlebens versessen darauf gewesen, was zu erleben, hat Dekorateur und Polsterer gelernt und dann überall da gearbeitet, wo es schnell gutes Geld zu verdienen gab, auf dem Bau, am Band einer Getränkefirma, als Plakatkleber, bevor er sich schließlich in einer großen Reinigungsfirma nach oben gearbeitet hat und Abteilungsleiter wurde. Er hat als Drummer in einer Gartenlaubenband gespielt und ist jedes Wochenende aufgetreten. Er hat Fußball gespielt, in der Bezirksliga, ist von ausländischen Vereinen eingeladen worden und hat viel von der Welt gesehen. Erich kann von Reisen nach Moskau, nach Venedig und nach New York erzählen (»Da fühlst du dich wie eine Ameise«, sagt er), und als ich endlich meine Krücken los bin und wieder laufen kann, da fahren wir los, und für mich beginnt eine Zeit des Reisens und des Staunens.

Skifahren im Kleinwalsertal. Leider verliere ich den Halt, kaum daß ich am ersten Tag auf meinen Brettern stehe, rutsche in Zeitlupe einen Abhang hinunter, lande in einem Fangzaun und gehe fortan spazieren, solange Erich über die Pisten wedelt. Dann Mallorca, das erste Mal in einem Flugzeug. Sehr schön, die schattigen Gassen von Palma und der Serranoschinken in den Bars, aber dieser Tourismus – furchtbar. Diese Hotelburgen – schrecklich. Und der Ballermann – grausig. Paris dagegen ist überwältigend! Aus meinem Hotelfenster am Nordbahnhof ist Sacré Coeur zu sehen, leuchtend weiß gegen den blauen Himmel. Und erst der Eiffelturm, die Champs Elysées, das Schloß von Versailles, die Gärten und das Sprachengewirr der zahllosen Touristen dort – ich bin begeistert, nach fast fünfzig Jahren endlich die Welt zu sehen. Nicht zu vergessen die Toilette im Café de la Paix! Es heißt, man müsse dort mal gewesen sein, und es stimmt: allein der Weg zu dieser Toilette über den ausgelegten roten Teppich, vorbei an tiffany-verglasten Türen, und drinnen dann die langen Schminktische und die Spiegel – wie in alten Zeiten! Für den Preis einer Tasse Kaffee auf der Terrasse des Café de la Paix könnte man zwar ein ganzes Kilo Kaffee kaufen, doch ohne Kaffee keine Toilette. Das Schönste aber ist für mich der Gardasee, wo wir mit Freunden in einem kleinen Hotel unterkommen und vom ersten Tag an zur Familie der Wirtsleute gehören. Wir verreisen Jahr für Jahr, und jedesmal packe ich schon vierzehn Tage vorher die Koffer.

Wer glücklich ist, hat Glück – diese Erfahrung mache ich jedenfalls, als ich nach meiner Genesung in Düsseldorf eine Arbeit suche und prompt finde. Ein großes Bettenfachgeschäft sucht eine Verkäuferin, und ich bekomme den Job. Ich habe keine Ahnung von Bettgestellen und Matratzen, habe nie im Verkauf gearbeitet, nie mit Kunden zu tun gehabt, aber ich habe als Kind oft davon geträumt, in Oma Annas Edeka-Laden auch mal hinter der Theke zu stehen und zu bedienen und im übrigen lange genug in Freckenhorst Bettdecken gefertigt – was kann da schiefgehen? Bediene die Leute so, wie du selbst bedient werden möchtest, sage ich mir, und darf gleich am ersten Tag erleben, daß eine meiner Kundinnen nach einer halben Stunde zurückkommt, um mir eine Rose und einen Piccolosekt zu schenken, als Dank für meine Freundlichkeit. Diese Begebenheit spricht sich herum, und fortan begegnet mir mein Chef wie einer langjährigen Mitarbeiterin – er läßt mich an der Kasse arbeiten, die abendlichen Abrechnungen machen und vertraut mir sogar den Ladenschlüssel an. Nie habe ich mich an einem Arbeitsplatz wohler gefühlt.

Am Morgen meines fünfzigsten Geburtstags komme ich in die Küche unserer neuen, deutlich größeren Wohnung und finde auf dem Küchentisch Erichs Geburtstagsarrangement vor. Es besteht aus fünfundzwanzig 50-DM-Scheinen, zum Kreis zusammengelegt, einem Piccolosekt in der Mitte dieses Kreises und einer Kette aus fünfzig kleinen, roten Herzen, aus Papier geschnitten und auf eine Schnur gereiht, die von der Lampe hängt. Als erstes zähle ich das Geld – 1250 Mark! Ja, denke ich, so ist er. Er teilt gerne, und er gibt gerne. Geld hat für ihn nur einen Wert, wenn es das Leben leichter und schöner macht. »Hängste dran?« fragt er mich, wenn er einen Schein aus dem Portemonnaie zieht, grinst – und schon erfüllt er sich oder mir den nächsten Wunsch. Nein, er hängt nicht am Geld, er hängt am Leben – auch darin unterscheidet sich Erich von allen Menschen, mit denen ich es je zu tun hatte. Er ist ein freier Mensch. Und erstmals mache ich die Erfahrung, daß man auch in der Ehe frei sein kann.

Drei Jahre nach jenem ersten Abend in der »Spinnstube«, an dem mich Erich mit seiner Bemerkung »Dich könnt ich glatt heiraten« in Verlegenheit gebracht hatte, heirate ich zum zweiten Mal, diesmal ohne Freudentränen, ohne Schleier, ohne Krönchen und ohne daß mir die Stimme beim Ja-Wort versagt. Eigentlich fehlt uns ja nichts zu unserem Glück, aber dann freue ich mich doch, daß meine Kinder schon vor dem Standesamt auf mich warten und daß mein erster Enkel, Alexander, so lange meine Hand hält, bis meine zweite Ehe perfekt ist. Zehn Jahre später bin ich achtfache Großmutter, und wenn ich heute mit meinen Enkeln beim Erntedankumzug durch unser Viertel ziehe, bin ich nicht weniger stolz als damals, mit fünfundzwanzig, wenn ich mit meinen eigenen vier Kindern ausging.

Ja, sie lebt nach wie vor in Ennigerloh, diese Paula Hoffmann oder Hofmann, meine Mutter, seit über vierzig Jahren jetzt in derselben Wohnung, an die ich nur mit Schaudern zurückdenke. Aber das kommt kaum noch vor. Der Kontakt zu ihr ist vor langer Zeit schon abgebrochen, irgendwann in den achtziger Jahren, und keine Sekunde habe ich daran gedacht, sie zu meiner Hochzeit nach Düsseldorf einzuladen. Ausgeschlossen. Ich hatte sie nicht einmal von meinem Arbeitsunfall in Kenntnis gesetzt. Seit Jahren schon herrscht

Funkstille zwischen uns beiden; sie ist nie mehr aufgetaucht, hat sich nicht zu meinem vierzigsten und nicht zu meinem fünfundvierzigsten Geburtstag sehen lassen, hat diese Tage genauso achtlos verstreichen lassen wie alle meine Geburtstage zuvor und grollt wahrscheinlich in Ennigerloh vor sich hin, als Opfer einer unheilbaren Wut.

Manchmal höre ich von einer Bekannten, daß sie weiterhin durchs Dorf läuft, oder Christiane berichtet mir, daß sie gesichtet wurde. Ihr schwarzes Haar ist längst weiß geworden, aber der alte Groll, so heißt es, sei ihr immer noch anzusehen. Ob sie einsam ist? Ich weiß es nicht, von meinen Kindern will jedenfalls keines mehr mit ihr zu tun haben. Sie hat niemals Wert darauf gelegt, ihre Großmutter zu sein; stets ist sie ihnen mit derselben Feindseligkeit begegnet, die sie mir entgegengebracht hat. Ich erinnere mich, wie abgrundtief enttäuscht Christiane damals war, als sie sich Hoffnung auf ihre Orgel gemacht hatte. Damals, vor vielen Jahren, hatte sich meine Mutter eine kleine Orgel angeschafft. Christiane hatte bei einem unserer Besuche darauf geklimpert, und meine Mutter war zu unserer Überraschung darauf eingegangen. »Sieh an, du hast was fürs Orgelspielen übrig?« sagte sie. »Nun, dann wollen wir mal sehen. Bald ist ja Weihnachten.« Seither fieberte Christiane dem Heiligen Abend entgegen, rechnete fest mit dieser Orgel und schaffte in ihrem Zimmer sogar Platz dafür. Doch meine Mutter dachte gar nicht daran, sich von ihrer Orgel zu trennen. Was sich wie ein Versprechen angehört hatte, war einfach nur so dahingesagt gewesen, ohne die geringste Anteilnahme und ohne die leiseste Absicht, einem von uns tatsächlich einmal eine Freude zu machen. Als wäre ihr nicht bekannt, daß Menschen eine Seele haben. In jenem Jahr gab es für Christiane also keine Orgel – und auch sonst kein Geschenk von der Großmutter.

Nein, in meiner Vorstellungswelt kommt sie nicht mehr vor. Und ich denke gar nicht daran, noch einmal mit ihr in Verbindung zu treten. Sie ist für mich gestorben, lange bevor sie im Alter von 86 Jahren tatsächlich stirbt. Natürlich werde ich nie vergessen, was ich mit ihr erlebt habe. Aber die Erinnerung daran vermag mich nicht mehr traurig zu stimmen. Nur manchmal, wenn ich von Mama Strecker und Oma Anna, von unseren nächtlichen Streifzügen durch den Edeka-Laden und meinem Paradiesgärtchen hinter dem großen Eckhaus in Neubeckum erzähle, kommen mir doch wieder die Tränen.

Epilog

Ich hatte die Niederschrift meiner Erinnerungen bereits beendet, da traf eine unerwartete Nachricht ein, eine Nachricht, die eine lebenslange Frage beantwortete. Nach sechzig Jahren erfuhr ich, wer mein Vater ist. Oder vielmehr: wer er war. Denn er lebt nicht mehr, er ist vor über dreißig Jahren gestorben. Aber, der Reihe nach.
Ich hatte beim Jugendamt der Kreisverwaltung Warendorf angerufen, das für Ennigerloh zuständig ist – in der Hoffnung, daß man dort in irgendeinem Aktenordner in irgendeinem Keller noch eine Notiz über die Unterhaltszahlungen meines Vaters an meine Mutter aufbewahrte. Die Dame am anderen Ende war wenig zuversichtlich – dergleichen würde nach dreißig Jahren vernichtet, sagte sie. Ich hatte meinen Versuch schon als gescheitert betrachtet, da erhielt ich einen Brief mit dem Original eines Gerichtsurteils von 1950. Auf dünnem, etwas vergilbtem Papier stand da geschrieben:

Urteil

Im Namen des Volkes!

Verkündet am 12. Oktober 1950

In der Sache des minderjährigen Kindes Marlene Hoffmann in Wintzingerode, geb. 7. Sept. 1945
gegen den Autoschlosser Alfred Überwimmer, Hamburg,
erkennt das Amtsgericht Hamburg-Bergedorf für Recht:
Der Beklagte wird verurteilt, der Klägerin zu Händen ihres gesetzlichen Vormunds Unterhalt für die Zeit vom 7. Sept. 1945 bis 8. Dezember 1950 in Höhe von DM 918,– und ferner vierteljährlich im voraus eine Unterhaltsrente von DM 90,– bis zur Vollendung des 16. Lebensjahrs zu zahlen.

Tatbestand und Gründe

Der Beklagte bittet um Klageabweisung, gibt aber zu, Anfang Dezember 1944 mit der Kindesmutter geschlechtlich verkehrt zu haben …
Gemäss Beweisbeschluss vom 29. Mai 1947 ist die Kindesmutter Paula Hoffmann im Wege der Rechtshilfe durch das Amtsgericht Worbis lt. Verhandlungsniederschrift vom 2. Juli 1947 als Zeugin vernommen worden.
Durch Beweisbeschluss vom 31. Juli 1947 wurde eine Blutgruppenuntersuchung angeordnet. Die Durchführung dieses Beweisbeschlusses hat die ungewöhnliche Zeit von mehr als zwei Jahren beansprucht, weil zunächst Verwechslungen der Blutproben vorkamen, dann wegen der kalten Jahreszeit keine Blutproben ordnungsgemäß übersandt werden konnten und sich schließlich durch das Gutachten des Sachverständigen Dr. med. Lau vom 22. Dezember 1949 herausstellte, daß eine Kindesverwechslung vorgekommen sein mußte, weil weder die Blutgruppe des Beklagten noch diejenige der Kindesmutter für die Klägerin passte. Die angestellten Ermittlungen haben dann ergeben, daß die Kindesmutter tatsächlich ihr Kind mit einem in derselben Entbindungsanstalt am gleichen Tage geborenen Kinde verwechselt hatte …
Da hinsichtlich dieser Verwechslung nach den angestellten Ermittlungen irgendein drittes Kind nicht in Frage kommt und inzwischen die beiden Mütter ihre Kinder miteinander ausgetauscht haben, kann gar kein Zweifel darüber bestehen, daß die nach dem Austauschen der Kinder durchgeführte Blutprobenentnahme sich auf das echte Kind der Zeugin Paula Hoffmann bezog, mit welcher der Beklagte zugibt, im Dezember 1944 Geschlechtsverkehr gehabt zu haben. Hinsichtlich dieses Kindes kann aber der Beklagte nach dem Gutachten des Dr. med. Lau nicht als Erzeuger ausgeschlossen werden. Da … die Kindesmutter als Zeugin ausgesagt hat, daß sie außer mit dem Beklagten während der gesetzlichen Empfängniszeit mit keinem anderen Manne Geschlechtsverkehr gehabt habe, muß der Beklagte gemäss §§ 1708, 1717 BGB für den Unterhalt der Klägerin aufkommen …

Ich weiß jetzt, wer mein Vater war. Ich kann mir sogar ein Bild von ihm machen, ich habe Fotos von ihm bekommen, und auf einem davon steht mein Vater neben einem Einsatzwagen der Feuerwehr, ein großer, sehr großer, kräftiger Mann, ein Hüne. Auf einem anderen Foto, einem Passfoto, kann man seine ausdrucksvollen Gesichtszüge erkennen – wie Hans Albers, war mein erster Gedanke.
Außerdem habe ich eine Vorstellung davon, wie es kam, daß er mein Vater wurde. Es ist mir nämlich gelungen, seinen Sohn ausfindig zu machen, meinen Halbbruder. Von ihm habe ich erfahren, daß mein Vater aus Österreich stammte, aus Linz, daß er vor dem Krieg nach Hamburg gegangen war, wo er als Autoschlosser bei der Firma Magirus Deutz beschäftigt war, dort geheiratet hatte und Vater eines Sohns geworden war. Eher still, eher verschlossen soll er gewesen sein, aber ein Mann der Tat: Für seinen Einsatz als Feuerwehrmann während der Bombardierung Hamburgs 1941 hatte man ihm das Verdienstkreuz mit Schwertern verliehen.
1943 jedoch, zwei Jahre später, gab es nichts mehr zu retten und die Ereignisse überstürzten sich. Mein Vater hatte wohl schon beschlossen, seine hochschwangere Frau und den vierzehn Jahre alten Sohn aus der unter ständiger Bombardierung stehenden Stadt in Sicherheit zu bringen, als Frau und Kind in der Nacht von 24. auf den 25. Juli 1943 von einer Brandbombe schwer verletzt wurden. Obwohl die beiden stark geschwächt waren, ging die Familie auf die Flucht nach Heiligenstadt, wo nur sechs Tage nach dem verhängnisvollen Bombenangriff, am 31. Juli, der zweite Sohn Alfred zur Welt kam; acht Tage nach der Geburt starb die Mutter der beiden Kinder und wieder zwölf Tage später, am 21. August 1943 der älteste Sohn – beide an den Folgen ihrer Verletzung. Was muß ein Mensch empfinden, dem so etwas zustößt?
Es scheint, daß mein Vater seinen Plan aufgeben musste, das Neugeborene, meinen Halbbruder, zu seinen Verwandten nach Linz zu bringen – wegen der Fliegerangriffe gab es kein Durchkommen mehr. Also fand er für den Jungen einen Platz in einem Kinderheim in Heiligenstadt, der Stadt, wo er zwei Tote und ein Neugeborenes

zurücklassen musste, um im zerstörten Hamburg seinen Dienst als Mitglied einer Einsatzkolonne für die Instandsetzung von Fahrzeugen aller Art zu tun.

Meine Mutter Paula Hoffmann und mein Vater werden sich vermutlich in Thüringen begegnet sein, wo mein Vater möglicherweise im Winter 1944 seinen Sohn besuchte, denn eine Reise Paula Hoffmanns nach Hamburg in jenen Zeiten ist wenig wahrscheinlich. Vielleicht war diese Begegnung ja eine Atempause in dem Kampf ums Überleben, den mein Vater im bombardierten Hamburg führt, vielleicht sogar für beide ein Augenblick des Friedens oder Trostes in einer brennenden Welt. Nach dem Krieg jedenfalls holte mein Vater seinen Sohn zu sich und blieb für den Rest seines Lebens in Hamburg. Er starb im Alter von fünfundsechzig Jahren. Den Verlust seiner Familie scheint er nie verwunden zu haben. Er wählte den Freitod.

Von mir, seiner Tochter, scheint er keinem etwas erzählt zu haben. Nur er wusste von mir. Und jetzt weiß ich von ihm.

Ich bin glücklich und gleichzeitig traurig, nach so lange Zeit doch noch erfahren zu haben, woher ich stamme, aber dieses Wissen wirft viele neue Fragen auf und ruft einen neuen, vergeblichen Wunsch in mir wach – ihn doch wenigstens einmal selbst getroffen zu haben, nur ein einziges Mal.

Dank

Ich bedanke mich herzlich bei Dr. Doris Mendlewitsch, die auf mich und meine Geschichte aufmerksam geworden ist und die Veröffentlichung als Buch in die Wege geleitet hat.

Ein Kompliment möchte ich Leo Linder aussprechen, der mit großem Einfühlungsvermögen die richtigen Worte für meine Geschichte gefunden hat.

Danken möchte ich auch all denjenigen Menschen, die bereit waren, mir bei der Suche nach meiner Vergangenheit zu helfen, und die mich auf diesem Weg mit ihren Erinnerungen – manchmal nur ganz kleinen, aber sehr aufschlußreichen Hinweisen – weiterbrachten.